LA

SCIENCE DE LA VIE

OU

PRINCIPES DE CONDUITE

RELIGIEUSE, MORALE ET POLITIQUE.

LA
SCIENCE DE LA VIE

OU

PRINCIPES DE CONDUITE

RELIGIEUSE, MORALE ET POLITIQUE,

EXTRAITS ET TRADUITS D'AUTEURS ITALIENS;

PAR M. VALERY,

Auteur des Voyages historiques, littéraires et artistiques en Italie, des Voyages en Corse, à l'Ile-d Elbe et en Sardaigne; de l'Italie Comfortable, et des Curiosités et Anecdotes italiennes: Bibliothécaire du Roi aux Palais de Versailles et de Trianon: de l'Académie royale de Turin, de l'Académie des sciences de Naples et de plusieurs autres Académies d'Italie.

Quid verum atque decens curo et rogo, et omnis in hoc sum.
HORAT.

PARIS,

LIBRAIRIE D'AMYOT, ÉDITEUR,

RUE DE LA PAIX, 6.

1842

PRÉFACE.

Les sept articles contenus dans ce volume traitent des éléments qui composent la société et les destinées humaines. Le premier concerne l'ame et le salut; le second, le corps et l'hygiène; le troisième et le quatrième, le gouvernement de l'Etat, la famille et le ménage. L'écrivain du corps est de Venise, ville des sens et du plaisir; les trois autres penseurs appartiennent à Florence, cité de la philosophie, de la politique et de l'économie. Les cinquième et sixième articles traitent principalement des manières et de l'usage; leurs nobles auteurs tiennent à la cour pontificale du XVI.ᵉ siècle; ils sont de parfaits modèles de l'urbanité romaine, et ils parlent cette langue *aulique* et *cardinale* que Dante se glorifiait d'avoir apprise dans les tristes pérégrinations de l'exil. J'ai cru pouvoir compléter ces articles par celui qui a pour titre : *le Tasse, Moraliste et Economiste*, et qui est extrait du dialogue du *Père de Famille*, le chef-d'œuvre de l'auteur en un genre, où il rappelle et parfois égale Platon. Cet admirable traité, si calme, si sage, composé à l'hôpital Sainte-

Anne, précisément à l'époque de la visite de Montaigne, est une nouvelle réfutation de la prétendue démence observée par le philosophe [1]. Malgré leur vive et poétique imagination, les Italiens sont très capables de bon sens, et de cet esprit pratique, prétention de notre siècle : l'absence de toute vanité les maintient dans le positif.

Les quatre premiers articles, augmentés, sont détachés des *Curiosités et Anecdotes Italiennes;* les autres parties de ce dernier ouvrage regardent l'histoire, la littérature et l'art. Ici c'est de l'homme même qu'il s'agit, et j'ai cru pouvoir extraire des traités de Passavanti, de Cornaro, de Palmieri, de Pandolfini, de Castiglione, de Casa et du Tasse, regardés encore comme modèles de style, ce manuel pour la conduite de la vie.

Rousseau parle dans les *Confessions* d'un ouvrage qu'il aurait intitulé *la Morale Sensitive;* il s'y proposait de conduire l'homme au bien par le régime et par des procédés matériels. Franklin rapporte dans ses *Mémoires* qu'il voulait composer *l'Art de la Vertu*, qui eût donné les moyens pratiques et le secret d'y parvenir. Ces projets, qu'il ne fut point donné de réaliser aux deux philosophes de Genève et de Boston, étaient déjà exécutés en partie par des écrivains italiens.

[1] V. les *Curiosités et Anecdotes Italiennes*, art. XX. *De la Prison, de la Folie et des Amours du Tasse.*

L'Italie actuelle n'a point discontinué de s'occuper avec succès de morale pratique et domestique, comme le prouvent les écrits de Gioja, de MM. Cantù, Tommaseo, Parravicini, Sartorio, Mauri, des charitables prêtres Aporti et Taverna, du bienfaisant Lambruschini, et de Mesdames Mojon de Milan, Tommasini de Parme, dont les noms étaient déjà illustrés par la science médicale de leurs maris ; de Mesdames Canonici de Ferrare, Bugami de Bologne, Rosellini de Florence, Luna-Folliero et Guacci-Nobile de Naples. Ces écrits la tiennent au courant des méthodes nouvelles d'éducation et des progrès réels en tous genres. C'est ainsi que l'institution secourable des salles d'asile a reçu une si prodigieuse et rapide extension, et que j'ai vu à Rome au palais Borghèse, à côté de la plus splendide des galeries de prince, une caisse d'épargne.

Dans l'analyse des divers traités dont la *Science de la Vie* se compose, je me suis encore attaché à l'étude des hommes qui les avaient écrits. J'ai tenté de les peindre par eux-mêmes; des noms qui n'étaient que littéraires sont ainsi devenus par la forme dramatique du récit et des recherches, des caractères nobles ou singuliers : Mathieu Palmieri représente la vertu des républiques ; le comte Castiglione, l'honneur des monarchies ; le frère Passavanti, le génie monastique du moyen-âge ; Pandolfini est le type du bourgeois florentin ; Cornaro, du seigneur sagement épicurien de Venise ; monsignor della Casa, du prélat de la renaissance ; et la gloire du Tasse apparaît sous un aspect nouveau et inconnu.

Malgré l'esprit et le sentiment chrétiens qui, j'ose le croire, animent ce livre, il est principalement destiné aux lettrés et aux gens du monde, à cette classe qui s'appelait, sous Louis XIV, les honnêtes gens. Son but est de les attirer à la porte du temple ; mais l'écrivain n'est point un prédicateur. Je désire que cette explication réponde à des scrupules respectables sans doute, que j'ai regretté de ne pouvoir admettre, et avec lesquels on ne produirait que des œuvres sans vie, sans couleur et sans vérité.

LA SCIENCE

DE LA VIE.

I.

LE DOMINICAIN JACQUES PASSAVANTI, ET SON MIROIR DE LA VRAIE PÉNITENCE.

LE dominicain Jacques Passavanti est un de ces esprits primitifs et supérieurs qui prouvent que, si les siècles marchent, si l'art humain, si tout ce qui s'apprend se perfectionne, l'intelligence ne s'est point étendue. Les chemins de fer, les bateaux à vapeur, les machines, le gaz sont assurément fort utiles, fort commodes; mais ils ne donneront ni un homme ni une

idée. Voici ce que m'écrivait récemment de Passavanti,
et dans un français que ne désavoueraient pas nos
meilleurs écrivains, Silvio Pellico, juge non moins
compétent de morale et de goût que de christianisme :
« C'est un de nos auteurs *prediletti* pour la langue ; j'y
« trouve une grâce charmante. Sa piété me plaît aussi ;
« il y a des idées et du sentiment. » Il eût été, certes,
bien digne de figurer dans la galerie qu'a tracée le populaire et l'éloquent orateur qui fit un moment briller
dans la chaire de Notre-Dame de Paris, le froc de saint
Thomas-d'Aquin, de Savonarole, du frère Angélique,
de Fra Bartolommeo et de tant d'autres illustres dominicains.

Jacques Passavanti naquit à Florence vers la fin du
XIII.ᵉ siècle. Sa mère était de la famille Tornaquinci et
fille de ce vieillard héroïque, le chevalier Jean, doyen
du parti Guelfe, qui, après avoir vaillamment défendu
le *Carroccio* [1] à la bataille de Monteaperti, voyant la
déroute des Florentins, excita son fils et ses autres
compagnons à l'imiter, se précipita avec eux au milieu
des ennemis, pour ne pas survivre à la ruine de sa patrie, et périt les armes à la main. Comme Dante, Passavanti était venu à Paris ; il y fut envoyé par son Ordre
afin de se perfectionner dans les sciences divines et humaines. Après avoir professé à Pise, à Sienne et à la
Minerve de Rome, il devint supérieur des couvents de
Pistoie, de San-Miniato et de Sainte-Marie-Nouvelle de
Florence, où il établit une discipline exemplaire. Ce
dernier couvent lui doit en outre une partie de ses magnifiques peintures, curieux monument de l'art florentin [2]. Appelé ensuite en Lombardie comme défini-
teur du chapitre provincial et vicaire du général, il
donna de nouvelles preuves de son zèle infatigable pour

[1] V. ci-après sur le *Carroccio,* l'article *des Fêtes, des Jeux popu-
laires et du Luxe de l'Italie au moyen-âge.*
[2] V. les *Voyages,* liv. X, chap. 13.

le salut des ames et l'honneur de Dieu, selon l'expression de l'ancien biographe italien. Il revint à Florence où l'évêque le choisit pour grand-vicaire. Passavanti mourut le 15 juin 1357, âgé d'à peu près soixante ans. Un tombeau en marbre lui fut érigé à Sainte-Marie-Nouvelle ; restauré en 1556, il est indiqué comme perdu dans le catalogue que fit soixante ans plus tard le prieur Nicolas Sermartelli ; mais on croit l'avoir retrouvé de nos jours dans le tombeau placé au bas des deux marches de la chapelle Saint-Jean, précisément à l'endroit où le monument avait été élevé, et qui offre encore sculptée dans le marbre, la figure d'un religieux à la vérité fort peu reconnaissable.

Le nom de Passavanti doit vivre par son traité du *Miroir de la vraie Pénitence* (*Specchio della vera Penitenza*), excellent modèle de style pour la pureté, la grâce, le nombre, et digne de Boccace qu'il avait précédé de dix ans. Ce singulier parallèle du style d'un livre de dévotion avec le *Decameron*, aujourd'hui généralement admis parmi les critiques italiens, se rencontre déjà dans la célèbre édition officielle, dite des *Députés*, imprimée à Florence par Junte en 1573 ; elle avait été publiée à la suite de l'examen du *Decameron*, fait à Rome par les commissaires toscans et les censeurs romains, qui opéraient sous les yeux du Pape. Ce parallèle est non moins étrangement répété par l'évêque de Fiésole, François de Diaceto, dans sa dédicace au cardinal Vincent Giustiniano de la seconde édition du *Specchio*, en 1580, in-12.

La supériorité du style et de la narration de Passavanti, ne nous a point paru être son seul mérite ; il se recommande encore par la force, l'éclat, la finesse même des pensées, la sagesse de ses directions spirituelles et les traits de mœurs.

Il y a de l'imagination et quelque poésie dans le prologue du *Specchio della vera Penitenza* :

« Selon le vénérable docteur messer saint Jérôme,
« la pénitence est la seconde planche après le naufrage
« (*Pœnitentia est secunda tabula post naufragium*).» De
« même que ceux qui tombent à la mer doivent être
« très adroits à saisir et tenir fortement quelque plan-
« che ou bois du navire brisé, avant que les vagues
« n'aient tout dispersé, nonobstant la peur, la con-
« sternation, les débattements, l'anxiété, les transes,
« l'épouvante, la confusion, le trouble de la tète et
« les autres graves accidents qu'ont à soutenir ceux à
« qui un tel malheur arrive ; ainsi l'homme qui, en
« péchant mortellement, perd l'innocence, doit in-
« continent recourir à la pénitence, malgré tout ob-
« stacle ou toute répugnance que suscite le péché
« commis. »

« Saint Pierre serait tombé au fond de la mer, si la
« main puissante de Jésus-Christ ne l'avait secouru.
« Cela veut dire que, dans cette mer périlleuse, tous se
« noient s'ils ne sont aidés par la grâce divine qui, pour
« le salut du genre humain, l'a pourvu d'une barque
« légère et solide que Jésus-Christ a construite de ses
« mains avec le bois de sa très sainte croix et les clous
« de sa Passion, la colorant et l'ornant de son pré-
« cieux sang. Cette barque est l'innocence baptismale
« dans laquelle entrent tous ceux qui sont baptisés
« du baptême de Jésus-Christ. Si on la dirige bien,
« elle conduira au port de la vie éternelle. Dans cette
« barque, traversèrent la mer de ce monde, la bienheu-
« reuse Vierge Marie, saint Jean-Baptiste et plusieurs
« autres saints qui furent sanctifiés dès le ventre de
« leur mère, ou furent, par une grâce divine spéciale,
« préservés de tomber durant leur vie dans le con-
« sentement du péché mortel. »

« Si l'innocence baptismale est la barque intacte et
« solide, la pénitence est la planche qui peut sauver.
« Cette planche fut saisie par Marie-Magdeleine après

« la perte de son innocence, par saint Pierre, saint
« Paul et tous ceux qui se sauvèrent justifiés du pé-
« ché par la grâce du Rédempteur. »

Passavanti exprime d'une manière noble et touchante, la résolution de composer ce traité auquel l'appelle l'institution de son Ordre spécialement consacré
au salut des âmes. Il y fut invité à la suite du carême
de 1354 qu'il avait prêché à Florence, afin de résumer
et de classer les utiles et consolants avis qu'il donnait
au peuple depuis plusieurs années. Il l'écrivit aussi en
latin et avec plus de développement pour les ecclésiastiques. Le *Specchio* se divise en six parties principales
qui ont leurs chapitres. La première partie définit la
pénitence ; la seconde expose les motifs qui doivent y
porter ; la troisième, les obstacles que l'on y rencontre ;
la quatrième, les conditions de la pénitence et la nature de la contrition ; la cinquième traite de la confession ; et la sixième de la satisfaction.

La morale de ce frère prêcheur n'est pas trop austère. Malgré les avis qu'il donne sur le danger et le tort
des rechutes, n'y a-t-il pas quelque faiblesse dans ce
commentaire du *Noli ampliùs peccare*, et notre fragilité
ne pourrait-elle pas l'isoler pour en abuser ?

« Notre Seigneur dit au malade qu'il avait guéri :
« Va et ne veuille plus pécher, de peur qu'il ne t'arrive
« quelque chose de pire (*Vade et ampliùs noli peccare,*
« *ne deterius tibi aliquid contingat*).» Remarquez qu'il
« dit *ne veuille pas*, au lieu de *ne pèche pas*, afin de faire
« entendre que pour avoir le repentir, il suffit du pro-
« pos et de la volonté de ne plus pécher, quand même
« par la suite, on pécherait encore. »

On retrouve quelque chose des graves enseignements, de la sainte terreur et du raisonnement pathé-
tique de Bourdaloue dans les passages suivants :

« Le péché se punit temporellement et l'homme se
« réconcilie à Dieu par la pénitence dont la vertu in-

« finie efface la faute et éloigne de l'homme la peine
« infinie. La pénitence est la justice qui punit le pé-
« ché, et que nous devons aimer, embrasser et con-
« server, bien qu'elle trouve peu d'amateurs. Le pro-
« phète Jérémie s'en plaint, lorsqu'il dit : « Il n'est
« personne qui fasse pénitence de son péché (*Non est
« qui pœnitentiam agat super peccato suo*). » Or, quelle
« pitié, quelle douleur, quelle honte, que personne
« ne se garde de pécher par justice, ou ne se repente
« d'avoir péché ! »

« Une des raisons qui doivent nous engager à faire
« pénitence et sans retard, est la certitude de la mort,
« car personne ne sait quand elle doit venir. Rien de
« plus certain que la mort, ni de plus incertain que
« l'heure de la mort; il y a trop de danger qu'elle ar-
« rive et trouve l'homme sans pénitence. « Dieu a
« voulu que la mort soit incertaine, dit saint Grégoire,
« afin qu'ignorant le jour de sa venue, nous soyons
« préparés comme si elle devait toujours venir. » Et
« saint Augustin : « Dieu qui vous promet le pardon
« de tous vos péchés si vous vous repentez, ne vous
« promet pas le jour du lendemain pour vous repen-
« tir. » C'est pourquoi sont fortement à reprendre ceux
« qui, se promettant une longue vie quoiqu'elle ne
« soit pas en leur pouvoir, retardent leur pénitence
« jusqu'à la mort. Il arrive communément qu'ils se
« trompent, parce que, vivant mal, ils ne méritent pas
« de bien finir et ils ne sont pas dignes d'obtenir la
« grâce de se repentir vraiment à l'heure de la mort.
« Il est un grand nombre d'obstacles au repentir sin-
« cère. Quelquefois la mort est subite ou la maladie
« si courte! L'on perd beaucoup de temps en remèdes,
« les souffrances occupent le malade, le tourmentent
« et le font tellement s'oublier lui-même, qu'il ne s'a-
« perçoit pas qu'il va mourir. Et quand même la ma-
« ladie serait longue, tel est le désir de guérir, telle

« est l'espérance donnée par les médecins et par les
« personnes qui entourent le malade, parents ou amis,
« qu'ils lui cachent son mal et ne permettent pas que
« prêtre ou moine l'en avertisse ; ils l'empêchent même
« de se confesser et de recevoir les autres sacrements,
« de tester et de faire des restitutions, alléguant, au
« détriment de leur ame, qu'ils ne veulent pas ef-
« frayer le malade. Ils lui disent donc en mentant sur
« leurs têtes : tu n'as pas de mal dangereux, tu seras
« bientôt délivré, les médecins te garantissent la gué-
« rison ; et cela au moment même le plus critique, en
« sorte que le malade s'aperçoit à peine d'avoir un
« grand mal, et souvent il meurt, ne croyant pas
« qu'il va mourir. O races mortelles, remédiez à une
« erreur si dangereuse, et ne vous laissez pas tromper
« par les fausses promesses d'ignorants médecins, par
« les artifices d'amis non véritables, par les larmes
« feintes de traîtres parents, par l'amour affectueux
« d'une femme mal aimée *(male amata)* et d'enfants
« mal avisés, odieux *(figliuoli malveduti)*, par les fal-
« lacieux encouragements d'une famille insensée, par
« le violent désir de guérir bientôt. Qu'avant tout
« passe le salut de l'ame. Si elle n'est pas sainte, ou
« si elle ne l'est pas autant qu'il le faudrait, que dès le
« commencement de la maladie, avant que ne sur-
« viennent les graves accidents qui élèvent tant d'ob-
« stacles et rendent l'homme oublieux de lui-même,
« on fasse ce qu'il faut, se confesser, restituer, tester,
« demander tous les sacrements de l'Eglise en fidèle
« chrétien et choisir la sépulture ; et puis, qu'on at-
« tende la grâce et la miséricorde de Dieu. C'est pour
« cela que les *Décrétales* ordonnent expressément aux
« médecins de parler au malade de la confession à leur
« première visite, et de protester que s'il ne la fait, ils
« n'entendent pas s'occuper de sa guérison, ni le visi-
« ter davantage. Personne n'obéit, disant qu'il ne veut

« pas commencer et faire peur au malade. Si tel était
« l'usage, les malades ne s'effraieraient point. Mainte-
« nant on ne songe au salut de l'ame que quand le mal
« a tellement empiré qu'on ne peut agir comme on
« doit. Ainsi l'on ne fait rien, ou l'on fait mal, ou
« imparfaitement. .   .   .   .
.   .   .   .   »

 « Dieu nous appelle, mes très chers frères ; ne tar-
« dons pas d'aller, car le chemin est long et le temps
« court ; et nous devons être engagés à marcher aus-
« sitôt, si nous considérons que toutes les bonnes
« ames sont parties, que les dangers de la route sont
« nombreux et que nous sommes attendus par un
« maître bon et gracieux, par beaucoup de chers amis
« et parents inquiets de nous et désireux de nous voir
« avec eux à la place d'honneur, au grand banquet et
« à la joyeuse fête du Paradis. Il est bien à craindre
« que, par trop de délai, la porte ne nous soit fermée,
« comme à ces cinq vierges folles qui retardèrent la
« préparation des lampes. Aussi elles arrivèrent tard et
« trouvèrent la porte fermée, comme raconte le saint
« Evangile, pour indiquer combien l'on doit être soi-
« gneux de son salut et se tenir prêt en vivant bien ;
« car celui qui ne fait pas quand il peut, ne pourra pas
« quand il voudra ou méritera de ne jamais vouloir. »

Passavanti, afin de fortifier ses préceptes par des exemples, fait de fréquents et d'heureux emprunts à la *Légende*. Elle est la morale, l'imagination et la foi du
moyen-âge ; elle fut secourable aux maux dont l'humanité était alors victime, et il serait vraiment peu philosophique de la dédaigner. Quelques-unes de ces histoires se trouvent dans d'autres recueils ; mais la religion leur donne dans le *Specchio* un point de vue nouveau et pieux, et elles sont racontées avec plus de dé-
cence et de fidélité :

 « Le vénérable Bède rapporte qu'il y avait en Angle-

« terre un chevalier brave, mais vicieux de mœurs. Il
« tomba gravement malade; visité par le roi qui était
« un saint homme, et engagé à mettre ordre à sa con-
« science, à se confesser en bon chrétien, il répondit:
« que cela n'était pas nécessaire et qu'il ne voulait
« point paraître avoir peur, ni passer pour lâche et vil.
« Son mal augmentant, le roi l'alla voir une seconde
« fois, l'encouragea et l'invita comme la première,
« à la pénitence et à la confession de ses péchés. Mes-
« sire, répliqua-t-il, il est désormais trop tard, car je
« suis déjà jugé et condamné. Pour mon malheur, je
« ne vous ai pas cru l'autre jour, quand vous vîntes et
« me conseillâtes sur mon salut. Hélas! il était alors
« encore temps de trouver miséricorde. Maintenant,
« plût à Dieu que je ne fusse jamais né! tout espoir
« m'est ôté; car un peu avant vous, je vis entrer deux
« jeunes gens très beaux, qui se mirent l'un à la tête
« et l'autre au pied de mon lit, et dirent : cet homme
« doit bientôt mourir, voyons si nous avons sur lui
« quelque droit. L'un d'eux tira de son sein un petit li-
« vre écrit en lettres d'or, où, bien qu'il parût d'abord
« ne pas pouvoir lire, il lut quelques petites bonnes
« actions que j'avais faites dans ma jeunesse et que je
« ne me rappelais point. Tandis que j'en ressentais
« beaucoup de joie, survinrent deux démons très grands,
« très noirs et très cruels, qui mirent devant mes yeux
« un grand livre ouvert où étaient inscrits tous mes
« péchés et toutes les mauvaises actions que j'avais
« commises. Ils dirent aux deux jeunes gens qui étaient
« des anges de Dieu : Que faites-vous ici, puisque vous
« n'avez aucun droit sur cet homme et que votre livre
« depuis tant d'années ne vous a servi à rien? Les deux
« anges se regardèrent l'un l'autre, et dirent : C'est la
« vérité. Ils sont donc partis et m'ont laissé entre les
« mains des démons, qui, avec deux couteaux tran-
« chants, me coupent, l'un à la tête, l'autre aux pieds.

« Celui qui est à la tête, m'arrache maintenant les
« yeux, et voilà que j'ai perdu la vue ; l'autre m'a déjà
« coupé jusqu'au cœur, et je ne puis plus vivre. A ces
« mots il mourut. »

L'auteur du livre des *Miracles* (*de Miraculis*), Césaire d'Heisterbach, moine du XIII.ᵉ siècle, de l'ordre
de Cîteaux, a fourni le trait suivant pour rendre les
effets puissants de la contrition. Ce mondain sauvé,
rappelle la belle fresque d'Orgagna, au Campo-Santo
de Pise ¹, et montre une certaine analogie d'idées et
d'indulgence chez les deux illustres Florentins du
XIV.ᵉ siècle :

« Césaire écrit qu'un chevalier mondain qui vivait
« criminellement, avec beaucoup de péchés, fut as-
« sailli et tué par ses ennemis ; tandis que ceux-ci le
« frappaient, contrit et repentant de ses fautes, il dit :
« Mon Dieu, ayez pitié de moi (*Domine, miserere*
« *mei*). » Or, il advint que beaucoup de personnes
« s'étant réunies aux funérailles de ce chevalier, le
« diable entra dans l'une d'elles et la tourmenta ex-
« trêmement. Interrogé pourquoi il tourmentait ainsi
« ce chrétien, le diable répondit : Nous avons poussé
« au meurtre du chevalier, croyant porter sans empê-
« chement son ame en enfer, mais nous ne trouvâmes
« aucune prise sur lui ; au contraire, les anges de Dieu
« nous l'ont enlevé, disant que nous n'avons sur lui
« aucun droit. C'est pour cela qu'indignés et honteux,
« nous nous vengeons sur ce petit misérable (*catti-*
« *vello*). Comme on demandait au diable la cause du
« salut de ce chevalier, il répartit : Il a dit trois mau-
« dites paroles qui l'ont délivré de nos mains ; que si
« Dieu nous accordait de les prononcer de la même
« manière que lui, nous serions encore sauvés, mais
« le pouvoir nous en est ôté. »

¹ V. les *Voyages*, liv. XI, chap. 11.

Ces conseils sur la pénitence sont modérés, pratiques, touchants :

« La pénitence doit être continue jusqu'à la mort.
« non quant aux actes extérieurs, tels que le jeûne, le
« cilice, les larmes, la discipline et autres semblables,
« imposés aux pénitents par le confesseur ou par leur
« propre volonté, lesquels peuvent être interrompus,
« quittés, repris, plus ou moins long-temps, avec plus
« ou moins de rigueur selon la condition de chacun.
« Mais c'est par l'acte intérieur qu'on doit s'affliger et
« se repentir continuellement de ses péchés, et être
« toujours disposé jusqu'à la mort à s'en affliger et à
« s'en repentir. . . . .

. . . . »

« Il n'y a pas de honte à se relever, après être
« tombé, mais bien de tomber, comme il n'y a pas de
« honte à vaincre, mais à être vaincu. Ainsi, puisque
« faire pénitence, c'est se laver, se relever et vaincre ;
« et que pécher, c'est se salir, tomber, être vaincu ;
« il est manifeste que nous devons rougir du péché et
« non de la pénitence..... Saint Augustin dit sur ces
« paroles de l'Écriture : « Bienheureux ceux dont les
« iniquités sont remises et dont les péchés sont cou-
« verts (*Beati quorum remissæ sunt iniquitates et quo-*
« *rum tecta sunt peccata*); » si tu t'accuses, Dieu
« t'excuse, si tu te découvres, Dieu te cache. »
Passavanti prémunit par de sages avis contre les
dangers d'une trop confiante espérance :

« Un obstacle à la pénitence est l'espoir de ceux qui
« persévèrent dans le péché en disant : La miséricorde
« de Dieu est grande ; il nous aime, il nous a rachetés
« de son précieux sang, il ne voudra pas nous perdre.
« De cette manière ils ne font pas pénitence, et ce qui
« devrait les engager à ne plus pécher, fait au contraire
« qu'ils pèchent davantage. Contre ceux-là il est écrit :
« Maudit celui qui pèche par espérance (*Maledictus*

« *omnis qui peccat in spe*). » L'Église déclare que celui
« qui pèche par l'espoir d'obtenir miséricorde, mé-
« prise l'esprit de la grâce et le sang de Jésus-Christ.
« Cette miséricorde devrait détourner l'homme du
« péché, comme dit saint Paul : « Dieu nous a sauvés
« selon sa miséricorde (*Secundùm suam misericor-*
« *diam salvos nos fecit*). » Un cœur noble se garde de
« pécher, par amour et non par crainte. »

La scène des divers traits et anecdotes du *Specchio*,
se passe assez souvent à Paris, où, comme on l'a vu.
Passavanti avait étudié. Voici un de ces exemples :

« On lit qu'il y avait à Paris un maître de logique et
« de philosophie, nommé Ser Lô, qui attirait beau-
« coup d'écoliers. Un d'eux, rude et subtil argumen-
« tateur, mais superbe et vicieux, mourut. Quelques
« jours après, comme le maître s'était levé la nuit
« pour étudier, cet écolier lui apparut. Le maître
« l'ayant reconnu, lui demanda, non sans frayeur,
« quel était son sort : il répondit qu'il était damné.
« Interrogé si les peines de l'enfer étaient aussi graves
« qu'on le croyait, il repartit qu'elles l'étaient infini-
« ment davantage, qu'elles ne pourraient être racon-
« tées avec la langue, mais qu'il le mettrait à même
« d'en juger. Vois-tu, dit-il, ce manteau rempli de
« sophismes dont je parais revêtu? Il m'accable, il me
« pèse plus que si j'avais sur les épaules la plus grande
« tour de Paris ou la plus haute montagne du monde,
« et jamais je ne pourrai le déposer. Cette peine m'a
« été infligée par la divine Justice, à cause de la vaine
« gloire que j'eus de me croire plus savant que les
« autres, et sur-tout plus habile en arguments subtils,
« c'est-à-dire en sophismes. Aussi, ce manteau de ma
« peine en est tout rempli, et ils restent toujours sous
« mes yeux pour ma confusion. Soulevant alors le
« manteau qui était ouvert par devant, il dit : Vois-tu
« la fourrure de ce manteau? Elle est tout braise et

« feu ardent, qui sans relâche me brûle et me dévore.
« Je souffre ce supplice à cause du déshonnête péché
« de la chair dont je fus corrompu pendant ma vie, et
« que je continuai jusqu'à la mort sans repentir ou
« propos de m'en corriger. Ainsi, comme j'ai persévéré
« dans le péché sans terme et sans fin, et que j'aurais
« voulu vivre plus long-temps afin de pécher encore,
« la divine Justice m'a damné, et par des tourments
« elle me punit sans terme et sans fin. Hélas! je com-
« prends maintenant ce que, livré au plaisir du péché
« et adonné aux subtils sophismes de la logique, je ne
« compris point, tandis que je vivais dans la chair,
« c'est-à-dire, pourquoi la divine Justice punit le pé-
« ché mortel des peines éternelles. Afin que ma venue
« te soit de quelque utile enseignement, en échange du
« grand nombre de leçons que tu m'as données, tends-
« moi la main, beau maître. Celui-ci la lui ayant
« tendue, l'écolier secoua le doigt de sa main brûlante
« sur celle du maître ; une petite goutte de sueur en
« tomba et perça la main de part en part avec beau-
« coup de douleur, comme si ç'avait été une flèche en-
« flammée et aiguë. Maintenant, dit l'écolier, tu as
« un échantillon des peines de l'enfer, et il disparut
« en hurlant et poussant des cris de douleur. Le maître
« demeura avec beaucoup d'affliction et de tourment,
« la main percée et brûlée : on n'y trouva aucun re-
« mède et elle resta ainsi jusqu'à sa mort. Contrit,
« soit à cause de l'épouvantable vision, soit à cause
« de la souffrance, et craignant d'aller aux horribles
« peines dont il faisait un essai, le maître résolut
« d'abandonner l'école et le monde. Dans cette pensée
« il fit deux vers que, le matin suivant, il récita en classe
« devant ses élèves, après leur avoir raconté sa vision
« et montré sa main percée et brûlée :
« Je laisse les coâssements aux grenouilles, les
« croassements aux corbeaux, les choses vaines aux

« vains; je marche vers la logique qui ne craint pas la
« conclusion de la mort.

Linquo coax ranis, cra corvis, vanaque vanis;
Ad loycam pergo, quæ mortis non timet ergo.

« Ainsi abandonnant tout, il se fit religieux et ter-
« mina saintement ses jours. »

L'histoire fantastique suivante, qui put bien donner
à Dante l'idée du supplice de Françoise de Rimini et
de son amant, est empruntée à notre poète de Beau-
vaisis, Hélinand, le Démodocus, l'Iopas de la cour de
Philippe-Auguste :

« Dans le comté de Nevers fut un pauvre homme qui
« était bon, craignait Dieu, et vivait de son métier de
« charbonnier. Ayant une fois allumé la fosse aux char-
« bons, et pour la garder restant la nuit dans sa hutte,
« il entendit vers minuit de grands cris. Sorti pour voir
« ce que c'était, il vit s'avancer vers la fosse, courant et
« criant, une femme échevelée et nue : derrière elle
« venait un cavalier sur un cheval noir, courant, avec
« un couteau à la main. De la bouche, des yeux et du
« nez du cavalier et du cheval sortait une flamme de
« feu ardent. Arrivée à la fosse qui brûlait, la femme
« n'alla point au-delà et n'osait pas s'y jeter ; mais
« courant tout autour, elle fut atteinte par le cavalier
« qui la prit par ses cheveux flottants, et la frappa
« cruellement au milieu de la poitrine avec son cou-
« teau. Comme elle était tombée à terre en répandant
« beaucoup de sang, il la reprit par les cheveux en-
« sanglantés, et la jeta dans la fosse des charbons ar-
« dents, d'où il la retira quelque temps après tout
« enflammée et brûlée, et la mettant devant lui sur le
« cou du cheval, il s'en alla par le même chemin. La
« seconde et la troisième nuit, la même vision s'offrit

« au charbonnier. Comme il était de la maison du
« comte de Nevers, soit par son métier, soit à cause
« de la bonté que lui témoignait le comte, homme
« tout cœur, il lui raconta sa vision des trois nuits. Le
« comte vint avec le charbonnier à l'endroit de la
« fosse, et veillant ensemble dans la hutte, à l'heure
« accoutumée, la femme arriva en poussant de grands
« cris, puis le cavalier, et ils firent tout ce que le char-
« bonnier avait vu. Bien qu'épouvanté par le fait
« horrible dont il avait été témoin, le comte s'enhar-
« dit, et conjura le cavalier qui partait avec la femme
« brûlée, jetée en travers sur le cheval noir, de s'arrê-
« ter, et de lui expliquer cette vision. Le cavalier
« tourna son cheval, et pleurant fortement, lui dit :
« Comte, puisque tu veux connaître la cause de nos
« souffrances que Dieu t'a voulu montrer, sache que je
« fus Geoffroi, ton chevalier et nourri à ta cour. Cette
« femme envers laquelle je suis si barbare est la dame
« Béatrix, jadis l'épouse de ton cher chevalier Béran-
« ger. Nous avons pris l'un pour l'autre plaisir dans
« l'amour déshonnête, et nous sommes tombés dans
« le consentement du péché qui l'a conduite au point
« que, pour faire le mal plus librement, elle tua son
« mari. Nous avons persévéré dans le péché jusqu'à
« notre dernière maladie, mais avant de mourir, elle
« d'abord et puis moi, nous retournâmes à la péni-
« tence, et confessant notre péché, nous obtînmes la
« miséricorde de Dieu, qui changea l'éternelle peine
« de l'enfer en la peine temporelle du purgatoire.
« Sache donc que nous ne sommes pas damnés ; nous
« faisons notre purgatoire de la manière que tu vois, et
« nos graves tourments finiront un jour. Le comte lui
« ayant demandé de lui expliquer plus spécifiquement
« leurs peines, il répondit avec larmes et soupirs :
« Parce que cette femme pour l'amour de moi a tué
« son mari, il lui a été imposé que chaque nuit, tout

« autant qu'il a été ordonné par la divine Justice, elle
« subisse de mes mains la douleur de la cruelle mort
« par le couteau. Comme cette femme eut envers moi
« un ardent amour de charnelle concupiscence, elle
« est chaque nuit jetée par mes mains dans le feu,
« ainsi qu'il vous a été montré dans la vision. Parce
« que nous nous sommes vus jadis avec grand désir et
« grande jouissance, nous nous voyons maintenant
« avec grande haine et nous nous persécutons avec
« grande colère. Comme l'un fut occasion à l'autre de
« s'enflammer d'amour déshonnête, ainsi l'un est oc-
« casion à l'autre de cruel tourment, car toute peine
« que je lui fais souffrir, je la subis moi-même ; le
« couteau dont je frappe est tout d'un feu qui ne
« s'éteint pas ; et quand je la jette au feu, que je l'en-
« traîne et l'emporte, je brûle moi-même tout en-
« tier. Le cheval est un démon auquel nous sommes
« livrés pour être tourmentés. Priez Dieu pour nous,
« faites des aumônes, faites dire des messes, afin que
« nos souffrances soient allégées. Cela dit, il disparut
« comme un éclat de tonnerre. »

Saint Jérôme et saint Jean-Chrysostôme sont para-
phrasés avec éloquence dans ce mouvement qui offre
un consolant tableau des fruits de la pénitence.

« Résistez au démon et il s'enfuira ; car, comme dit
« saint Jérôme, faible est l'ennemi qui ne vainc que ce-
« lui qui veut être vaincu. La pénitence soutient et for-
« tifie ceux qui l'entreprennent courageusement ; saint
« Jean-Chrysostôme dit qu'il n'est pas de si grandes
« difficultés que la vertu de pénitence ne surmonte.
« O pénitence, s'écrie-t-il, tu effaces les péchés, tu
« ouvres le paradis aux sages contrits, tu rends joyeux
« les tristes, tu ressuscites de la mort à la vie, tu re-
« mets en bon état, tu rétablis l'honneur, tu raffermis
« la confiance, tu fais recouvrer la grâce, tu délies les
« choses liées, tu adoucis l'adversité, tu éclaires ce

« qui est confus et caché, et tu rassures contre la peur.
« Par toi, ô pénitence, le larron de la croix gagna
« aussitôt le paradis; David, après sa faute, recouvra la
« sainteté; par toi Manassès obtint miséricorde, Pierre
« reçut son pardon, l'enfant prodigue fut accueilli et
« embrassé par son père; par toi la ville de Ninive
« sentit la miséricorde divine. Pourquoi donc, ô
« homme, crains-tu la pénitence? Elle n'a rien de
« dur, de pénible, de difficile; au contraire, elle a
« beaucoup de douceur, de délices pour ceux qui l'en-
« treprennent et y persévèrent avec ferveur. N'aie donc
« pas peur; mais sois toujours plus prompt dans le
« progrès, plus disposé à l'œuvre, plus fervent dans
« l'amour. Fuis le rire, contiens ta langue, corrige tes
« mœurs, triomphe des vices, aime la vertu et suis la
« sainteté. Mais, comme quelques-uns se trompent sur
« la vraie pénitence et n'en font point de dignes fruits,
« le même saint Jean-Chrysostôme enseigne les carac-
« tères de la vraie pénitence. La pénitence, dit-il,
« méprise l'avarice, abhorre la luxure, chasse la co-
« lère, arrête l'amour, foule l'orgueil, exclut l'envie,
« contient la langue, corrige les mœurs, hait la ma-
« lice. La vraie pénitence contraint le pécheur à sup-
« porter volontiers toute chose. Provoqué, il répond
« avec douceur; injurié, il ne se défend point; mo-
« lesté, il remercie; frappé, il se tait. La contrition
« est dans son cœur, la confession sur ses lèvres, l'hu-
« milité dans toutes ses œuvres. Un autre motif qui
« doit soutenir l'homme faisant pénitence de bon
« cœur, c'est de penser que par la pénitence il a reçu
« la grâce de Dieu, par laquelle il participe à toutes
« les bonnes œuvres de tous les fidèles en tous lieux,
« et que Jésus-Christ, la Vierge Marie, tous les Anges,
« Saints et Saintes du paradis, et tous les justes de ce
« monde prient pour lui. »

Passavanti, afin d'animer à la contrition, ne craint

point de risquer quelques détails voluptueux sur la
conversion de la courtisane Thaïs :

« On lit dans la *Vie des Saints-Pères*, que, du temps
« de l'empereur Valentinien, fut en Grèce une femme
« du monde appelée Thaïs, qui, dès son enfance, par la
« faute d'une mère déshonnête, exposa son corps au
« péché. Comme c'était une très belle et fameuse cour-
« tisane, beaucoup venaient à elle de divers pays et
« elle leur était cause de perdition d'ame et de corps.
« Paphnuce, abbé d'une vertu éprouvée et de grande
« sainteté, apprenant la réputation ou plutôt l'infamie
« de cette pécheresse, eut regret de la damnation
« d'elle et de ceux qu'elle entraînait au péché, et pensa
« de remédier à un aussi grand mal. Plein de con-
« fiance en la grâce et la garde de Dieu, il prit l'habit
« de marchand et mit une bourse à sa ceinture. Arrivé
« à la ville où Thaïs était courtisane, il lui proposa de
« pécher et lui donna le prix qu'elle réclama. Dès qu'il
« fut entré dans la chambre où était un lit riche et
« bien garni ; comme elle l'invitait à l'acte déshon-
« nête, le saint abbé lui demanda s'il n'y avait pas
« dans la maison quelque lieu plus caché ? Thaïs ré-
« pondit qu'il y en avait ; mais à quoi bon, dit-elle,
« chercher un lieu plus secret, puisque s'il craignait
« les yeux des hommes, celui-là leur était bien clos et
« caché ; que s'il craignait les yeux de Dieu, tout lieu
« lui était connu et ouvert. L'abbé lui dit : Crois-tu
« donc que Dieu existe, qu'il voie toute chose ? La pé-
« cheresse répondit affirmativement et qu'elle croyait
« au paradis, royaume du ciel, où Dieu récompensera
« les justes, et à l'enfer où seront tourmentés les pé-
« cheurs damnés. Alors, reprit saint Paphnuce, si tu
« crois cela, comment restes-tu dans le péché pour
« lequel tu seras condamnée aux peines de l'enfer ?
« Comment es-tu la cause de la perdition de tant d'a-
« mes dont il te faudra rendre compte et souffrir de

« leur damnation? A ces paroles la pécheresse, contrite
« et couverte de larmes, se jeta aux pieds du saint,
« demandant grâce et pénitence. Celui-ci lui ordonna
« d'abord de brûler au milieu de la place publique,
« aux yeux de tout le peuple, les robes et les parures
« qu'elle avait gagnées par le péché; ce qu'elle fit aus-
« sitôt. Après avoir reçu la confession générale de ses
« péchés, il la renferma dans une petite cellule qu'il
« ferma du dehors et cacheta avec son anneau. Il lui
« ordonna de ne point sortir jusqu'à ce qu'il ouvrît. Tu
« n'es pas digne, ajouta-t-il, de prononcer le nom
« de Dieu ; mais demande miséricorde pour tes péchés.
« La pécheresse convertie resta trois ans continus ainsi
« renfermée. Au bout de ce temps, Dieu révéla au
« saint abbé qu'il avait pardonné ses péchés à Thaïs.
« Lorsqu'il ouvrit la serrure cachetée de la cellule, il
« lui demanda ce qu'elle avait fait durant ces trois an-
« nées. Elle répondit que continuellement, jour et
« nuit, elle avait rappelé à son esprit tous ses péchés,
« et qu'en ayant fait comme un faisceau, elle le pla-
« çait devant les yeux de son esprit, pleurait amère-
« ment, s'affligeait d'avoir offensé Dieu, et puis disait
« en priant : « O vous qui m'avez créée, ayez pitié de
« moi (*qui plasmasti me, miserere mei*). » Ainsi, elle
« n'invoquait pas le nom de Dieu que, selon le saint,
« elle était indigne de prononcer. »

L'auteur du *Specchio,* comme on a pu déjà en juger,
excelle dans le choix des citations. Tel est ce trait de
saint Augustin :

« O chrétien! n'as-tu aucune connaissance, n'as-tu
« aucune pitié de toi-même? Tu t'affliges, tu te déso-
« les de la séparation de l'ame d'avec le corps, et tu
« ne pleures pas la séparation de l'ame d'avec Dieu.
« La vraie mort est celle que tu ne crains point, c'est-
« à-dire la séparation de l'ame d'avec Dieu qui est la
« vie bienheureuse des ames. »

La direction de Passavanti est à la fois ingénieuse
et sensée. On pourrait croire le passage suivant, de
saint François de Sales ou de Fénelon :

« Le repentir, selon saint Thomas, peut être con-
« sidéré de deux manières. D'abord en tant qu'il est
« dans la raison et la volonté, c'est-à-dire le déplaisir
« du péché comme offense à Dieu. Sous ce rapport il
« ne peut être trop grand, de même que l'amour de
« charité qu'on a pour Dieu ne saurait être trop fort ;
« au contraire, plus le repentir est violent, plus l'a-
« mour de Dieu s'accroît et l'on s'afflige davantage
« d'avoir offensé Dieu. Ainsi le repentir naît de l'a-
« mour, le repentir est proportionné à l'amour. On
« peut aussi considérer le repentir en tant qu'il est
« sensible, c'est-à-dire, dans la partie sensitive par la
« mortification. Celle-ci pourrait être excessive comme
« le jeûne et les autres peines corporelles qu'il faut
« faire avec règle et mesure, de manière à conserver
« la vie et la santé et que la chair obéisse à l'esprit,
« la sensualité à la raison. Saint Paul l'a démontré,
« quand il dit : « Que votre culte soit raisonnable
« *(Rationabile obsequium vestrum.)* »

L'épouvantable histoire suivante d'une scélérate
sauvée directement par Dieu, démontre la force de la
contrition. La mort subite de la pécheresse épargne
au confesseur l'embarras et presque la honte d'une
telle absolution :

« Maître Jacques de Vitry rapporte qu'il y avait une
« jeune fille qui, à l'instigation du démon, péchait
« charnellement avec son père. A la fin, la mère s'en
« étant aperçue, reprimanda sa fille. Celle-ci offen-
« sée, lui donna du poison dont elle mourut. Ce crime
« vint à la connaissance du père qui l'en blâma et la
« prit en haine. Pour se venger, une nuit pendant
« que son père dormait, elle lui coupa la gorge, et
« dérobant tout ce qu'il y avait dans la maison, elle

« s'enfuit en lointain pays, et devint fille publique. Il
« arriva que, se trouvant à une fête, elle entendit prê-
« cher entre autres choses, combien la miséricorde de
« Dieu était grande, qu'elle ne repoussait aucun pé-
« cheur, quelque scélérat qu'il fût, qu'au contraire
« elle restait les bras ouverts pour recevoir tout pécheur
« qui voudrait retourner à la pénitence. A ces mots,
« repentie et contrite, la pécheresse, après le sermon,
« alla se jeter avec beaucoup de larmes aux pieds du
« moine, implorant miséricorde et pénitence. Sa con-
« fession faite, elle lui demanda si la miséricorde de
« Dieu était aussi grande qu'il l'avait prêché. Le con-
« fesseur lui ayant répondu qu'elle l'était infiniment
« davantage, elle lui dit : Eh bien, donnez-moi la pé-
« nitence ; car, si grande pécheresse que je sois, j'ai
« confiance en la miséricorde de Dieu. Le moine ne
« trouvant pas d'abord, à cause des nombreux et énor-
« mes péchés dont elle s'était confessée, quelle péni-
« tence il devait lui enjoindre, l'engagea à revenir le
« jour du second sermon, après le repas. Je m'aper-
« çois, dit-elle alors, que vous désespérez de mon sa-
« lut et qu'ainsi vous ne voulez m'imposer aucune
« pénitence. Je n'en désespère pas, dit le moine, j'ai
« même grande confiance que Dieu t'a pardonné et
« qu'il acceptera ton bon repentir ; jusqu'à présent je
« t'ordonne, pour pénitence, de m'attendre et de re-
« venir à moi après le second sermon. La fille resta
« dans l'église pour attendre le confesseur. Dans cet
« intervalle, repassant dans son esprit tous ses pé-
« chés, elle fut percée de tant de douleur, son cœur
« fut serré de tant de tristesse, elle versa tant de lar-
« mes, que la nature n'y put tenir. Son cœur se fendit
« et elle tomba morte. Le confesseur apprit ce qui
« était arrivé à la pécheresse. Saisi de compassion et de
« douleur, il la recommanda au peuple auquel il prê-
« chait. Tandis qu'on priait pour elle avant de l'enseve-

« lir, une voix venant du ciel dit : Il n'est pas nécessaire
« de prier pour cette femme, car elle est au ciel devant
« Dieu et peut elle-même prier bien mieux pour vous. »

Le trait suivant, beaucoup moins horrible, présente
un autre effet miraculeux de la contrition sans l'absolution du prêtre :

« On lit dans Césaire d'Heisterbach, qu'il y avait à
« Paris un écolier qui avait honte de se confesser à
« cause de ses sales et graves péchés, bien qu'il en res-
« sentît grande douleur. Un jour, la douleur surmon-
« tant la honte, il alla se confesser au prieur du mo-
« nastère de Saint-Victor. S'étant agenouillé aux pieds
« du prêtre, il y eut tant de contrition dans son cœur,
« tant de soupirs dans sa poitrine, tant de larmes dans
« ses yeux, tant de sanglots dans son gosier, que la
« voix lui manqua, et qu'il ne put former une seule
« parole. Ce que voyant, le confesseur lui dit d'aller
« écrire tous ses péchés. Après l'avoir fait, l'écolier
« essaya en lisant de se confesser de vive voix ; mais
« il n'y parvint pas davantage. Le prieur lui dit alors :
« donne-moi ton écrit. A la lecture des énormes pé-
« chés, ne sachant quelle pénitence infliger, il demanda
« à l'écolier de pouvoir en conférer avec son abbé qui
« était un homme lettré et auquel il remit le papier
« où étaient écrites toutes les fautes de ce pécheur si
« contrit. L'abbé l'ouvrit et le trouva sans un seul mot
« et blanc. Que veux-tu que je lise ? dit-il alors au
« prieur, car sur ton papier il n'y a pas une lettre.
« En vérité, père, répondit le prieur, sur ce papier
« étaient écrits tous les péchés de l'écolier ; mais à ce
« que je vois, Dieu miséricordieux a voulu montrer
« la vertu de la contrition et qu'il a agréé celle de ce
« jeune homme ; il lui a remis et pardonné ainsi tous
« ses péchés. L'abbé et le prieur racontèrent ce qui
« était arrivé à l'écolier, qui, joyeux du pardon, rendit
« grâces à la divine miséricorde. »

Passavanti termine le chapitre de ces deux histoires
par une consolante conclusion :

« Le prophète dit : « à quelque heure que le pécheur
« se convertisse et gémisse, je ne me rappellerai aucun
« de ses péchés. » Il veut dire qu'il ne s'en souviendra
« pas pour le punir, lui ayant déjà pardonné. Il n'a pas
« dit à quelque heure que le pécheur se confessera avec
« les lèvres, mais se convertira avec le cœur et pleu-
« rera avec la douleur de la contrition ; voulant faire
« entendre que, même quand la bouche se tait, la faute
« est pardonnée par la contrition et le bon propos du
« cœur. Cela est signifié dans le saint Evangile par ces
« dix lépreux qui demandèrent à Jésus-Christ d'être
« purifiés. Il leur dit de s'aller présenter aux prêtres,
« figure des nôtres. Comme ils marchaient, ils furent
« purifiés et guéris en route, avant d'arriver. Il est dé-
« montré par là qu'avant de nous présenter aux prêtres
« et d'ouvrir la bouche pour la confession, leur dé-
« couvrant la lèpre du péché, nous en sommes puri-
« fiés et guéris par la contrition et le propos de nous
« confesser ; ce qui est encore être en route. »

Le passage et l'histoire qui suivent du chanoine de
Paris, peuvent prémunir contre les illusions et les
dangers d'un faux repentir :

« Il faut remarquer que toute douleur du péché
« n'est pas de la contrition. De là vient la distinction
« établie par les saints entre la contrition et l'attrition.
« La contrition est la douleur parfaite et volontaire qui
« naît du pur amour de Dieu. L'attrition est une dou-
« leur faible, défectueuse, imparfaite, qui provient de
« la crainte servile du châtiment ou de la perte de la
« récompense ; ou bien cette douleur naît d'un amour
« tiède qui n'égale pas la mesure et l'énormité du
« péché. Les mots expliquent ce sens. Contrition si-
« gnifie broiement entier et complet de toutes les par-
« ties, n'en laissant aucune entière ni solide, ce que

« fait la douleur intime et le chagrin profond du pé-
« ché ; l'attrition indique une brisure grossière des
« parties non complètement triturées ; ce qui rend
« défectueux et imparfait le regret et la douleur du
« péché. Ainsi l'attrition ne conduit point au salut.

« On lit dans Césaire qu'un chanoine de Paris,
« riche prébendé, qui vivait vicieusement et sans con-
« tinence dans les délices de la chair, devint grave-
« ment malade. Après avoir demandé et reçu avec
« dévotion tous les sacrements de l'Eglise, la con-
« fession, la communion, l'extrême-onction, et avoir
« donné par beaucoup de larmes, des signes d'une
« grande contrition, il passa de cette vie à l'autre.
« Quelques jours après, il apparut à l'un de ses con-
« frères sous une figure sombre et terrible, se lamen-
« tant douloureusement et disant qu'il était damné.
« Son confrère lui demanda avec grande douleur
« quelle était la cause de sa damnation ; car, bien qu'il
« fût pécheur et amateur des choses du monde, il s'é-
« tait confessé et avait reçu les autres sacrements de
« l'Eglise et montré douleur et contrition de ses pé-
« chés. Il répondit : Malheur à moi, parce qu'il m'a
« manqué ce dont j'avais le plus besoin, et sans quoi
« toute autre chose ne vaut rien, c'est-à-dire la con-
« trition du cœur ! Quoique j'aie pleuré et montré de
« la douleur de mes péchés, lorsque je me confessai
« et à l'heure de la mort, ce ne fut pas une vraie dou-
« leur et ce ne furent pas de vraies larmes ; je ne pleu-
« rais pas d'avoir offensé Dieu en péchant ; je n'avais
« ni douleur de contrition par amour de Dieu, mon
« sauveur, ni ferme propos, si j'échappais, de quitter
« le péché ; mais je pleurais par peur des peines de
« l'enfer, et j'avais regret de laisser en mourant les
« choses de ce monde que j'avais tant aimées. Cela dit,
« il disparut avec des cris d'angoisse. »

Passavanti expose ingénieusement l'insuffisance de

la pénitence intérieure et la nécessité du ministère ecclésiastique pour compléter la renaissance de l'ame. Le
passage semble indiquer le germe de l'insurrection religieuse qui devait éclater plus d'un siècle après :

« Saint Augustin dit : faites la pénitence comme on
« la fait dans la sainte Église. Que personne ne disc en
« lui-même, je la fais secrètement dans mon cœur;
« Dieu le voit et il pardonne à mon péché. Cela ne
« suffit point. Pourquoi Jésus-Christ aurait-il dit aux
« apôtres : «Tout ce que vous délierez sur la terre sera
« délié dans le ciel; » pourquoi aurait-il donné les clefs
« à saint Pierre? Saint Augustin semble répondre : ce
« serait en vain, s'il ne fallait à la vraie pénitence que
« la contrition du cœur. Il faut encore la confession et
« la satisfaction, par lesquelles s'accomplit la vraie et
« parfaite pénitence, en employant les clefs et l'auto-
« rité apostolique de la sainte Eglise. C'est ce que vou-
« lut signifier Jésus-Christ, quand il ressuscita Lazare,
« qui, par la vertu de la voix du Christ, sortit vivant du
« sépulcre où il gisait mort. Mais il en sortit les pieds
« et les mains liés et la figure couverte du suaire que le
« Christ ordonna aux apôtres d'enlever, pour faire en-
« tendre que Dieu, par sa puissance et sa vertu infinies,
« qu'aucune créature n'a, ni ne peut avoir, ressuscite
« de la mort du péché à la vie de la grâce, le pécheur
« qui gît mort et enterré dans le sépulcre de son cœur
« dégoûtant et infect, ou dans le sépulcre de son en-
« durcissement. Dieu opère ainsi en secret au fond du
« cœur et donne la grâce d'une vive contrition. Cela
« est ressusciter Lazare dans le tombeau; mais en sor-
« tir vivant et lié signifie que, bien que le pécheur
« soit justifié et vivifié intérieurement auprès de Dieu
« par la contrition, il demeure encore lié et soumis
« au dehors au jugement de la sainte Eglise. Ce lien
« doit être brisé par la main apostolique, c'est-à-dire,
« par l'autorité des prélats qui tiennent la place des

« apôtres, autorité dont ils usent au tribunal de la
« pénitence, en absolvant les pécheurs qui confessent
« humblement et sincèrement leurs péchés , par la
« vertu des clefs confiées à leurs mains. Ils leur impo-
« sent certains actes de satisfaction, selon la qualité
« des péchés et des pécheurs confessés. Cela est Lazare
« délié par les mains des apôtres et laissé libre de s'en
« aller, selon le commandement du Christ : *Solvite*
« *eum et sinite abire.* »

Le *Specchio* traite amplement de la confession. L'auteur avoue que le principal motif qui l'a porté à
composer son livre, fut d'enseigner à se bien confesser :

« D'ordinaire, on se confesse mal, ou par igno-
« rance, ou par négligence, ou par honte, ou par une
« sorte de malice. L'ignorance empêche de connaître
« les péchés, leurs causes, leurs différentes espèces,
« leurs circonstances, et de discerner leur gravité; par
« conséquent on ne sait pas les confesser distincte-
« ment. La négligence empêche de repasser souvent
« les péchés, afin d'en avoir douleur et contrition,
« et de se les rappeler pour savoir ensuite les dire con-
« venablement et entièrement. Elle fait retarder la
« confession , soit de crainte d'être fatigué par les
« œuvres de la pénitence imposée, ou de ne pouvoir
« continuer et persévérer à bien faire, soit parce qu'il
« semble difficile de s'abstenir des fautes et des plai-
« sirs de la chair, et des œuvres auxquelles on est
« habitué selon les conseils de sa propre prudence, et
« selon l'appétit et le désir de sa propre volonté. La
« honte empêche les pécheurs d'oser déclarer les pé-
« chés déshonnêtes, abominables, par lesquels il leur
« semble de mériter blâme, déshonneur, infamie.
« Voulant orgueilleusement passer pour bons, mais ne
« voulant pas l'être, ils taisent par honte ce qu'ils ont
« commis vicieusement et sans honte, et ce qu'ils

« pourraient, avec une honte fructueuse, confesser uti-
« lement. La malice les retient obstinés dans leur per-
« verse volonté; et, par leur goût vicieux et corrompu
« à mal vouloir et à mal faire, ils ne s'affligent ni ne
« se repentent d'avoir mal fait, et ne se proposent
« pas dans le cœur de bien se conduire à l'avenir. »

Les maximes suivantes sur la confession aux laïcs
paraîtront peut-être aujourd'hui quelque peu étranges,
quoique l'intention rende toujours louable et efficace
leur pratique :

« Le prêtre seul est ministre du sacrement de la pé-
« nitence, et à lui seul, comme ministre de l'Eglise, on
« doit faire la confession sacramentelle. En cas de
« nécessité, si le pécheur ne pouvait trouver de prêtre,
« il pourrait se confesser à un laïc. Je dis qu'on
« pourrait se confesser, non qu'il soit nécessaire de le
« faire, puisqu'au défaut de prêtre, il suffit, pour le
« salut, de la contrition avec le désir de se confesser,
« s'il était possible, et avec la résolution de le faire,
« si l'on échappe. Toutefois si l'on avait la foi et la
« dévotion de vouloir dire avec humilité et confusion
« son péché à un laïc en désirant le prêtre, cette con-
« fession serait valable, bien qu'on ne puisse l'appe-
« ler proprement sacramentelle, puisqu'il lui manque
« le ministre de ce sacrement. Cependant, par l'humi-
« lité qui induit le pécheur à dire ses péchés à un
« homme semblable à lui et à se soumettre presque à
« son jugement, par la honte volontaire de manifester
« ses péchés, par la bonne volonté et la résolution
« qu'il a dans son cœur de se confesser à un prêtre,
« et qui l'engage à se confesser à un laïc, cette confes-
« sion a quelque efficacité.

« Césaire d'Heisterbach raconte que, dans une ville
« du comté de Toulouse, fut un prêtre qui, s'étant lié
« avec la femme d'un chevalier, tomba dans le péché
« et y demeura long-temps. La chose dite au cheva-

« lier, il ne voulut pas d'abord y croire ; mais il ne
« laissa pas d'avoir quelque soupçon. Sans rien dire au
« prêtre ni à sa femme, sans montrer aucune défiance,
« un jour il pria le prêtre de l'accompagner en cer-
« tain lieu pour lui demander secrètement un conseil.
« Il le conduisit donc à une villa où se trouvait un
« possédé qui reprochait à tous ceux qu'il voyait leurs
« péchés, quelque cachés qu'ils fussent. Le prêtre
« qui avait appris ce que faisait le possédé, présuma
« que le chevalier l'y avait mené, comme cela était,
« afin que le démon découvrît l'adultère qu'il com-
« mettait. Sachant que le péché confessé est caché
« au diable, et n'ayant pas là de prêtre, il courut à
« l'écurie se jeter aux pieds du palefrenier qui gardait
« le cheval du maître, et lui confessa diligemment
« son péché. Ayant demandé la pénitence, le palefre-
« nier lui dit : faites celle que vous imposeriez vous-
« même au prêtre qui vous aurait confessé un sem-
« blable péché. Le chevalier alla ensuite avec le prêtre
« au possédé qui reprocha leurs péchés au chevalier
« et à ceux qui se trouvaient là, sans rien dire au
« prêtre. Alors le chevalier demanda au possédé :
« N'as-tu rien à dire au prêtre ? Regarde-le bien, que
« dis-tu de lui ? Rien, répondit-il en allemand que le
« chevalier seul comprenait, et il ajouta en latin que
« le prêtre seul entendait : il a été justifié dans l'écu-
« rie. Le prêtre voyant la grâce qui l'avait délivré et
« la vertu de la confession, quitta le péché et se fit
« moine.

« Il est bon de noter ici que, si celui qui s'est
« confessé à un laïc, échappe au péril, il doit le plus
« tôt possible aller aux pieds d'un prêtre reconfesser
« tous les péchés dont il s'était accusé au laïc. Alors
« le sacrement sera complet, le pécheur obtiendra
« rémission en vertu des clefs de la sainte Église dont
« le prêtre seul est ministre, et il aura observé le com-

« mandement de la confession. Dans tous les cas le
« laïc est tenu, comme le prêtre, de taire les pé-
« chés qu'il a entendus en confession. »

L'histoire suivante est assez singulièrement rappor-
tée par Passavanti, pour inviter les confesseurs trop
scrupuleux à quelque prudence envers certains pénitents d'humeur difficile :

« Il est écrit dans le livre des *Sept-Dons,* que des
« pirates ou écumeurs de mer, se trouvant un jour en
« grand péril au milieu d'une tempête et craignant de
« mourir, firent vœu que, s'ils échappaient, ils se
« confesseraient et quitteraient le péché. Délivrés du
« danger, ils allèrent accomplir leur vœu. Le capitaine
« se confessa à un ermite qui, entendant ses graves
« et nombreux péchés, le reprit durement, ne voulut
« point l'absoudre ni lui imposer de pénitence, mais
« lui ordonna de recourir au pape. Le malfaiteur lui
« dit qu'il n'était pas disposé à aller au pape, et le
« pria de lui donner la pénitence, ayant foi qu'elle lui
« serait valable auprès de Dieu. Comme l'ermite s'y re-
« fusait, le pirate irrité prit un couteau et le tua. Voulant
« néanmoins remplir son vœu, il s'adressa à un autre
« prêtre auquel il confessa tous ses péchés et le meur-
« tre de l'ermite. Le prêtre se mit en colère et lui dit
« que, pour cet homicide même, n'eût-il aucun autre
« péché, il devait aller au pape ; que, quant à lui, il
« ne l'absoudrait pas et ne lui donnerait aucune péni-
« tence. Furieux, le malfaiteur jura que, puisqu'il de-
« vait aller au pape, il irait aussi pour lui, et le tua.
« Il vint à un troisième confesseur et confessa ses vieux
« péchés et les nouveaux. Celui-ci entendant qu'il
« avait tué deux confesseurs, se dit en lui-même : Tu
« ne me tueras pas. Il lui parla avec douceur, le con-
« fessa, et lui imposa seulement pour pénitence de
« penser à la mort, et quand il rencontrerait quelque
« trépassé, de l'accompagner en le tenant par la main

« jusqu'à la fosse afin d'aider à l'ensevelir. Le corsaire
« reçut volontiers la pénitence, et partit content. Un
« jour qu'il faisait plus fidèlement la pénitence en-
« jointe, saisi d'horreur de la mort, et considérant son
« état, contrit, il s'en alla au désert, où ayant pris
« l'habit religieux, il vécut en sainte pénitence le reste
« de sa vie. »

La moralité de cette tragique histoire est ingénieuse
et touchante :

« Il ne faut imposer aux malades aucune pénitence,
« mais leur ordonner, s'ils guérissent, de revenir à
« certaine époque à la pratique des commandements
« et de recevoir une digne pénitence. »

Passavanti donne de bonnes règles aux confesseurs
sur la manière de poser leurs questions, et il reprend
très bien, par l'histoire charmante de la vierge Sacristine, ceux qui pourraient en faire d'indiscrètes sur
la pureté :

« D'abord, que le confesseur interroge le pénitent
« sur les péchés que commettent d'ordinaire les gens
« de son état et de sa condition. Il ne questionnera
« pas le chevalier sur les péchés du clerc, le marchand
« sur ceux de l'avocat, la femme sur ceux de l'homme
« du gouvernement. Ensuite, il ne doit pas interroger
« sur les péchés qui ne sont pas communément, spé-
« cifiquement et ouvertement connus de tout le monde;
« mais qu'il le fasse de loin, afin que, si la personne ne
« les a pas faits ou les ignore, il ne lui vienne pas en-
« vie de les faire, et qu'elle ne les apprenne pas. Il
« peut bien demander expressément les péchés com-
« muns, manifestes, tels que le vol, l'homicide,
« l'adultère et semblables. Quant aux péchés cachés,
« que beaucoup de personnes ou ignorent, ou ne
« commettent pas, qu'on les taise, ou qu'on les tou-
« che de loin et si prudemment, qu'on n'enseigne pas
« le mal qui est ignoré. Que le prêtre ne fasse point la

« plaie qu'il doit guérir comme médecin, ainsi qu'il
« arriva une fois, selon le récit de Césaire.

« A Cologne, une petite fille de sept ans, nommée
« Béatrix, fut mise par ses parents dans un monastère.
« Cette jeune fille grandit dans le couvent, et s'étant
« faite religieuse, elle se confessa un jour à un prêtre
« peu sage ou indiscret. Celui-ci l'interrogeant sur les
« péchés qu'elle devait avoir commis, lui demanda
« entre autres, si elle n'avait jamais péché charnelle-
« ment. Comme elle répondit que non, attendu
« qu'elle était entrée au couvent dès sept ans, et que
« jamais homme ne l'avait touchée, le confesseur lui
« dit : Es-tu donc vierge? Vous le savez bien, répon-
« dit-elle, puisque jamais homme ne s'approcha de
« moi. Le prêtre reprit : La femme peut sans l'homme
« pécher et perdre sa virginité. Je ne vous entends
« pas, répliqua la sœur, si vous ne parlez plus expli-
« citement. Alors le prêtre insensé, qui ne devait pas
« aller plus avant, lui demanda certaines choses par-
« ticulières qu'il est beau de taire. La confession finie
« et l'absolution donnée, le prêtre s'en alla. La reli-
« gieuse, rentrée seule dans sa cellule, réfléchit sur ce
« qu'elle avait entendu. Les pensées se succédant
« l'une à l'autre, et la concupiscence innée de la chair
« se réveillant, son cœur fut saisi de fortes tentations
« et son esprit s'alluma d'un vague désir d'essayer et
« de savoir ce qu'elle n'avait jamais essayé ni su.
« Comme l'importune tentation que le diable enflam-
« mait croissait de jour en jour, la religieuse ne sut
« pas résister. Vaincue, elle résolut, comme par déses-
« poir, de sortir du monastère et de vivre mondaine-
« ment, en suivant les appétits déshonnêtes de la chair
« fragile. Un jour, n'y pouvant plus tenir, elle prit les
« clefs de la sacristie où elle avait été long-temps de
« service, se jeta devant l'autel de la Vierge Marie, au
« pied de son image et dit : Madone, j'ai gardé plu-

« sieurs années tes clefs dans ma charge de sacristine,
« restant jour et nuit à ton service. Maintenant, je
« suis tourmentée si durement par un combat inouï,
« que je ne puis et ne sais plus me défendre. Tu ne me
« viens pas en aide, je te résigne donc les clefs de ma
« charge, et vaincue je me rends. Posant les clefs sur
« l'autel, elle partit du monastère et vécut quelque
« temps avec un abbé. Celui-ci l'ayant laissée là, elle
« s'égara jusqu'à devenir commune et publique pé-
« cheresse. Après avoir demeuré quinze années dans
« le péché, elle vint un jour à la porte du couvent où
« elle avait été élevée et demanda au portier : Aurais-
« tu connu une religieuse nommée Béatrix, autrefois
« sacristine de ce couvent? — Je la connais bien, dit
« le portier, c'est une sage et honnête religieuse qui,
« dès son enfance jusqu'à ce jour, a vécu ici sainte-
« ment et chérie de toutes les sœurs. — La pécheresse
« ne comprit pas les paroles du portier et lui tourna
« le dos. Tandis qu'elle s'en allait, la Vierge Marie,
« dont elle avait pris congé en partant et à qui elle
« avait rendu les clefs, lui apparut et lui dit : J'ai, de-
« puis que tu as quitté le monastère, fait quinze ans
« ton service sous ton habit et ta figure; personne au
« monde ne sait ton péché. Retourne donc remplir ta
« charge et fais pénitence de ta faute. Tu retrouveras
« les clefs sur l'autel au même endroit où tu les as
« laissées. Béatrix contrite, voyant la miséricorde de
« Dieu et la grâce de la Vierge Marie, rentra au cou-
« vent et vécut saintement en pénitence jusqu'à la
« mort. Personne ne sut jamais sa faute, si ce n'est le
« prêtre auquel elle la confessa et raconta la cause et
« les progrès de son égarement, ainsi que la grâce
« reçue. Elle voulut qu'on l'écrivît pour l'exemple et
« l'enseignement des confesseurs et des pécheurs, et à
« la louange de la mère de Jésus-Christ, l'avocate des
« pécheurs. »

Passavanti résume d'une manière complète et précise les points sur lesquels le confesseur doit interroger le pénitent.

« Le confesseur ne demandera pas seulement les
« péchés, mais aussi les circonstances qui les aggra-
« vent, lesquelles, selon les sages, sont au nombre de
« huit et contenues dans ce vers :

Quis, quid, ubi, per quos, quoties, cur, quomodo, quando.

« Vient ensuite l'autre vers adressé au confesseur :

Quilibet observet animæ medicamina dando.

« La première circonstance sur laquelle le confesseur
« doit interroger, si le pécheur ne la dit pas de lui-
« même, est *quis*, savoir que celui qui se confesse dise
« s'il est prélat ou inférieur, clerc ou laïc, lettré ou
« non, vieux ou jeune, marié ou libre, parce que,
« remarque saint Augustin, un même péché s'aggrave
« ou s'allége, selon l'état, la charge, la condition de
« la personne.

« La seconde circonstance est *quid*, quel est le péché
« qu'on a commis; car il ne suffit pas de dire en géné-
« ral, j'ai péché par gourmandise ou luxure, j'ai dit
« ou fait injure au prochain, mais il faut que celui
« qui se confesse spécifie en quelle sorte de péché il a
« failli. Dans la gourmandise, si c'est en mangeant ou
« buvant trop, en voulant des mets trop délicats, ou
« en n'attendant pas l'heure du repas. Dans la luxure,
« si c'est par fornication, ou adultère, ou par péché
« contre nature ou autre quelconque. Dans les injures,
« on doit spécifier quelle sorte d'injure; si ce fut en
« paroles, quelles paroles, de menace, de reproche,
« d'infamie; si ce fut par des faits, quels faits, contre
« les biens ou la personne; s'il a frappé, avec quoi,
« avec du fer, une massue, une pierre ou le poing, et

« quelle fut la personne frappée, père, mère, prélat ou
« autre, et s'il s'en est suivi dommage, danger, scan-
« dale ou déshonneur. Le confesseur doit aussi de-
« mander ce qu'on a voulu ou entendu faire, car sou-
« vent on a dans le cœur de commettre un grand
« crime, tel qu'un homicide, une trahison, sans pou-
« voir l'exécuter. On doit donc se confesser de la
« mauvaise volonté et de l'intention coupable.

« La troisième circonstance est *ubi*, en quel lieu le
« mal a été fait, si ce fut en un lieu public ou privé ;
« car le péché commis en public est plus grave à cause
« du scandale et du dévergondage. Si ce fut en un
« lieu saint, le péché est plus grand à cause de l'irré-
« vérence envers Dieu à qui ce lieu est consacré ;
« ainsi, Jésus-Christ chassa du temple avec grande
« indignation ceux qui vendaient et achetaient.

« La quatrième circonstance est *per quos*, c'est-à-
« dire avec quelle aide et quelle compagnie on a fait
« le mal.

« La cinquième est *cur*, pourquoi, pour quel mo-
« tif le péché fut commis. C'est un péché plus grave
« de voler par avarice, ou par plaisir de nuire, que
« de le faire par pauvreté.

« La sixième est *quoties*, combien de fois l'on a fait
« le péché, car la seconde est plus grave que la pre-
« mière et la troisième que la seconde.

« La septième est *quomodo*, en quelle manière
« l'on a péché. Si l'on se confesse d'avoir le bien
« d'autrui, que le prêtre demande si c'est par usure,
« vol, rapine, par le jeu ou en retenant le prix du
« travail.

« La huitième circonstance est *quando*, en quel
« temps, si ce fut dans la jeunesse et si le péché est
« ancien ou nouveau ; si ce fut un jour de fête ou à
« une époque de pénitence, comme le Carême et les
« Quatre-Temps, pendant la messe, le sermon, l'or-

« dination ecclésiastique, les processions, quand on
« doit dispenser ou recevoir les sacrements, qu'on va
« s'embarquer ou livrer bataille ; car le péché est d'au-
« tant plus grand, ou montre d'autant plus de mau-
« vaises dispositions, qu'on devrait être mieux pré-
« paré. »

Voici de minutieux et excellents avis sur les conditions de la confession. Passavanti attaque avec non
moins de franchise que Bourdaloue, l'hypocrisie et les
confessions intéressées pour obtenir des places et une
bonne réputation.

« Le pécheur doit se présenter au prêtre avec res-
« pect, comme au vicaire de Dieu, avec confusion,
« comme un malfaiteur devant son juge. Qu'il se
« jette à ses pieds humblement, s'asseie ou se mette
« à genoux de manière qu'il soit de côté, penché en
« arrière plus qu'en avant, sur-tout si c'est une femme
« qui se confesse. Celle-ci doit se placer de sorte que
« son visage et ses yeux ne puissent rencontrer ceux
« du confesseur ; et cela, pour l'honnêteté, afin
« qu'elle dise plus sûrement et plus ouvertement ses
« péchés. Sainte Marie-Madeleine en a donné l'exem-
« ple, lorsque venant au Christ, elle se tint derrière
« lui, à côté de ses pieds (*Stans retrò secus pedes*
« *ejus*).

« Quelques maîtres disent que douze choses sont
« requises pour la confession. Saint Thomas en compte
« seize ou dix-sept, contenues dans certains vers
« qu'il donne au quatrième livre des *Sentences*. Les
« voici :

> *Sit simplex, humilis confessio, pura, fidelis ;*
> *Atque vera, frequens, nuda, discreta, libens, verecunda ;*
> *Integra, secreta, lacrymabilis, accelerata,*
> *Fortis et accusans et sit parere parata.*

« Quelques-unes de ces conditions sont de nécessité,
« les autres de perfection.

« D'abord, que la confession soit simple (*sit sim-*
« *plex*), c'est-à-dire sans détour, sans duplicité, sans
« entortillement de mots qui cache les péchés. Que
« la personne qui se confesse n'ait point d'intention
« corrompue qui l'écarte de la droiture et de la vérité,
« mais qu'elle pense simplement à s'accuser et à se
« corriger. Au lieu de cela, beaucoup ne pensent qu'à
« se louer et à se justifier, à passer pour bons et reli-
« gieux, afin que le monde leur accorde des éloges,
« sa confiance et des emplois.

« La seconde condition est *humilis,* que celui qui se
« confesse soit humble, et dise humblement son pé-
« ché ; qu'il se reconnaisse misérable pécheur et qu'il
« veuille passer pour tel ; qu'il s'accuse non seulement
« avec les lèvres mais avec le cœur. Si le confesseur le
« reprend de ses vices, qu'il le supporte patiemment ;
« car beaucoup, pour être tenus humbles et justes,
« se blâment souvent eux-mêmes, mais s'il arrive
« qu'on les reprenne ou qu'on leur répète ce qu'ils
« disaient, ils ne le prennent point en bonne part et se
« fàchent. Celui qui se confesse ne doit pas seulement
« être humble de cœur et dans les paroles, mais en-
« core dans les vêtements et le maintien, pour le bon
« exemple. Car, selon la doctrine de Salomon, les
« actes et la contenance extérieure démontrent ce que
« l'homme est au-dedans. Contre ce précepte agissent
« chaque jour les vaines et orgueilleuses femmes qui
« viennent au tribunal de la pénitence, parées et
« ajustées, comme si elles allaient à un festin ou à des
« noces ; tandis que, pour dire leurs fautes, leurs fo-
« lies, leurs vanités, leurs affectations, leurs défauts,
« leurs sottises, leurs corruptions, leurs souillures,
« leurs excès, elles devraient venir, la tête couverte,
« la figure voilée, les yeux baignés de larmes et bais-
« sés, avec des soupirs, des gémissements et des
« habits grossiers qui indiquassent un cœur contrit,

« humilié, une ame repentante et affligée du péché.

« La troisième condition de la confession, est
« qu'elle soit pure (*pura*), et non mêlée de nouvelles
« ou d'histoires; car celui qui est bien contrit, ne
« s'occupe pas d'autre chose, mais ne pense qu'à dire
« ses péchés.

« La quatrième est qu'elle soit fidèle (*fidelis*), c'est-
« à-dire qu'elle se fasse à un confesseur fidèle et fi-
« dèlement, selon le rit de la sainte Eglise, avec foi et
« espérance de recevoir l'effet de la confession, qui est
« la rémission et le pardon du péché; car, dit saint
« Ambroise, sans cette foi et cette espérance, la con-
« fession est infructueuse. Il cite l'exemple de Caïn et
« de Judas qui confessèrent leur péché, mais qui, par
« défaut de confiance en la miséricorde de Dieu, dés-
« espérèrent et perdirent le fruit de la confession.

« La cinquième condition est qu'elle soit vraie (*vera*).
« Qu'on ne taise pas la vérité par honte, qu'on n'ex-
« cuse pas le péché par orgueil, et que, par une folle
« humilité, on ne dise pas de soi le mal qui n'est pas.
« Certaines personnes, hommes et femmes, disent :
« Je suis le plus méchant homme du monde, je suis
« la femme la plus coupable de la terre, j'ai fait et dit
« tout ce qu'il y a de mal; et puis il se trouve qu'il
« n'en est rien. Comme on ne doit pas taire ce qu'on a
« fait, il ne faut pas dire ce qu'on n'a point fait.

« La sixième condition est que la confession soit
« fréquente (*frequens*), ce qu'on peut entendre de deux
« manières. La première, de se confesser souvent des
« péchés quotidiens. La seconde de reconfesser sou-
« vent les anciens. Saint Thomas, au quatrième livre
« des *Sentences,* dit qu'il est très utile de le faire et à
« différents confesseurs, soit à cause de la rougeur de
« la honte, qui, étant une peine, tient lieu de satis-
« faction, soit à cause de l'efficacité des clefs, soit à
« cause de la pénitence qu'impose le confesseur et qui

« diminue toujours de la peine. On pourrait donc se
« confesser tant de fois que la peine, un peu diminuée
« chaque fois , serait entièrement effacée, de sorte
« qu'il n'en resterait rien à faire ni en ce monde ni au
« purgatoire.

« La septième condition est que la confession soit
« nue (*nuda*), c'est-à-dire manifeste et ouverte. On ne
« doit couvrir ni cacher aucun de ses péchés, quelque
« dégoûtant ou abominable qu'il soit. Saint Gré-
« goire dit à ce sujet : c'est un vice commun au genre
« humain de commettre facilement le péché , puis de
« l'accroître et de le multiplier en l'excusant.

« La huitième condition est que la confession soit
« discrète (*discreta*), c'est-à-dire qu'il faut discerner
« les péchés plus grands, de ceux qui le sont moins,
« et par conséquent les confesser plus gravement et
« plus lentement que les péchés plus légers : ceux-ci
« ne doivent pas être indiscrètement aggravés.

« La neuvième condition de la confession est qu'elle
« soit volontaire (*libens*), non obligée et forcée, mais
« qu'on s'accuse volontiers de ses péchés par amour
« de la vérité et de la justice.

« La dixième condition est qu'elle soit honteuse
« (*verecunda*), que l'on s'accuse avec honte de son pé-
« ché. Toutefois, la honte ne doit pas être telle qu'on
« omette ce qu'il faut dire ou faire, mais il doit y
« avoir chez le pécheur une honte déhontée, comme
« dit saint Grégoire, de la Madeleine. Voyant les taches
« qui la souillaient, elle courut les laver à la fontaine
« de la miséricorde, et parce qu'elle avait beaucoup
« de honte au-dedans, elle ne se soucia pas de la
« honte du dehors.

« La onzième condition est que la confession soit
« entière (*integra*). On ne doit pas taire de péchés
« mortels, ni partager la confession, et en dire un peu
« à un prêtre et un peu à un autre ; en agissant ainsi ,

« loin d'obtenir le fruit de la confession, on se charge-
« rait d'un nouveau péché mortel.

« La douzième condition est que la confession soit
« secrète *(secreta)*, car le jugement de la confession
« appartient aux secrets de la conscience. Il faut ma-
« nifester secrètement ses péchés au confesseur, qui
« est le juge des secrets. Ainsi les péchés manifestes
« doivent être confessés et jugés secrètement. Par
« conséquent, si le prêtre avait vu ou entendu les
« péchés de celui qui se confesse, il ne doit pas l'ab-
« soudre, à moins que le pécheur ne les confesse en
« secret et de bouche.

« La treizième condition de la confession est qu'elle
« soit douloureuse *(lacrymabilis)*, à l'exemple de
« saint Pierre et de sainte Marie-Madeleine, qui pleurè-
« rent leur péché très amèrement et avec des larmes de
« grande douleur. Saint Grégoire exposant les paroles
« du prophète : *Potum dabis nobis in lacrymis, in men-*
« *sura,* dit que la mesure de la douleur doit égaler
« celle de la faute, que l'on boive autant de larmes de
« componction que l'on a été aride et sec de Dieu par
« le péché.

« La quatorzième condition pour la confession est
« qu'elle soit prompte *(accelerata)*, qu'on se confesse
« aussitôt le péché commis, qu'on ne retarde pas de
« jour en jour de peur de l'oublier, de le multiplier,
« et afin d'ôter au diable l'arrogance et l'audace qu'il
« a sur l'homme pendant qu'il l'empêche de confesser
« ses péchés.

« La quinzième condition de la confession est
« qu'elle soit courageuse *(fortis)*, qu'on ne se laisse
« arrêter, ni par la honte, ni par la peur de la peine
« qu'il faut subir pour satisfaire aux péchés, ni par
« les privations, ni par les tribulations ou tentations
« auxquelles on s'attend.

« La seizième condition est *accusans,* c'est-à-dire

« de s'accuser soi-même et non autrui, non s'excuser,
« ni se louer ou se vanter par vanité mondaine ; comme
« ceux qui s'accusent bien des péchés vils et charnels,
« mais qui se vantent d'avoir tiré quelque vengeance,
« remporté quelque avantage, fait quelque prouesse,
« trouvé des moyens subtils de gagner de l'argent ou
« des honneurs, bien que ce fût en péchant.

« La dix-septième condition est que la personne qui
« se confesse soit disposée et prête à obéir à tout ce
« qui lui sera ordonné *(et sit parere parata)*. Saint Au-
« gustin a dit : que le pécheur se mette au pouvoir du
« juge, qui est le confesseur, prêt à faire pour la vie
« de l'ame immortelle, ce qu'il ferait pour la vie du
« corps mortel. »

Les règles énoncées plus haut sur la confession frap-
pent par l'exactitude et la netteté de la doctrine. Si,
comme on l'a prétendu, ce sacrement ne remontait
qu'au pontificat du grand Innocent III et au concile de
Latran, comment sa législation se trouverait-elle déjà
si bien fixée? Le concile de Trente semble vraiment n'a-
voir rien eu à ajouter aux dispositions prescrites par
l'auteur du *Specchio*.

La théologie de Passavanti est à la fois élevée et pru-
dente; il n'est ni moins éclairé, ni moins judicieux
que Bossuet et Fleury. Sur la question si la Vierge fut
exempte de la tache du péché originel, il se récuse et
conclut sagement par le doute.

« Bien que l'Ecriture-Sainte ne parle pas expressé-
« ment de la bienheureuse Vierge Marie, mais seule-
« ment en certaines similitudes et figures, on croit
« néanmoins généralement qu'elle fut sanctifiée avant
« de naître et remplie du Saint-Esprit dans les en-
« trailles de sa mère. Quoique nous n'ayons pas l'au-
« torité expresse et manifeste de l'Ecriture, il y a la
« raison efficace et l'autorité de la sainte Eglise ; bien
« plus, l'autorité de l'Esprit-Saint qui dirige l'Eglise.

« Celle-ci célèbre la Nativité. Il n'y a pas long-temps,
« cette fête n'était point encore instituée; mais à la suite
« de certains miracles et révélations, il fut ordonné
« de la solenniser, et avec octave. C'est donc une
« preuve certaine que Marie naquit Vierge, puisque l'on
« fête sa Nativité; car, dit saint Bernard, on ne ferait pas
« la fète de sa naissance, si elle n'était pas née sainte.
« Voici la raison : si à cause de l'excellence et de la
« dignité de la mission pour laquelle Dieu choisit Jé-
« rémie et Jean-Baptiste, ils furent purifiés du péché
« originel, combien davantage la Vierge Marie dut-elle
« avoir le don et la grâce de la sanctification et à un
« point plus éminent, plus parfait, elle qui fut choisie
« pour le plus digne, le plus sublime emploi auquel
« créature humaine ou angélique ait jamais été ou puisse
« être choisie, c'est-à-dire à être mère de Dieu. Saint
« Anselme et saint Bernard font valoir cette raison
« pour la gloire de la Vierge Marie. Quelques-uns s'at-
« tachant à cette raison, disent qu'elle fut préservée
« du péché originel; car, s'il fut convenable qu'elle
« eût un don de sanctification plus grand que Jérémie
« ou Jean-Baptiste, qu'aurait-elle eu plus qu'eux, si
« elle avait été simplement comme eux purifiée du pé-
« ché originel? Afin donc qu'elle obtînt plus qu'eux,
« comme cela devait être, il paraît convenable et ra-
« tionnel que non seulement elle fût sanctifiée avant de
« naître, mais qu'elle fût engendrée sainte et préservée
« du péché originel. Il n'y a pas lieu à discuter ici
« cette question qui n'a pas été décidée par la sainte
« Eglise, et l'on n'en sait rien, car il ne se trouve pas
« que Dieu en ait rien révélé à prophète, apôtre, évan-
« géliste, ou saint digne de foi, qui en ait dit ou écrit
« quelque chose de certain. Des docteurs disent qu'à
« leur avis personne ne l'affirme comme de l'Assomp-
« tion en corps et en ame de la Sainte-Vierge; on n'en
« sait donc rien par écriture authentique. Mais saint Jé-

« rôme, saint Augustin, et les autres docteurs qui en
« parlent, donnent leur opinion et ce qui devrait en être
« raisonnablement, laissant la vérité à Dieu qui la sait
« et qui, non sans juste raison, veut que soit caché au
« monde ce qu'il a fait de sa mère, soit dans sa Con-
« ception, soit dans son Assomption. Il ne saurait être
« douteux pour aucun fidèle chrétien, que Dieu pou-
« vait, s'il l'avait voulu, préserver la Vierge Marie du
« péché originel, comme il pourrait le faire pour tout
« autre homme ou femme qui viendrait au monde.
« Que si Dieu formait un homme de terre ou d'autre
« élément, d'une fleur, d'un os ou d'un morceau de
« chair, cet homme n'aurait pas le péché originel...
« Toutefois il vaut mieux douter de la chose, car il
« n'est pas probable qu'on puisse jamais la connaître,
« que d'affirmer présomptueusement ce qu'on ignore.
« À la raison citée plus haut, pour laquelle plusieurs
« prétendent qu'il en fut ainsi, qu'autrement Marie
« n'eût pas eu plus d'avantages que Jérémie ou Jean-
« Baptiste, on peut répondre que Dieu put faire en des
« choses plus grandes et fit en effet à sa mère des dons
« de grâce au dessus de tous les autres saints, sans la
« préserver du péché originel; que ce fut un plus grand
« don de la préserver du péché actuel, mortel ou véniel,
« de la remplir de l'Esprit saint et de la confirmer dans
« la grâce, de telle manière qu'elle ne pouvait pécher,
« et de répandre dans cette ame excellente l'amour de
« Dieu et du prochain avec toutes les autres vertus;
« d'autant plus qu'avoir été conçue dans le péché ori-
« ginel ne diminuerait en rien l'honneur de la Vierge
« Marie, puisque ce péché n'est pas du fait de la per-
« sonne, mais une condition de la nature viciée. »

L'amour de Dieu par l'ame, le cœur et l'esprit, est
défini avec finesse et sentiment dans ce passage :

« Saint Jean-Chrysostôme dit : Aimer Dieu de tout
« ton cœur, c'est que ton cœur ne soit pas enclin à

« l'amour d'aucune autre chose plus qu'à l'amour de
« Dieu. Aimer Dieu de toute ton ame, c'est avoir l'es-
« prit convaincu de la vérité et être ferme dans la foi.
« Autre chose est l'amour du cœur, autre est l'amour
« de l'ame. L'amour du cœur est en quelque sorte se-
« lon l'impression de la chair et de la sensualité, se-
« lon laquelle même Dieu peut être aimé, si l'on se
« dégage tout-à-fait des choses mondaines et char-
« nelles. Cet amour du cœur se sent dans le cœur.
« L'amour de l'ame ne se sent pas, mais se comprend,
« parce qu'un tel amour réside dans le jugement de
« l'ame; car qui croit qu'en Dieu est tout bien, et
« que hors de lui il n'y en a point, aime Dieu de toute
« son ame. Aimer Dieu de tout son esprit, c'est tour-
« ner vers Dieu toutes ses pensées du dedans et du de-
« hors. Ainsi, celui dont l'intelligence s'élève à Dieu,
« dont la pensée traite les choses de Dieu, dont la mé-
« moire rappelle les choses de Dieu, aime Dieu de tout
« son esprit. »
Voici d'utiles pratiques pour effacer les péchés véniels :

« Il y a contre les péchés véniels huit remèdes, ren-
« fermés dans les deux vers suivants :

Confiteor, tundo, conspergor, conteror, oro,
Signor, edo, dono : per hœc venialia pono.

« D'abord les péchés véniels s'effacent par la confes-
« sion générale (*confiteor*) de tous les péchés, mor-
« tels et véniels. On doit remarquer ici que les péchés
« véniels ne sont aucunement remis sans les mortels,
« c'est-à-dire, tant qu'on reste chargé de quelque pé-
« ché mortel. Il faut donc n'avoir aucun péché mortel
« ou que le remède soit tel qu'il efface à la fois les
« mortels et les véniels. Le second remède est *tundo,*
« c'est-à-dire de se frapper la poitrine en s'imputant
« ses péchés. Le troisième est *conspergor,* de prendre

« de l'eau bénite avec foi et dévotion. Le quatrième
« est *conteror*, par la contrition et le déplaisir d'avoir
« offensé Dieu. Le cinquième est *oro*, par la prière
« dévote et spécialement par le *Pater noster*, qui est
« l'oraison enseignée par Jésus-Christ. Le sixième est
« *signor*, par la bénédiction de l'évêque, et selon quel-
« ques-uns par celle du prêtre. Le septième est *edo*,
« par la communion, et le huitième, *dono*, par l'au-
« mône au pauvre et le pardon des injures. »

Le désaccord entre les désirs et la condition de chacun, ce mal de notre époque, ce secret de tant de vices
et de crimes, est parfaitement observé et jugé dans le
passage suivant :

« Selon saint Thomas, la droite raison doit régler tou-
« tes les choses que l'homme désire naturellement. La
« volonté, quand elle est dirigée par la droite raison,
« se porte vers ce qui est convenable et proportionné
« à la condition de chacun. Alors l'on désire, l'on
« aime vertueusement ; mais quand l'appétit, la vo-
« lonté et le désir se meuvent en dehors de la droite
« raison, alors on désire et l'on aime vicieusement : de
« là découlent tous les vices. »

Pascal et Nicole n'ont pas poursuivi l'orgueil avec
plus de constance, avec plus d'acharnement que Passavanti dans de nombreux passages du *Specchio*.

« Quelques docteurs comptent sept péchés capitaux,
« et d'autres, huit ; mais ceux-là ne comptent pas l'or-
« gueil, et ils ont raison les uns et les autres, chacun
« à son point de vue. Saint Thomas voulant accorder le
« différend, dit qu'on peut considérer l'orgueil de deux
« manières ; la première en tant qu'il est un vice spé-
« cial par lui-même, distinct des autres ; alors il est au
« nombre des vices principaux et capitaux dont nais-
« sent tous les autres. En comptant l'orgueil, il y a
« donc huit péchés capitaux. D'après la deuxième ma-
« nière, on peut considérer l'orgueil en ce qu'il a une

« influence générale sur tous les vices dont il est l'ori-
« gine et la cause. De cette manière, il n'est pas mis
« au nombre, mais au-dessus des autres vices. De là,
« saint Grégoire, dans ses *Morales sur Job,* l'appelle la
« reine et la mère des vices. Dans ce sens, il n'y a que
« sept péchés principaux et capitaux.....

« L'orgueil naquit dans la région la plus élevée du
« ciel empyrée et dans cette haute et noble famille de
« la race angélique. Ne trouvant aucune créature qui
« lui fût comparable et avec laquelle sa condition al-
« tière lui permît de s'unir, elle s'unit illégitimement
« avec son père. Dieu, le souverain maître, fut telle-
« ment offensé de cette infraction à sa volonté, qu'il
» chassa du ciel tous ces anges, les bannit de son
« royaume sans qu'ils y puissent jamais rentrer et
« les fit à jamais habitants du sombre et douloureux
« royaume de l'enfer.

« L'orgueil naît dans l'homme, des biens de la na-
« ture, de la fortune et même de la grâce. Les biens
« de la nature sont dans le corps ou dans l'ame, ou
« communs à l'un et à l'autre. Dans le corps, la santé,
« la force, la gaîté, la beauté, la noblesse, la liberté,
« être adroit, accort, poli, beau parleur, éloquent,
« agréable, bien constitué, de bonne mine et bien
« mis. Les biens naturels de l'ame sont un noble es-
« prit, une intelligence déliée, une bonne mémoire,
« l'aptitude aux vertus, aux sciences, aux arts, le bon
« sens, la sagacité, la discrétion, la prudence, l'acti-
« vité, le jugement, l'application, savoir choisir et
« prendre le meilleur parti. Par biens de la fortune,
« on entend les choses qui sont en dehors de nous et
« du pouvoir de l'homme, que l'on peut perdre bon
« gré ou malgré, comme les richesses, les plaisirs, le
« rang, les dignités, la réputation, l'honneur, la fa-
« veur des hommes et la gloire mondaine. Les biens
« de la grâce, sont la grâce de Dieu avec la cha-

« rité, l'humilité et les autres vertus, la sagesse avec
« le don de prophétie, des langues, des miracles et
« autres dons du Saint-Esprit. L'orgueil naît souvent
« de tous ces biens; car l'homme se sentant avoir quel-
« que mérite, et ne le rapportant pas humblement à
« Dieu, source de tout bien, en tire vanité.... Saint Jé-
« rôme dit que c'est un grand orgueil d'être ingrat en-
« vers Dieu; et saint Bernard, que l'ingratitude est un
« vent qui dessèche la fontaine de la piété, la rosée de
« la miséricorde et le fleuve de la grâce divine..... Sa-
« lomon, dans ses *Proverbes*, fait dire à Dieu : « Je
« hais l'arrogance et l'orgueil. » Il ne faut pas s'éton-
« ner que Dieu les haïsse; car, remarque Boëce, tous
« les autres vices fuient devant Dieu, l'orgueil seul
« résiste à sa volonté et marche contre lui.... Saint Ber-
« nard, expliquant le passage de saint Paul sur l'ante-
« christ : « Tout superbe s'élève au-dessus de Dieu
« (*Qui extollitur et adversatur supra omne quod dicitur*
« *Deus)*», dit: Dieu veut qu'on fasse sa volonté, le su-
« perbe le veut aussi. Il se fait donc égal à Dieu ; bien
« plus, il s'élève au-dessus de Dieu; car Dieu exige
« que l'on accomplisse sa volonté dans les choses jus-
« tes et raisonnables, tandis que le superbe prétend
« que sa volonté soit faite, même dans les choses in-
« justes, déraisonnables et contraires à Dieu.

« L'orgueil, remarque saint Augustin, diffère des au-
« tres vices en ceci, que les autres vices font commet-
« tre de mauvaises œuvres, en naissent et s'en nour-
« rissent, tandis que l'orgueil naît encore du bien et
« des bonnes œuvres et les fait périr. »

Cet orgueil dans la grâce, est encore énergiquement
relevé par Nicole, lorsqu'il dit : « Les haires, les cili-
ces, les disciplines, sont quelquefois à son usage....
Les saints nous apprennent, après saint Paul, qu'il y
a des martyrs de vanité aussi bien que de charité. »

Passavanti, comme ceux de son ordre, semble fa-

vorable à la doctrine de la grâce suffisante. « Les Dominicains, remarque Pascal dans un passage quelque
peu hétérodoxe de la deuxième *Provinciale,* ont cela
de bon, qu'ils ne laissent pas de dire que tous les
hommes ont la *grâce suffisante.* Mais ils le disent
sans le penser, puisqu'ils ajoutent qu'il faut nécessairement, pour agir, avoir une *grâce efficace qui n'est
pas donnée à tous.* Ainsi, s'ils sont conformes aux
Jésuites, par un terme qui n'a pas de sens, ils leur
sont contraires, et conformes aux Jansénistes dans
la substance de la chose. » La doctrine du *Specchio*
sur la prédestination n'est pas moins menaçante que
celle de saint Paul, qu'il cite et commente.

« L'homme, en faisant bien, mérite, en vertu de la
« grâce que Dieu lui donne librement, et non par ses
« œuvres qui, sans la grâce, ne vaudraient rien auprès
« de Dieu. Ainsi l'homme ayant la première grâce de
« Dieu qu'il ne mérite pas d'avoir, mais qui lui est
« librement donnée, mérite, en agissant selon cette
« grâce qui rend ses œuvres méritoires et agréables à
« Dieu, d'avoir une grâce plus grande et même la
« gloire selon la grâce. Saint Paul a dit en ce sens; « Je
« suis par la grâce de Dieu ce que je suis, et sa grâce
« n'a pas été vide en moi (*Gratiâ Dei sum id quod
« sum, et gratia ejus in me vacua non fuit*).» Et ailleurs :
« La grâce de Dieu, notre Sauveur, s'est montrée,
« non pour les œuvres de justice que nous avons
« faites, mais il nous a sauvés selon sa miséricorde
« (*Apparuit gratia Dei Salvatoris nostri, non ex operi-
« bus justitiæ quæ fecimus nos, sed secundum suam
« misericordiam salvos nos fecit.*) »
Passavanti invite et attire à l'humilité par des images poétiques, des récits naïfs ou piquants, et par de
sages et pieuses réflexions.

« Saint Bernard dit : La grâce n'entre pas dans le
« cœur de celui qui se confie en ses propres mérites et

« qui s'appuie sur ses propres œuvres ; car, étant plein
« de sa bonne opinion, la grâce n'y trouve point de
« place. Nous voyons que ceux qui veulent remplir un
« vase de l'eau d'une rivière ou d'une fontaine, le
« penchent. De même, celui qui veut puiser la grâce
« divine, ne doit pas se tenir raide d'orgueil, mais se
« baisser avec humilité. L'eau descend des montagnes
« dans les vallées, et là, se réunissant à d'autres eaux,
« elle forme des rivières et de belles fontaines. Ainsi
« l'abondance de la grâce descend dans les vallées de
« l'humilité.

« Il ne se croit pas cendre et poussière, celui qui
« s'habille de draps de soie et d'écarlate ; car, qui fe-
« rait de tels sacs à la cendre, à moins d'être fou ? Il
« ne se croit pas cendre et poussière, celui qui se place
« haut en dignité ; car la poussière mise sur une
« hauteur est emportée et dispersée par le vent....

« Saint Isidore rapporte que, d'après un ancien
« usage, le jour du couronnement de l'empereur de
« Constantinople, au moment où il apparaissait dans
« sa plus grande gloire, un marbrier s'approchait de
« lui, et lui présentait les échantillons de quatre sortes
« de marbres de diverses couleurs. Il lui demandait
« ensuite de laquelle il préférait qu'on lui fît son tom-
« beau, pour donner à entendre que la mémoire de la
« mort devait tempérer la gloire temporelle et impé-
« riale, et le rendre humble.

« On lit dans la vie des Saints-Pères, qu'un religieux
« voulant obtenir de Dieu l'explication d'un passage
« de l'Ecriture qu'il ne comprenait pas, se mit à jeû-
« ner et à prier. Après un jeûne de sept semaines,
« n'ayant pas reçu la grâce qu'il demandait, il ima-
« gina d'aller trouver un des moines qui habitaient le
« désert, et de le consulter sur son doute. Pendant
« qu'il était en route, l'Ange de Dieu lui apparut et lui
« dit : Le jeûne que tu as fait sept semaines ne t'a pas

« rapproché de Dieu et ne t'a pas aidé pour ce que tu
« cherchais. Maintenant, parce que tu t'es humilié et
« que tu vas consulter ton frère, je suis envoyé de Dieu
« pour t'enseigner ce que tu voulais savoir. Et il lui expli-
« qua clairement son doute. Le moine, remerciant Dieu
« et reconnaissant la vertu de l'humilité, rentra dans
« sa cellule doublement instruit, et comprit l'Ecriture
« qui dit que Dieu révèle ses secrets aux humbles.....
« Saint Antoine, un jour qu'il priait, vit le monde cou-
« vert de petits filets tendus, et s'écria en pleurant : Qui
« pourra donc échapper à tant de piéges, et ne pas
« tomber dans l'un d'eux ? Une voix lui répondit :
« L'humilité seule..... Le diable dit un jour à saint
« Macaire : Pourquoi l'emportes-tu sur moi ? Car si tu
« jeûnes, je ne mange jamais ; si tu veilles je ne dors
« jamais ; si tu te fatigues en travaillant, je n'ai jamais
« de repos. Puis, répondant lui-même à sa question ,
« il ajouta : Je suis vaincu par ton humilité seule, que
« je ne puis avoir.

« Saint Augustin démontre ainsi que l'humilité ne
« se laisse jamais vaincre. Celui-là seul est vaincu, qui
« présume de soi ; celui-là seul est vainqueur, qui par
« humilité ne présume pas de soi. Voici la raison :
« Dieu combat pour l'humilité, parce que l'humi-
« lité rapporte à Dieu l'honneur de la victoire,
« en disant : « Ne donne pas la gloire à nous, Sei-
« gneur, mais à ton nom (*Non nobis, Domine, non
« nobis, sed nomini tuo da gloriam*). » Elle lui laisse
« donc le soin du combat, puisqu'elle lui rapporte
« l'honneur de la victoire. Par l'humilité l'homme se
« vainc aussi lui-même, victoire la plus difficile, par
« laquelle l'homme vainc toute chose, et ne peut être
« vaincu par aucune..... Douter si l'on est en état de
« péché mortel ou non, est un grand supplice, et
« Salomon dit : « Il y a des justes et des sages dont
« les œuvres sont dans les mains de Dieu, et cepen-

« dant l'homme ignore s'il est digne d'amour ou de
» haine; mais toute chose est laissée incertaine
« (*Sunt justi atque sapientes, et opera eorum in manu
« Dei, et tamen nescit homo, utrùm amore vel odio di-
« gnus sit; sed omnia in futurum reservantur incerta*).»
« Saint Grégoire explique ainsi ce passage : Toutes les
« choses nous sont incertaines, afin que nous tenions
« une chose certaine, l'humilité.

« Marche dans le chemin de l'humilité du Christ,
» dit saint Augustin, si tu veux aller à la gloire de son
« éternité. Veux-tu avoir la hauteur de Jésus-Christ?
« prends d'abord la bassesse qu'il a montrée, afin que
« nous en prissions l'exemple d'après ce qu'il dit : « Je
« vous ai donné l'exemple (*Exemplum enim dedi vobis*).»
« En naissant, quelle humble mère il voulut, quelle
« humble maison, quel humble lit, quels humbles ha-
« billements ! Pendant sa vie, il voulut être circoncis
« comme un pécheur, offert et racheté comme un es-
« clave; il voulut être interrogé au milieu des docteurs
« comme un écolier, être sujet à Marie et à Joseph,
« avoir humble compagnie de pêcheurs, être baptisé
« par un homme, tenté par le diable comme son infé-
« rieur, sans biens, pauvre, payer le cens et le péage,
« souffrir les reproches et les outrages sans se défendre.
« Prêchant et faisant des miracles, il fuyait les hon-
« neurs et la gloire; quand on voulut le faire roi, il par-
« tit et reprit ses disciples d'ambition. Il embrassait
« les petits enfants et les donnait en exemple d'humi-
« lité et de soumission. Quand il vint au lieu de sa
« Passion, il chevaucha sur un âne. Il lava les pieds
« à ses disciples et soupa avec eux à la même table,
« mangeant au même plat et les servant ; ensuite il leur
« donna la communion. A sa mort, il souffrit d'être
« trahi, accusé, pris, lié, interrogé, battu, bafoué,
« jugé, gourmandé et envoyé au supplice avec la
« croix sur les épaules par dérision. Il ne dédaigna

« pas la très vile mort de la croix sur laquelle il fut
« élevé nu ; il y souffrit de la soif ; il fut flagellé, cou-
« vert de plaies, à l'endroit des exécutions publiques,
« entre des larrons, comme un malfaiteur. Après sa
« mort, il voulut être mis sous terre dans un tombeau
« et descendre aux enfers, pour donner salut et déli-
« vrance à ceux qui étaient captifs. »

Passavanti paraît sortir de sa mesure ordinaire,
quand il prescrit l'humilité et le renoncement de l'a-
mour-propre, par l'exemple de ce solitaire auquel on
avait annoncé la visite du gouverneur de la province et
de sa suite, attirés par le bruit de sa sainteté. Il se mit
sur la porte de sa cellule, vêtu d'un sac comme un fou
et mordant avidement et à coups redoublés dans une
miche de pain et un morceau de fromage, au lieu de
répondre. La déraison, la grossièreté sont des torts de
quelques dévots qui rebutent de la piété au lieu d'y
attirer, et les rendent responsables des conséquences.
Nicole, qui certes n'a point ménagé l'amour-propre,
est bien plus sensé, lorsqu'il va jusqu'à dire « qu'il
faut, en quelque lieu et en quelque société que l'on
soit, se faire un plan des opinions qui y règnent, et
du rang que chacun y possède, afin d'y avoir tous les
égards que la charité et la vérité peuvent permettre. »

Passavanti établit trois sortes de science, la science
divine, la science humaine, et la science diabolique.

Voici diverses considérations répandues dans le chapitre qui traite de la première. Les avis, ou plutôt les
remontrances aux maîtres et aux prédicateurs, sont
caractéristiques et peignent l'enseignement théologique
et la barbarie de la chaire au XIV.ᵉ siècle, à laquelle
certains traits prouvent que l'auteur du *Specchio* n'a-
vait point tout-à-fait échappé.

« La science divine se peut entendre de deux ma-
« nières. D'abord, celle par laquelle Dieu fait toutes
« choses. Cette science est éternelle et s'appelle tantôt

« sagesse, tantôt prescience, tantôt prédestination,
« tantôt disposition, tantôt providence ; non qu'elle
« soit plusieurs choses distinctes, mais une même
« sagesse qui n'est autre que l'essence divine. On lui
« donne divers noms par rapport aux choses créées,
« qu'elle produit, gouverne, règle, prévoit et dispose.
« De la seconde manière on peut, par science divine,
« entendre celle au moyen de laquelle l'homme sait
« les choses divines. L'homme peut avoir cette science
« de trois manières : la première, par l'infusion ou la
« révélation, comme Salomon, les prophètes, les apô-
« tres et plusieurs saints qui, sans la science humaine, ni l'exercice de l'étude, apprirent et com-
« prirent les très hautes choses de Dieu et les mystères
« profonds de l'Ecriture ; la seconde, par l'enseigne-
« ment des maîtres et des docteurs ; la troisième, par
« l'étude, la lecture, la méditation, l'exercice du génie
« naturel.

« Pour bien enseigner et bien prêcher, la science ne
« suffit pas ; il faut encore la bonne vie. Car, dit saint
« Grégoire, que celui qui veut bien enseigner aux au-
« tres, s'applique d'abord à bien vivre, puisque les
« bonnes œuvres confirment et prouvent les bonnes
« paroles ; la mauvaise vie gâte tout bon discours, et
« l'on méprise les doctrines de celui dont on méprise
« la vie. C'est donc une grande présomption que de
« vouloir bien parler et mal faire, ou parler beaucoup
« et faire peu. Celui qui parle bien et vit mal, porte à
« la main comme une lumière qui démontre ses mau-
« vaises actions aux auditeurs, et dévoile ainsi lui-
« même sa honte, selon les paroles du Christ dans
« l'Evangile : « Faites que la lumière de votre science
« montre et manifeste vos bonnes œuvres. » Celui-là
« lit encore la sentence de sa condamnation, se con-
« tredit lui-même, et se confond par ses propres pa-
« roles. L'enseignement, sans les bonnes œuvres, nuit

« aussi aux auditeurs, car il n'est pas efficace et ne
« produit pas le fruit qu'il devrait : celui qui ne brûle
« point, n'allume point. Saint Grégoire dit : La con-
« science d'un fervent amour est plus utile aux au-
« diteurs que la science de subtils discours, et la suavité
« d'une douce langue ne sert à rien si elle n'est assai-
« sonnée par la saveur d'une sainte vie. Ceux-là savent
« parler doucement de Dieu, qui se sont pris à l'aimer
« avec ferveur. Les prédicateurs qui disent la vérité
« seulement avec le son de la voix, ne sont point crus,
« et ils tombent facilement dans le vice de la vaine
« gloire. Ainsi, vains et privés de bonnes œuvres, ils diri-
« gent vainement leur intention pour plaire au monde,
« obtenir des louanges, et être tenus sages et saints.

« Dieu veut bien que tout homme vive amoureux
« de la gloire céleste et languisse pour elle, que même
« il se consume et meure par cet amour ; et non qu'il
« s'en approche, qu'il la regarde fixement, mais qu'il
« la contemple et s'en tienne à distance. A celui qui la
« contemplera ainsi pendant cette vie, il sera accordé
« de la posséder dans l'autre largement, à son gré, et
« éternellement.

« C'est un signe évident que les maîtres et les prédi-
« cateurs sont des amants adultères de la vaine gloire
« lorsque, prêchant et enseignant, ils laissent les choses
« utiles et nécessaires au salut des auditeurs, pour des
« subtilités, des nouveautés et de vaines opinions, se
« servant de figures et d'allégories, poétisant et s'effor-
« çant d'y mêler des fleurs de rhétorique qui charment
« l'oreille et ne vont pas au cœur. Ces choses, loin
« d'être fructueuses aux auditeurs, les jettent souvent
« dans de dangereuses erreurs, comme on l'a vu an-
« ciennement et de nos jours. Les vices et les péchés
« qu'on voulait trancher avec le couteau de la parole
« de Dieu, frapper avec la flèche de la prédication,
« brûler avec le feu d'un langage tendre et fervent,

« demeurent entiers et solides , dégénèrent dans les
« cœurs en fistules et en aposthèmes par le mauvais
« traitement du médecin cupide , vain et insouciant
« des ames. De tels prédicateurs, ou plutôt de tels jon-
« gleurs et bouffons de romans, auxquels courent les
« auditeurs comme à ceux qui chantent les paladins ,
« et qui font de grands coups seulement avec l'archet
« du violon , sont les dispensateurs infidèles, déloyaux
« du trésor de leur maître , c'est-à-dire de la science de
« l'Ecriture que Dieu leur a commise , afin de gagner
« les ames rachetées par le précieux sang du Christ ;
« eux la jettent au vent et à la fumée de la vaine gloire.
« Il paraît venu le temps, je dis plus , le temps est venu
« (puissé-je me tromper !) que saint Paul prophétisa
« dans sa lettre à Timothée, temps où la saine doctrine
« de l'Ecriture Sainte et de la vraie foi ne sera pas sou-
« tenue , mais où le monde cherchera des maîtres et
« des prédicateurs selon ses appétits , et qui grattent
« la démangeaison de ses oreilles , c'est-à-dire qui leur
« disent les choses qu'ils désirent entendre pour le
« plaisir et non l'utilité ; il détournera son attention de
« la vérité et prêtera l'oreille aux fables. Or, combien
« est petit, très petit, le nombre de ceux qui disent ou
« veulent écouter la vérité ! Ceux qui ont un peu de
« bon sens , d'intelligence, de zèle pour les ames, doi-
« vent beaucoup s'en affliger et pleurer. Ce qu'il y a
« de pis , c'est que, loin de vouloir entendre la vérité ,
« on la prend en haine et celui qui la dit. Le poète
« Térence avait donc raison : « La vérité enfante la
« haine (*Veritas odium parit*). » . . . .
. . . .

« Bien que les hommes sages et lettrés qui savent
« distinguer le vrai du faux, le bon du mauvais, puis-
« sent lire les philosophes et les poètes mondains ; il
« n'est pas sûr de les laisser lire aux simples et aux
« illettrés. Les lettrés mêmes ne doivent pas en user

« beaucoup, car le plus souvent on y perd son temps,
« ou on le fait par vanité. Cette lecture est spécialement
« interdite aux clercs et aux religieux qui doivent lire
« le saint Evangile, les Epîtres de saint Paul, le Psau-
« tier et le reste de l'Ecriture qu'on lit ou qu'on chante
« dans la sainte Eglise. Plusieurs d'entre eux étudient
« les comédies de Térence, Ovide, Juvénal, des ro-
« mans ou des sonnets d'amour, ce qui est tout-à-fait
« défendu. Saint Jérôme raconte à ce sujet que dans sa
« jeunesse, quoique fidèle chrétien, il aimait beaucoup
« la lecture des œuvres de Cicéron à cause de son
« langage éloquent, et des œuvres du philosophe Pla-
« ton à cause de son style élevé et symbolique, tandis
« que la lecture des prophètes et du reste de l'Ecriture
« lui plaisait moins, le style lui en paraissant rude et
« grossier. Or, il advint qu'il tomba malade si grave-
« ment que, abandonné des médecins, on préparait
« déjà ses funérailles et son tombeau. Comme il était
« entouré de monde qui attendait son dernier soupir, son
« esprit fut tout à coup transporté au jugement de Dieu.
« Saint Jérôme dit qu'il y avait autour du trône du sou-
« verain juge une si éclatante lumière de gloire, que
« ses yeux ne la pouvaient supporter. Transi de peur à
« cause de la présence du juge, ébloui par la force de
« cette lumière, il gisait étendu à terre, devant le tri-
« bunal. Interrogé par le juge sur sa condition, il ré-
« pondit qu'il était chrétien. Tu mens, reprit le juge,
« tu n'es pas chrétien, mais cicéronien; car, où est ton
« trésor, là est ton cœur. Il se tut, ne sachant que ré-
« pondre. Alors le juge ordonna de le battre durement.
« Comme il criait à haute voix : Grâce, Seigneur,
« ayez pitié de moi, plusieurs de ceux qui étaient pré-
« sents priaient le juge de pardonner cette fois à son
« ignorance et à son jeune âge. Pleurant, soit à cause
« de son erreur, soit à cause de la douleur des coups,
« il commença à promettre et à jurer qu'il n'aurait ja-

« mais plus, ni ne lirait de livres profanes et mon-
« dains. Délivré à ces mots, son esprit revint au corps
« et il revit ceux qui le croyaient mort. Le saint ajoute
« qu'il se trouva tout mouillé de larmes, et en témoi-
« gnage que ce n'était pas un songe, mais une vision
« véritable, il se sentit les épaules livides et meurtries
« de coups. Corrigé par cette leçon et lié par son ser-
« ment, il ne lut plus de tels livres, mais se livra en-
« tièrement à l'étude de l'Ecriture Sainte, que, d'après
« le témoignage et l'approbation de la sainte Eglise,
« il traduisit, exposa, interpréta et commenta plus
« fidèlement qu'aucun autre docteur grec ou latin.

. . . .

« Par défaut d'entendement spirituel, et parce que
« notre idiome manque souvent de mots propres, les
« traducteurs exposent l'Ecriture Sainte d'une manière
« grossière ou non véridique. Le danger est bien
« grand, car il est facile de tomber en erreur. En ou-
« tre, ils avilissent l'Ecriture qui est ornée de hautes
« pensées, de mots propres et exquis, de belles cou-
« leurs de rhétorique et d'un style élégant. Les
« Français et les Provençaux la mutilent avec leur
« parler bref. Les Allemands, les Hongrois et les
« Anglais l'offusquent avec leur langage obscur. Les
« Lombards la rendent dure par leur jargon trivial et
« crû. Les Napolitains la tronquent par des mots am-
« bigus et équivoques. Les Romains la rouillent par leur
« accent âpre et rude. Quelques-uns la rendent gros-
« sière par leur accent des Maremmes, de la campa-
« gne ou des Alpes; quelques autres, moins mal, comme
« les Toscans, l'altèrent et la décolorent en la malme-
« nant. Parmi ces derniers, les Florentins, en l'allon-
« geant et la rendant ennuyeuse par leurs mots hachés
« et maniérés et par leur accent, la troublent et la mé-
« langent par des aujourd'hui et demain, maintenant,
« en passant, dorénavant, oui, certes, etc. Ainsi, pour

« bien traduire l'Ecriture, il faudrait que l'auteur fût
« très capable et très instruit, non seulement dans la
« grammaire, mais aussi dans la théologie, très versé
« dans la connaissance des livres saints; qu'il fût
« rhétoricien et exercé dans la langue vulgaire, qu'il
« eût le sentiment de Dieu et l'esprit d'une sainte dé-
« votion; autrement, on commettra beaucoup d'er-
« reurs, ainsi qu'il est déjà arrivé. »

Ce dernier passage est curieux comme histoire du
langage. Le purisme de Passavanti lui donnait le droit
d'être sévère, et justifie son indignation. Le texte pourra
faire juger de la manière de ce vrai créateur de la
prose italienne, que le dédain philosophique de Ginguené pour l'auteur d'un livre de dévotion, a eu le
tort de ne pas même nommer.

*Perchè (i volgarizzatori) non hanno spirituale inten-
dimento, e perchè il nostro volgare ha difetto di propj
vocaboli, spesse volte rozzamente e grossamente, e molte
volte non veramente la spongono. Et è troppo grande pericolo, che agevolmente si potrebbe cadere in errore :
sanza ch'egli avviliscono la Scrittura, la quale con alte
sentenzie, ed isquisiti e proprj latini, con begli colori
rettorichi e di leggiadro stilo adorna, qual col parlare
mozzo la tronca, come i Franceschi e' Provenzali : quale
collo scuro linguaggio l'offusca, come i Tedeschi, Un-
gari, et Inghilesi : quali col volgare bazzesco e crojo
la'ncrudiscono, come sono i Lombardi : quali con vocaboli ambigui e dubbiosi dimezzando la dividono, come
Napoletani e regnicoli : quali coll'accento aspro e ruvido
l'arruginiscono, come sono i Romani : alquanti altri con
favella maremmana, rusticana, alpigiana l'arrozziscono :
et alquanti men male, che li altri, come sono i Toscani,
malmenandola, troppo la'nsucidano e abbruniscono. Tra'
quali i Fiorentini co'vocaboli isquarciati e smaniosi, e
col loro parlare Fiorentinesco istendendola e facendola
rincrescevole, la'ntorbidano e rimescolano con occi e*

*poscia, aguale, vievocata, purdianzi, mai pur sì, ben-
reggiate, cavrete delle bonti, se non mi ramognate : e così
ogni uomo se ne fa isponitore. Conciossiacosachè a voler la
bene volgarizzare; converrebbe che l'Autore fosse molto
sofficiente, che non pur grammatica, ma egli converrebbe
sapere ben teologia, e delle Scritture Sante avere esperta
notizia, et essere rettorico et esercitato nel parlar volgare,
et avere sentimento di Iddio, e spirito di santa devozione;
altrimenti molti difetti vi si commettono, e sono com-
messi già.*

« Saint Grégoire compare l'Ecriture à un fleuve tan-
« tôt bas, tantôt profond, dans lequel l'éléphant nage
« et que l'agneau passe à gué. Il veut dire que le sage
« et le savant n'y trouvent point de fond, et que
« l'homme simple et illettré y trouve un fructueux
« enseignement, ou bien que tous deux y trouvent
« leur nourriture. »

La science humaine paraît à Passavanti très défectueuse. Il ne lui accorde que deux pages et la compose
principalement de la grammaire, de la logique, de la
rhétorique, de l'arithmétique, de la géométrie, de la
musique et de l'astrologie, objets dont il ne croit pas
devoir s'occuper, préférant l'utile à l'agréable. Il rappelle les paroles du philosophe Thémistius, que les
choses connues par les hommes sont la moindre partie
de celles qu'ils ignorent, le mot de Socrate « Je ne
sais qu'une chose, c'est que je ne sais rien », et il termine par la triste sentence de Salomon : « Qui ajoute
à sa science, ajoute à sa douleur *(Qui addit scientiam,
addit et dolorem)*. »

La science diabolique est traitée avec beaucoup plus
de développement. Mais cette science, restée au démon, est encore très vaste.

« Comme le diable n'a rien perdu de sa substance
« naturelle et essentielle, ainsi il n'a pas perdu la
« science naturelle au moyen de laquelle il connaît et

« sait excellemment toutes les sciences et tous les arts,
« plus qu'aucun homme, par le génie naturel ou l'exer-
« cice de l'étude. Il a la connaissance parfaite, non
« seulement en général mais en particulier, et spéci-
« fiquement de toutes les choses naturelles, spirituelles
« et corporelles. Ainsi il connait et sait de Dieu tout
« ce que l'entendement naturel peut en comprendre
« sans la lumière de la grâce. Des substances séparées,
« c'est-à-dire des anges, il connaît la substance, les
« propriétés naturelles, le rang, les offices et jusqu'où
« s'étend leur vertu et leur puissance naturelles. Des
« étoiles et des planètes, il connaît les places, les
« sphères, les orbites, l'éloignement et le nombre
« ainsi que leurs différences et propriétés, leurs cours,
« équations, conjonctions et conséquences, leurs in-
« fluences, leurs vertus et leurs phases. Il connaît la
« nature et la substance de l'ame; ses facultés intel-
« lectuelles, sensitives et appétitives, ses propres opé-
« rations sans le corps et celles qui leur sont commu-
« nes. Le diable connaît aussi la nature et les proprié-
« tés des éléments, les composés des corps, la nature
« et les espèces de poissons, d'oiseaux, de bêtes; il
« sait les espèces d'arbres, la nature, la qualité, les
« vertus des herbes, des pierres précieuses, les minières
« d'or, d'argent et des autres métaux, et enfin tout ce
« qu'une intelligence humaine quelconque sait ou peut
« savoir naturellement ou par l'exercice de l'étude.

« Mais le diable ne peut savoir les pensées et les vo-
« lontés du cœur, si elles ne se montrent de quelque
« manière, par acte, signe, ou apparence extérieure.
« Il s'ensuit qu'il sait tout ce que les hommes discu-
« tent, font et préparent en tout lieu, en tout temps,
« et de toute manière. Il s'ensuit encore qu'il sait ce que
« les hommes imaginent dans leurs fantaisies et leurs
« songes, parce que l'imagination et le songe ne sont
« pas renfermés au-dedans par l'intelligence ou la vo-

« lonté, mais sont des sentiments corporels, bien
« qu'intérieurs. Le diable connaissant toute science et
« tout art, combine l'une avec l'autre les choses, qui
« toutes lui obéissent quant au mouvement local; il
« peut ainsi faire et faire paraître des choses merveil-
« leuses. Je ne dis pas toutefois que le diable puisse
« opérer de vrais miracles, mais bien des choses mer-
« veilleuses. J'entends par vrais miracles tout ce qui
« se fait au-dessus et en dehors de l'ordre de la nature,
« comme ressusciter un mort, de rien créer quelque
« chose, rendre la vue à un aveugle, et autres sem-
« blables; à Dieu seul appartiennent de tels miracles.
« J'appelle merveilleuses, certaines choses extraordi-
« naires que les hommes, ou ne savent, ou ne peu-
« vent exécuter. Ainsi le diable pourrait guérir un
« malade non tout à coup et sans médecines, car ce
« serait un vrai miracle, mais avec des remèdes ap-
« propriés, qu'il connaît mieux qu'aucun médecin au
« monde. Mais, avec toute sa science, avec tout son
« pouvoir, dont l'Ecriture dit qu'il n'en est pas d'égal
« sur la terre, le diable ne peut changer la volonté de
« l'homme sur laquelle, ainsi que sur la partie intel-
« lectuelle, il n'a, à proprement parler, ni prise, ni
« pouvoir. Il ne peut donc mettre au cœur une pensée
« ni un désir que l'homme ne veuille pas avoir; il ne
« peut donc entrer ni agir dans le cœur ou l'esprit, si
« l'homme ne lui en ouvre la porte par le consente-
« ment de la volonté.

« Au moyen de certains maléfices, on fait transpor-
« ter quelqu'un d'un lieu à un autre, porter et repor-
« ter aussitôt des messages et des nouvelles de loin-
« tains pays. Quelquefois l'on se sert, pour cet art,
« d'invocations et de conjurations expresses aux dé-
« mons, qui apparaissent sous certaines formes et fei-
« gnent d'être contraints par ces conjurations, bien
« qu'il n'en soit rien. »

Ce dernier passage indique qu'à toutes les époques
de semblables effets magnétiques se sont renouvelés,
et ils sont un motif pour tous les esprits raisonnables
de ne point tout admirer ni de tout rejeter.

Le *Specchio della vera Penitenza* est suivi du *Trattato de'
Sogni (Traité des Songes)*. Malgré la différence du sujet, il
réunit le même mélange d'un savoir barbare, et de pensées justes et élevées avec les mêmes qualités de style.

« Les causes des songes peuvent être de deux sortes,
« intérieures ou extérieures. Les premières sont ou
« animales ou corporelles. La cause est animale,
« quand, par quelque pensée ou imagination ou affec-
« tion intime, on excite pendant la veille sa fantaisie,
« en se formant selon cette pensée ou cette affection,
« des images que l'ame contemple ensuite pendant le
« sommeil du corps, tandis que les sens extérieurs sont
« liés et fermés. Ainsi, les songes varient selon la force
« plus ou moins grande des passions et des affections.
« Les passions et les affections de l'ame, pour les
« expliquer aux illettrés, et en les prenant dans un
« sens plus large que ne font les philosophes, sont
« l'amour et la haine, l'espérance et la crainte, la joie
« et la tristesse, la colère et la concupiscence. Cha-
« cune de ces passions donne naissance à des songes
« analogues à cette affection. Car l'amour faisant pen-
« ser celui qui en est épris, à l'objet aimé et le désirer
« tendrement, est cause qu'on en rêve selon que l'ima-
« gination se meut et se forme l'objet aimé avec l'em-
« preinte de son brûlant amour. La même chose arrive
« pour chaque passion, selon sa nature. Que toute
« personne qui songe, examine si le rêve correspond
« à la passion qui l'aiguillonne davantage. Ainsi, qu'il
« ne s'attende pas à ce que le rêve ait d'autre consé-
« quence; car celui-ci n'est pas une cause qui doive
« produire quelque effet, mais bien l'effet de l'affec-
« tion de la personne. Observer un tel songe, c'est-à-

« dire considérer d'où il provient, n'est pas mal en
« soi, puisque c'est l'effet d'une cause naturelle. La
« deuxième cause intérieure des songes est corporelle.
« C'est la disposition et la qualité de la complexion et
« des humeurs du corps qui, rencontrant des obstacles,
« se choquent entre elles, et l'une prédominant sur
« l'autre imprime au corps sa qualité.

« Les causes extérieures des songes sont ou corpo-
« relles ou spirituelles. La cause corporelle peut exister
« de plusieurs manières. D'abord, par l'impression des
« corps célestes, c'est-à-dire des planètes et des étoiles qui,
« selon leurs positions ou aspects, conjonctions ou mou-
« vements, exercent de l'influence sur les cerveaux des
« hommes et des autres animaux, et leur occasionnent
« des songes conformes à leur disposition. Ainsi, les
« sages croient qu'entre autres, le cheval et le chien
« rêvent. Les songes varient selon le temps et les im-
« pressions de l'air ; car le printemps occasionne d'au-
« tres rêves que l'automne ; en été on songe autrement
« qu'en hiver. L'air pur et léger donne d'autres songes
« qu'un air pesant et nébuleux. Autres sont les songes
« par un air serein et pur, autres ceux par un air lourd
« et par le brouillard. Les songes varient aussi avec les
« vents. La nouvelle et la pleine lune, sa croissance
« et sa décroissance, comme elles attirent les humeurs
« dans le corps, produisent aussi des changements de
« rêves. La qualité et la quantité du boire et du man-
« ger sont aussi des causes extérieures de songes.
« L'excès de table, par les vapeurs et fumées épaisses
« qui se dégagent de l'estomac et montent au cerveau,
« fait beaucoup songer. La privation de nourriture, la
« faim ou la soif, laissent peu rêver ou peut-être don-
« nent des songes d'évanouissement, de boire et de
« manger. La qualité des mets et de la boisson fait
« aussi varier les rêves ; car ceux qui sont légers et fins
« procurent des songes légers et nets ; ceux au con-

« traire qui sont grossiers et lourds font rêver à des
« choses pesantes, confuses et effrayantes. Une autre
« cause extérieure des songes est dans les arts, les
« emplois, les travaux, et tout métier ou trafic qu'on
« exerce continuellement, avec soin et sollicitude. Le
« paysan rêve bœufs, charrue, hoyau et bêche ; le
« forgeron, enclume et marteau ; le médecin, malades,
« sirops et remèdes ; l'avocat, requêtes, procès et
« question ; le soldat, armes, chevaux, guerre, ba-
« tailles, double paye et bonne solde ; le prêtre, autel,
« messe, office divin, offrandes et dîmes ; la ména-
« gère, lin, bon fil, toile pleine et serrée. Ainsi, les
« dispositions du corps et de l'imagination dépendent
« de la passion que le cœur nourrit, et qui parfois
« est si grande qu'on suffoque et qu'on en meurt.

« L'autre cause extérieure des songes est spirituelle.
« Celle-ci vient quelquefois de Dieu qui, par le minis-
« tère des saints anges, révèle certains mystères oc-
« cultes et des choses élevées au-dessus de l'intelligence
« humaine, aux personnes qu'il choisit pour faire ou
« manifester quelques choses selon l'ordre de sa pro-
« vidence. Il faut toutefois expliquer comment l'on
« peut savoir si ces visions proviennent de Dieu et non
« d'autre cause. Bien que quelques-uns s'ingénient à
« en donner des signes, je crois que tout signe peut
« être trompeur, à moins que le même esprit qui fait
« la révélation, n'assure qu'une telle révélation vient
« de Dieu et qu'il faut y ajouter foi. »

Passavanti, rapproché si fréquemment de Boccace,
pour le style, semble, dans le *Traité des Songes,*
aborder presque les mêmes sujets et la même morale.
Le frère prêcheur a, dans le passage suivant, quelque
peu de la joyeuseté du *Novelliere.*

« Quelques écrivains attribuent à l'aimant cette pro-
« priété entre autres, que, si l'on veut éprouver la fi-
« délité de sa femme, on lui mette sous la tête pendant

« son sommeil un morceau d'aimant. Si elle est chaste
« et fidèle, elle se retournera et embrassera son mari ;
« si au contraire elle est adultère, elle ne pourra sup-
« porter l'épreuve ; mais, comme poussée, elle tombera
« du lit. Si cela était, les maris jaloux devraient faire
« grand cas de l'aimant. Que cette pierre attire le fer
« d'un côté et le repousse de l'autre, cela est connu ;
« mais je ne sache pas qu'elle entraîne la femme chaste
« vers son mari ou chasse celle qui ne l'est pas, à
« moins peut-être que cette femme soit de fer. Les
« philosophes écrivent bien que dans certain pays, si-
« tué au midi près de la zône torride, il y a des mon-
« tagnes d'un aimant qui attire à lui les chairs humai-
« nes, où par conséquent l'on ne peut ni habiter ni
« passer. Bien plus, il est arrivé que quelqu'un ayant
« voulu pénétrer dans ce pays, en traversant ces mon-
« tagnes d'aimant qui attiraient ses chairs de côté et
« d'autre, il fut élevé en l'air, et y mourut en parais-
« sant rire : peut-être cet aimant a-t-il la vertu citée plus
« haut. Que les maris jaloux aillent donc à la recher-
« che de cet aimant pour éprouver la fidélité suspecte
« de leurs femmes ; ils seront délivrés de la jalousie et
« les femmes de leur ennui. »

Passavanti croit devoir prémunir contre les périlleux
effets de la posture sur le dos au lit ; il donne de singuliers conseils sur les avantages pour la chasteté de la
position opposée. Un souvenir trop libre rappelé par
Horace, dans son voyage à Brindes, est traité par Passavanti avec le sang-froid de M. de Buffon, mais sans
la même complaisance. On voit par-là, ainsi que par
d'autres traités de casuistes espagnols, que la discussion de ces matières fut long-temps familière aux religieux. Le vers de Boileau sur le latin, qui dans les
mots brave l'honnêteté, s'applique encore assez bien
à l'italien. Sans accuser Passavanti, on peut remarquer que François de Sales et Fénelon n'auraient ja-

mais risqué de ces choses-là. Bossuet, si impétueux, remarque avec une ingénieuse retenue, dans l'admirable *Traité de la Concupiscence*, au sujet de la ceinture de figuier mise par Adam, que « la figure et la matière de ce nouvel habillement font entendre où la rébellion se faisait le plus sentir. » Si le français est reconnu comme la langue de la politique et de la diplomatie, il semble encore, avec plus d'honneur. devoir être celle de la piété.

II.

LOUIS CORNARO ET SES DISCOURS SUR LA VIE SOBRE.

Le Vénitien Louis Cornaro obtint au XVI.ᵉ siècle une grande célébrité par ses *Discours sur la Vie Sobre*. Le fameux jésuite et théologien brabançois Lessius, condamné dans sa jeunesse par les médecins à ne languir que deux ans, se mit à les pratiquer ; il leur dut quarante ans de vie, les traduisit par reconnaissance en latin, et composa pour leur servir de préface son *Hygiasticon*. L'austère et minutieux régime prescrit par Cornaro dut paraître encore plus rigoureux et extraordinaire avec l'abondante alimentation de cette époque et du siècle suivant. Son influence s'étendit et se prolongea au dehors. Saint-Simon l'accuse d'avoir tué le ministre d'État Lyonne, ainsi que bien d'autres, et il était pratiqué par les vertueux amis de Fénelon, les ducs de Chevreuse et de Beauvilliers. Quand on voit l'extrême sobriété de l'archevêque de Cambrai qui, malgré la splendeur de sa table, ne soupait qu'avec quelques cuillerées d'œufs au lait, on peut supposer qu'il n'était point étranger à ce régime. Les deux traductions des *Discorsi intorno alla Vita Sobria* publiées à Paris en 1646, 1647, et les deux de 1701, prouvent l'usage que l'on faisait alors des préceptes de Cornaro. La première édition avait paru à Padoue in-4.°, en 1558.

La *Vie Sobre* se compose d'un *Traité*, d'un *Résumé* (*Compendio*), et d'une *Exhortation*, qui furent écrits par Cornaro à l'âge de quatre-vingt-trois, quatre-vingt-six, quatre-vingt-onze et quatre-vingt-quinze ans. On conçoit qu'après cela il ait été favorable aux talents tardifs, et qu'il ait même prétendu fort étrangement que la plupart des chefs-d'œuvre dans les sciences et les lettres, avaient été produits durant les dix dernières années de la vie des auteurs. Il avait considérablement dépassé le précepte déjà trop prudent du P. Sirmon qui, plus que nonagénaire, disait à Lamotte-le-Vayer : « Ne vous pressez pas de rien donner au public; il n'y a rien dans les sciences qui n'ait ses coins et ses recoins, où la vue d'un jeune homme ne perce pas; attendez que vous ayez cinquante ans sur la tête pour vous faire auteur. »

La réputation du livre de *la Vita Sobria* a fait un peu trop perdre de vue l'histoire de l'auteur qui offre, surtout dans sa vieillesse, plusieurs aspects intéressants. Cornaro, né en 1467 et mort à quatre-vingt-dix-huit ans, fut, à une époque qui en comptait un si grand nombre, un magnifique et intelligent Mécène des lettres et des arts. Il recueillit chez lui, à Padoue, le Véronais Jean-Marie Falconetto, habile architecte, nourri de Vitruve et de l'étude des monuments antiques, le premier qui, avant l'école des Sansovino et des Palladio, introduisit dans cette contrée le bon goût en architecture. Il lui fit bâtir en 1524, l'élégant, l'harmonieux palais dont la belle *loggia* s'admire encore et dans lequel l'artiste mourut dix ans après[1]. Cornaro fut encore lié avec Ange Beolco, dit Ruzzante, de son goût pour l'agriculture et le soin des troupeaux, célèbre par ses comédies en dialecte rustique de Padoue, qu'il jouait avec un tel talent, que Sperone Speroni ne craignit point de le comparer à Roscius[2]. Telle

---

[1] V. les *Voyages*, liv. VII, chap. 7.
[2] *Ibid.*, liv. VII, chap. 4.

fut l'amitié qui unit Cornaro à Ruzzante et à Falconetto, qu'il aurait voulu être mis dans le même cer-
cueil ; patronage peut-être unique de grand seigneur
envers un poëte et un artiste!

Cornaro était lui-même un écrivain distingué. Sa
Vita Sobria est, pour la pureté du style, placée parmi
les *testi di lingua*, et il a traité de la peinture, de l'architecture, de la musique, des lagunes qu'il appelle
noblement les *fortissime e sante mura* de Venise ; de
l'agriculture, au moyen de laquelle il avait refait honorablement et paisiblement sa fortune, et des moyens
de prolonger la vie humaine, discours qui devait être
le complément de la *Vita Sobria.* Il composa même à
quatre-vingt-trois ans une comédie pleine, dit-il, de
rires honnêtes et de mots piquants (*tutta piena di onesti
risi e piacevoli motti*), exemple de comédie de vieillard
qu'il met plaisamment au-dessus du trait de la tragédie de Sophocle, absous d'imbécillité par ses juges et
qui était plus jeune que lui de dix ans. Ces divers ouvrages ont tous été perdus, à l'exception des *Discorsi intorno alla Vita Sobria* et du *Trattato delle Acque.*

Mais Cornaro ne se recommande pas moins par l'ame
et le caractère que par la variété des talents. Zélé Vénitien, ce mouvement patriotique montre quels regrets
il eût ressentis de la fin honteuse de la République :

« Le premier des plaisirs est de servir sa chère pa-
« trie : oh! qu'il est glorieux le plaisir dont je jouis in-
« finiment, d'enseigner la manière de conserver son
« importante lagune et son port, en sorte qu'ils ne
« puissent être comblés qu'après des milliers d'années!
« Par ce moyen Venise gardera le merveilleux, l'ad-
« mirable nom de ville vierge, comme elle est en effet,
« car il n'en existe pas d'autre au monde. En outre
« elle augmentera son grand et haut surnom de Reine
« de la mer : je jouis de cela et ma joie est complète.
« Une autre de mes jouissances est d'enseigner à cette

« vierge, à cette reine, la manière de la rendre très
« abondante de vivres, en fertilisant des champs inu-
« tiles, marais ou campagnes arides, avec plus de
« profit que de dépense. J'ai aussi cette autre et inal-
« térable jouissance d'enseigner comment Venise peut
« devenir plus forte, bien qu'elle soit très forte et
« inexpugnable, plus belle, bien qu'elle soit très belle,
« plus riche, bien qu'elle soit très riche, plus salu-
« bre, bien que l'air soit parfait. »

L'agréable lettre, sorte d'homélie hygiénique, adressée le 2 avril 1542, à Sperone Speroni, grand orateur, grand philosophe, grand poète dans son temps,
ami de Ronsard, maître du Tasse, qui eut à sa mort
les honneurs d'une statue, et dont le chef-d'œuvre, la
tragédie de *Canace*, n'est guère aujourd'hui lisible;
cette lettre peint les goûts, la bienfaisance, les manières patriciennes, l'optimisme et la sensibilité de
Cornaro. Sperone Speroni, après avoir écrit contre la
Vita Sobria, revint à ses doctrines; il a laissé un beau
fragment du Discours qu'il composa pour sa défense,
dans lequel il cite à propos l'autorité de saint Basile,
qui blâme et traite presque de suicide les excès du
jeûne, le but du jeûne étant de nous aider à servir Dieu
plus librement.

« Vous qui savez tant de choses, écrit Cornaro à
« Sperone Speroni, et en découvrez chaque jour de
« nouvelles; vous qui savez leur origine et leur cause,
« trouvez-moi ce que je cherche, et vous me rendrez
« heureux. Je veux trouver le moyen de persuader à
« mes amis, que les désordres du corps auxquels les
« hommes s'adonnent, les font mourir jeunes. J'ai
« beau le leur dire, ils ne me croient point. Cepen-
« dant, ils ne meurent que par leurs désordres, et me
« tiennent constamment dans cette infélicité où je
« suis aujourd'hui plus que jamais plongé par la mort
« de notre très cher Ruzzante, infélicité qui m'aurait

« tué, si elle pouvait tuer avant l'âge de quatre-vingt-
« dix ans, un homme réglé. Mais elle ne l'a pu, parce
« que l'ordre m'a rendu immortel, et qu'à l'âge de cin-
« quante-huit je n'en ai que trente-cinq. Chaque jour
« cet ordre guérit à lui seul des malades. Voilà ce que
» je dis, ce que je prêche chaque jour; l'on ne m'écoute
« point, cela seul me rend malheureux, sinon je serais
« le plus heureux homme du monde. Afin que vous le
« croyiez, et que vous vous efforciez de trouver cette
« recette, voyez s'il me manque autre chose pour être
« très heureux. D'abord, je naquis maladif, c'est-à-
« dire d'une complexion faible et dérangée : m'en
« étant aperçu, je m'appliquai à fuir les désordres, en
« sorte que j'obtins la parfaite santé qui est en moi.
« Je fis ensuite, au profit de ma patrie et de ma famille,
« usage des droits de la noblesse, que ma famille
« m'avait fait perdre : et il ne me servait à rien
« d'avoir pour ancêtres de grands sénateurs et des
« doges. J'ai acquis une fortune que je n'avais point
« en naissant, bien que les miens fussent très riches, et
« cela par le meilleur moyen et le plus louable de tous
« qui est la sainte agriculture, non par les armes, la
« violence et au détriment des autres, ni en traver-
« sant les mers au grand danger de ma vie, ou par
« d'autres moyens hérissés d'obstacles. Je l'ai donc
« acquise par un moyen seul louable, tout en menant
« grand train et n'épargnant aucune des dépenses,
« aucun des plaisirs qui appartiennent à un gentil-
« homme, et qu'évitent ceux qui, n'ayant pas de
« fortune, la veulent faire. Et moi je l'ai faite, tout en
« dépensant beaucoup. J'ai bâti à Dieu un temple ; je
« lui ai donné un peuple que j'ai fait venir au monde,
« en chassant le mauvais air qui était dans cette villa,
« où l'on ne pouvait élever des enfants ; et en la déli-
« vrant des eaux, j'ai fait naître une nombreuse po-
« pulation. Tout en faisant ma fortune, j'ai enrichi

« plusieurs de mes facteurs et de mes domestiques ;
« j'ai aidé de ma bourse des savants, des musiciens,
« des architectes, des peintres, des sculpteurs et au-
« tres ; tout en faisant ma fortune, j'ai dépensé des
« milliers et des milliers d'écus en bâtiments considé-
« rables et en très beaux jardins. Je vous laisse donc
« à penser si je pourrais avec raison m'appeler heureux,
« seulement pour ces trois acquisitions, la santé,
« l'usage de la noblesse, la fortune, par le seul moyen
« louable, et sans épargner la dépense. Mais j'ai d'au-
« tres motifs, d'autres raisons pour être très heureux ;
« car j'ai trouvé, je possède un gendre fait par la na-
« ture tout exprès pour moi et ma fille, qui a trois
« petits enfants, trois véritables petits anges par la
« figure. Je jouis de tout cela avec tant de santé, dans
« des appartements si commodes et de si beaux jar-
« dins ! J'ai fait toutes ces choses, et d'ordinaire ceux
« qui les font n'en jouissent point ; moi, j'en jouis et
« j'en jouirai encore un grand nombre d'années. Cela
« étant, comment serait-il possible que je ne fusse pas
« heureux ? Je suis donc heureux, si vous trouvez le
« moyen de me débarrasser de cette seule contrariété.
« Afin que vous ne pensiez pas qu'autre chose s'oppose
« à ma félicité, et comme vous savez que l'on m'a en-
« levé plusieurs milliers d'écus dans la maison du car-
« dinal, bien que ce soit injustement, je vous assure
« que je ne m'en attriste point, au contraire, je m'en
« réjouis ; car, si cette injustice n'avait pas eu lieu, le
« monde ne saurait pas qu'après avoir enrichi un grand
« nombre de facteurs et de domestiques, je pouvais
« encore enrichir un cardinal. Aujourd'hui même que
« les maîtres des eaux m'ont fait un autre notable
« dommage, je vous affirme que je m'en réjouis en-
« core ; car sans cela je ne serais pas devenu libéra-
« teur de la patrie. Cette perte, en effet, a été cause
« que j'ai trouvé le moyen de conserver les lagunes,

« et par conséquent mon pays. Ni l'une ni l'autre de
« ces choses ne peuvent donc troubler ma félicité ; au
« contraire, elles ont rendu manifestes au monde ma
« force, ma constance dans l'adversité, et ma pré-
« voyance, mon activité dans la prospérité ; ce qu'on
« avait cru presque impossible, ayant toujours été
« très heureux. J'ai donc montré que je sais changer
« la mauvaise fortune en bonne. Pour conclure, je
« n'ai d'autre chagrin que la mort de mes amis, qui
« me tient dans une continuelle infélicité. Pourvoyez
« donc, je vous en prie, à ce que j'aie moins à en
« regretter. »

Les *Discours sur la Vie Sobre* offent d'autres détails
sur le bonheur domestique de l'auteur, sa vieillesse
robuste, gaie et studieuse à Padoue. Son palais dans le
beau quartier avait deux grands et commodes appartements, l'un d'hiver, l'autre d'été, avec des jardins
arrosés par des eaux courantes. Pendant les mois
d'avril et de mai, de septembre et d'octobre, il allait
passer quelques jours à sa villa des monts Euganéens,
bien exposée, avec des jardins, des fontaines, et il y
chassait même à quatre-vingt-un ans. Il consacrait aussi
quelques jours à sa superbe villa de la plaine, traversée
par un large et rapide bras de la Brenta, au sein d'une
riche campagne que ses desséchements avaient assai-
nie et fécondée. Il était entouré de onze petits-fils dont
l'aîné avait dix-huit ans, et le dernier deux. L'un des
plus jeunes était pour lui comme un joli petit bouffon
(*buffoncello*). Il chantait avec eux d'une voix plus
claire, plus sonore que jamais, car il la conserva belle
jusqu'à l'âge de quatre-vingt-quinze ans, et il rapporte
qu'alors, il chantait ses prières du matin et du soir,
qu'autrefois il ne disait qu'à voix basse. Avec une constitution si privilégiée, Cornaro a dû combattre le pré-
jugé des viveurs de son temps, qui prétendaient qu'après
soixante-cinq ans la vie ne pouvait s'appeler une vie

vivante, mais une vie morte. Son opinion s'accorde en partie avec le mot de Fontenelle, qui disait que ses vingt plus belles années avaient été de cinquante-cinq à soixante-quinze ans. Une curieuse lettre écrite par Cornaro, âgé de quatre-vingt-onze ans, à l'illustre patriarche d'Aquilée, Daniel Barbaro, l'érudit commentateur de Vitruve, et l'auteur du premier traité complet de perspective, montre sa prospérité croissante avec les années et la même perfection de toutes ses facultés. Il n'avait rien perdu de la mémoire, de l'intelligence, du cœur, il écrivait de sa main huit heures par jour, se promenait pendant plusieurs autres, et il avait conservé jusqu'à ses dents et sa voix.

« Oh ! combien, dit-il, ma voix est devenue belle !
« Car, si vous m'entendiez chanter mes prières, en
« m'accompagnant de la lyre, comme faisait David,
« je vous certifie que vous en auriez un grand con-
« tentement..... Je suis sûr de mourir en chantant
« mes prières. L'horrible pensée de la mort ne me
« cause aucun ennui, bien que je sache en être très
« près par mon âge avancé, pensant que je suis né
« pour mourir, et que beaucoup sont morts plus jeu-
« nes que moi. L'autre pensée, compagne de celle-ci,
« ne me trouble pas davantage, je veux dire la crainte
« des peines qu'on souffre après la mort pour ses pé-
« chés, car je suis bon chrétien, et je dois croire que
« j'en serai délivré par la vertu du sacré sang de Jé-
« sus-Christ, qui a voulu le répandre afin de délivrer,
« nous, ses fidèles chrétiens. Oh ! que ma vie est belle !
« Oh ! que ma fin sera heureuse ! »

L'élégant écrivain toscan, Antoine-Marie Graziani, évêque d'Amélia, témoin de cette fin, la raconte d'une manière simple et touchante dans la vie du célèbre cardinal vénitien Commendone, dont il avait été le disciple, le secrétaire et l'ami :

« L'excellent vieillard sentant proche le terme de sa

« vie, ne regardait pas le grand passage avec frayeur,
« mais comme s'il se fût agi de passer d'une maison à
« une autre. Il était assis dans son lit, très petit et très
« étroit. Sa femme Véronique, chargée de presque au-
« tant d'années que lui, était présente. Il me racontait
« avec un ton de voix clair et sonore, les motifs qui
« lui faisaient quitter la vie, d'une ame ferme ; et il fai-
« sait les meilleurs vœux pour la félicité de *mon* Com-
« mendone, auquel il voulut même écrire de sa main
« une lettre de conseil et de consolation. Il me dit
« qu'il lui semblait pouvoir vivre encore deux jours ;
« mais assailli peu après d'un manque de forces vitales,
« il s'empressa de demander de nouveau les secours
« de la religion consolatrice ; et, serrant dans sa main
« gauche un petit crucifix, il s'écria, en le regardant
« fixement : « Joyeux et plein d'espérance, j'irai avec
« vous, mon bon Dieu. » Puis, s'arrangeant avec dé-
« cence et fermant les yeux, comme pour dormir, il
« nous abondonna pour toujours, avec un léger
« soupir. »

Cornaro annonce qu'il avait composé *ses Discours
sur la Vie Sobre* pour combattre la débauche (*crapula*),
un des trois fléaux qui, avec la flatterie et le luthéra-
nisme, avaient, au XVI.ᵉ siècle, envahi l'Italie. L'Inquisition éteignit violemment et rapidement le luthé-
ranisme, qui, selon l'aveu remarquable de Cornaro,
y était devenu l'opinion d'un grand nombre ; les deux
autres fléaux ne se sont que trop long-temps maintenus.
La flatterie était une des calamités de la domination
espagnole, et elle indignait tous les cœurs italiens.
L'Arioste la flétrit dans ses Satires, peinture si vivace
des vices et des malheurs du temps :

> *Poic' ha la vile adulazion Spagnuola*
> *Messa la Signoria fin in bordello*[1].

[1] *Sat.* II.

L'auteur de la *Vita Sobria* avoue qu'il a pratiqué la débauche jusqu'à trente-cinq ans, et qu'il avait presque détruit sa santé, quand il imagina son régime d'abstinence. Mais on doit convenir, avec l'ingénieux marquis François-Eugène Guasco, qui a donné la nouvelle édition de Lucques, que ce régime dut moins influer sur la santé et la longévité de Cornaro, que son heureux naturel, sa bonne femme Véronique, sa vie de famille, ses livres, ses villas et ses richesses. Telle est cependant la force de l'habitude, qui, selon la remarque sensée de Cornaro, convertit en seconde nature et nous rend nécessaire, soit le bien, soit le mal, qu'une fois ce régime admis, il ne pouvait, sans péril, le modifier, même légèrement. C'est ainsi qu'à la prière de ses parents, de ses amis, et de l'avis même des médecins, ayant voulu porter de douze à quatorze onces son alimentation, et sa ration de vin de quatorze à seize onces, il éprouva au bout de dix jours une telle perturbation, que sa gaîté se changea en tristesse et en colère, que tout le dégoûtait, qu'il ne savait que vouloir, que dire, que faire, et qu'après douze jours, il fut assailli d'un violent point de côté, qui dura vingt-deux heures, accompagné d'une terrible fièvre continue qui se prolongea trente-cinq jours et autant de nuits. Cependant malgré l'exiguïté de cette alimentation, elle ne laissait pas que d'être assez variée, puisqu'elle se composait « de pain, de panade ou de bouillon mêlé d'œufs, ou « d'autres bonnes petites soupes semblables. En viande, « ajoute-t-il, je mange du veau, du mouton, du che- « vreau; je mange de la volaille de toute sorte, des per- « drix et des grives [1] ; je mange aussi des poissons, la « dorade parmi les poissons de mer et le brochet parmi

---

[1] Le dernier traducteur français de la *Vita Sobria*, de la Bonaudière, n'a point l'exactitude rigoureuse que réclamait la matière; c'est ainsi que, dans sa paraphrase habituelle, il fait manger des œufs frais à Cornaro et qu'il remplace la grive (*tordo*) par des pigeons.

« ceux d'eau douce. » Il recommande ces aliments et les regarde comme très convenables aux vieillards. Le vin âpre et froid, quoiqu'il l'aimât, lui était contraire ; il ne pouvait en boire d'aucune espèce depuis le mois de juillet jusqu'à la fin d'août. La privation de ce lait des vieillards, comme il l'appelle, le réduisait à une défaillance voisine de la mort ; car les autres liquides ne lui réussissaient pas mieux, même le bouillon de poulet. Il n'était ranimé que par le vin nouveau, qu'il préparait au commencement de septembre, et qui, en deux ou trois jours, le rétablissait complètement. On peut ajouter aux causes temporelles de santé et de longévité, alléguées par le marquis Guasco, que Cornaro dut puiser une nouvelle force et un nouveau moyen d'équilibre, dans cette vie céleste qu'il s'était créée à côté de la terrestre, et dans le bonheur qu'il espérait de la bonté et de la miséricorde de Dieu.

Cornaro, comme on ne le croit que trop, n'impose point exclusivement son régime. S'il s'abstient de fruits, de melons, de salades, de poissons, de porc, de tourtes, de soupe faite de légumes, de pâtes et d'autres aliments qu'il aimait beaucoup, mais que son petit et débile estomac ne pouvait supporter, il ne les interdit point, et les permet à des estomacs plus robustes. Il regarde chacun comme le meilleur médecin de soi-même, et la vie réglée comme la meilleure médecine. Il répétait souvent l'axiome déjà cité par saint Augustin, que ne pas satisfaire entièrement sa faim et sa soif était un moyen de santé. Il démontre la nécessité de réduire le manger et le boire avec l'âge, la nature demandant peu pour soutenir la vieillesse. Il raconte qu'en moins d'une année d'une vie sobre et bien réglée, il fut délivré de maux qui avaient fait de tels progrès, qu'ils semblaient incurables. Cette vie lui paraît devoir plaire beaucoup à Dieu ; il voudrait la voir pratiquée par les religieux, comme un moyen nouveau d'édification pour le ciel et le monde. Elle lui semble particulièrement applicable aux monastères, et conforme aux règles d'abstinence de plusieurs. Mais ne va-t-il pas trop loin, quand, pour réprimer les ravages que l'excès d'alimentation causait dans certains monastères, il veut qu'après trente ans on se mette au pain trempé dans le vin et à de petites panades de pain et d'œufs?

Le traité de la Sobriété est terminé par un attrayant, par un poétique éloge de cette qualité :

« Telle est cette divine sobriété, agréable à Dieu,
« amie de la nature, fille de la raison, sœur de la vertu,
« compagne d'une vie tempérée, modeste, noble,
« contente de peu, réglée et nette dans ses œuvres.
« Elle est comme la racine de la vie, de la santé, de
« la joie, de l'adresse, de la science, et de toutes les
« actions dignes d'une ame bien née et accomplie ; les
« lois divines et humaines la favorisent ; devant elle
« fuient, comme autant de nuages chassés par le soleil,
« les réplétions, les désordres, la débauche, les hu-
« meurs excessives, les déréglements, les fièvres, les
« douleurs et les périls de la mort. Sa beauté attire
« toute ame élevée ; sa certitude promet à tous une
« gracieuse et durable conservation ; sa facilité invite
« chacun sans beaucoup de peine à remporter ses vic-
« toires ; enfin elle promet d'être aimable et bénigne
« gardienne de la vie, soit du riche, soit du pauvre,
« soit de l'homme, soit de la femme, soit du vieillard,
« soit du jeune homme. Elle enseigne au riche la mo-
« destie, au pauvre l'épargne, à l'homme la conti-
« nence, à la femme la pudeur, au jeune homme
« l'espoir plus ferme et plus certain de vivre, et au
« vieillard à se défendre de la mort. La sobriété puri-
« fie les sens, elle rend le corps léger, l'intelligence
« vive, l'esprit gai, la mémoire fidèle, les mouvements
« alertes, les actions promptes et convenables. Par

« elle, l'ame, presque dégagée de son poids terrestre,
« jouit d'une grande partie de sa liberté, les esprits se
« meuvent doucement à travers les artères, le sang
« court par les veines, la chaleur tempérée et suave
« produit des effets suaves et tempérés; enfin ces puis-
« sances conservent en nous, avec le plus bel ordre
« une agréable et joyeuse harmonie. O très sainte et
« très innocente sobriété! unique soulagement de la
« nature, mère bénigne de la vie humaine, vraie mé-
« decine de l'ame comme du corps, combien doivent
« les hommes te louer et te remercier de tes gracieux
« dons! Tu leur procures le moyen de conserver ce
« bien, la vie, dis-je, et la santé; car il a plu à Dieu
« que nous n'eussions pas de plus grand bien en ce
« monde; la vie et l'existence étant une chose si na-
« turellement appréciée de tout être vivant, et con-
« servée avec soin. Mais comme je n'entends pas ici
« composer un panégyrique de cette rare et excellente
« sobriété, je terminerai mon discours, afin d'être
« sobre, même en cela. »

*Questa è quella divina sobrietà grata a Dio, amica alla
natura, figliuola della ragione, sorella delle virtù, com-
pagna del vivere temperato, modesta, gentile, di poco
contenta, regolata e distinta nelle sue operazioni. Da lei,
come da radice, nasce la vita, la sanità, l'allegria, la
industria, gli studi, e tutte quelle azioni che sono degne
d'ogni animo ben creato e composto; a lei favoriscono le
leggi divine e umane; da lei fuggono, come tante neb-
bie dal sole, le replezioni, i disordini, le crapule, i sover-
chi umori, le stemperanze, le febbri, i dolori e i pericoli
della morte. La sua bellezza alletta ogni animo nobile; la
sua sicurezza promette a tutti graziosa e durevole conser-
vazione; la sua facilità invita ciascuno con poco disturbo
all'acquisto delle sue vittorie; e finalmente ella promette di
essere grata e benigna custoditrice della vita tanto del
ricco quanto del povero, tanto del maschio quanto della*

femmina, tanto del vecchio quanto del giovane : come quella che al ricco insegna la modestia, al povero la parsimonia, all'uomo la continenza, alla donna la pudicizia, al vecchio la difesa della morte, al giovane la speranza del vivere più ferma e più sicura. La sobrietà fa i sensi purgati, il corpo leggiero, l'intelletto vivace, l'animo allegro, la memoria tenace, i movimenti spediti, le azioni pronte e disposte. Per lei l'anima, quasi sgravata del suo terrestre peso, prova gran parte della sua libertà, gli spiriti si muovono dolcemente per le arterie, corre il sangue per le vene, il calore temperato e soave fa soavi e temperati effetti, e finalmente queste potenze nostre serbano con bellissimo ordine una gioconda e grata armonia. O santissima e innocentissima sobrietade, unico refrigerio della natura, madre benigna della vita umana, vera medicina così dell'animo come del corpo nostro, quanto debbono gli uomini laudarti e ringraziarti de' tuoi cortesi doni! Posciachè tu doni loro la via di conservare quel bene, la vita, dico, e la sanità, di cui non piacque a Dio che il maggiore si provasse per noi in questo mondo, essendo la vita e l'essere cosa tanto naturalmente da ciascun vivente apprezzata, e volentieri custodita. Ma perchè io non intendo ora formare un panegirico di questa rara ed eccellente sobrietà, farò fine per essere ancora sobrio in questa parte.

Le régime de Cornaro n'est plus aujourd'hui qu'une sorte d'utopie hygiénique dont il serait facile d'abuser, comme de bien d'autres utopies. Peut-être conviendrait-il à quelques tempéraments, à quelques estomacs débiles ou détruits, comme certaines constitutions politiques, applicables à de petits états, en ruineraient de plus forts et de plus grands. Mais l'histoire de l'auteur, les citations de ses écrits, montrent que le nom du noble vénitien n'est pas indigne de vivre.

III.

MATHIEU PALMIERI ET SA VIE CIVILE.

———

SUR le penchant d'une des agréables collines qui enveloppent Florence, est une grande maison anglaise, propre, insignifiante, mais qui porte deux des plus beaux noms littéraires de l'Italie : c'est la villa de Boccace ou de Palmieri [1]. Ce dernier nom lui vient du docte Mathieu Palmieri, l'auteur de la *Vita Civile*, qui fut plusieurs fois ambassadeur, devint gonfalonier de la République, et mourut en 1475, âgé d'environ soixante-quinze ans.

Le poème philosophique ou plutôt théologique de Palmieri, la *Città di Vita,* quoique non imprimé, dut quelque célébrité à sa condamnation par l'Inquisition. L'auteur y avançait, d'après une idée du génie tendre, fertile et chimérique d'Origène, que nos ames étaient ces anges qui restèrent neutres lors de la révolte de Satan, et qui avaient été envoyés dans nos corps par le Créateur afin qu'ils se décidassent à prendre parti entre le bien et le mal, ingénieuse hérésie qu'explique l'obstinée circonspection de certaines ames qui s'en retourneront comme elles étaient venues. La même neutralité est admirablement exprimée dans les vers de Dante sur ces anges qui ne furent ni pour ni contre Dieu, mais furent pour eux, et qui sont à la fois rejeté du ciel et de l'enfer :

[1] V. les *Voyages*, liv. XI, chap. 2.

Mischiate sono a quel cattivo coro
Degli angeli che non furon ribelli,
Nè fur fedeli a Dio, ma per se foro.
Cacciarli i ciel per non esser men belli,
Nè lo profondo inferno li riceve,
Ch' alcuna gloria i rei avrebber d'elli [1].

Mais le premier titre de Palmieri est son livre de la *Vita Civile,* un de ces chefs-d'œuvre primitifs auxquels les Italiens reviennent aujourd'hui avec passion. Ce traité expose et développe avec génie les principes des sages de l'antiquité, fortifiés, relevés par la charité du christianisme.

La *Vita Civile* est précédée d'une agréable et touchante dédicace (*proemio*), qui explique l'esprit et la division de l'ouvrage, et que Palmieri adresse à son ami Alexandre degli Alessandri, qu'il qualifie en tête d'excellent citoyen (*ottimo cittadino*). Ce *proemio* offre un ingénieux éloge de Dante :

« Elevé et sublime dans les grandes choses ; dans
« les petites, peintre fin et vrai ; simple, doux, gai,
« grave, abondant ou admirablement précis ; non
« seulement poète, mais excellent orateur, philosophe
« et théologien, Dante sait louer, rassurer, consoler,
« et il mérite tant d'éloges qu'il vaut mieux s'en taire
« que d'en dire peu. »

Toutefois, il ne paraît point fort aisé d'admettre, comme le pense Palmieri, que Dante plaît encore lors même qu'on ne peut l'entendre ni en retirer du fruit.

L'examen de Pétrarque est sensé, mais n'a rien de bien neuf.

Dans le jugement sur Boccace, Palmieri émet ce vœu touchant et moral :

« Plût à Dieu que ses livres en langue vulgaire ne fus-
« sent pas remplis de tant de lascivetés et d'exemples
« d'amours dissolues ; car, s'il eût aussi habilement

[1] *Inf.* can. III.

« écrit des choses morales et des préceptes sur la ma-
« nière de bien vivre, il ne mériterait pas d'être appelé
« *Boccaccio* [1] mais plutôt Chrysostôme (bouche d'or).»

Palmieri avoue qu'il a composé *la Vita Civile,* parce
qu'il n'y avait point en italien d'ouvrage propre à diriger
la conduite de quiconque voulait s'élever au-dessus des
autres par sa vie morale et civile. Mais il a le bon esprit
d'annoncer que ses modèles diffèrent de la perfection
imaginaire de ceux de Platon et d'autres nobles génies,
modèles qui ne sont exposés qu'en peinture et ne sont
point de chair humaine.

Cet intéressant *proemio* indique la division en quatre
livres de *la Vita Civile.* Le premier prend l'homme à
sa naissance, traite de son éducation et des moyens qui
doivent le rendre excellent, ainsi que de la tempérance, de la force d'ame, de la prudence et des qualités renfermées dans ces vertus. Les deux livres suivants
parlent de l'honnèteté et des vertus publiques et privées
qui appartiennent à l'âge mûr. La justice en particulier,
regardée par Palmieri comme la meilleure part des
humains, et ses diverses applications forment le sujet
du troisième livre. Le dernier est uniquement consacré
à l'utile : c'est une sorte de traité de la richesse des
nations. Mais, avant de conclure, l'auteur ne manque
pas d'indiquer le rang qu'obtiennent les ames qui ont
pratiqué ses maximes, ames placées par Dieu dans le
ciel, afin d'y jouir éternellement de sa gloire au milieu
de ses saints. Certes, ce n'est point là cette félicité
matérielle, grossière, vulgaire de nos utilitaires.

Les interlocuteurs sont l'illustre Ange Pandolfini, qui
a pour principaux auditeurs et disciples deux jeunes Florentins, Louis Guichardin et Franco Sacchetti, le petit-
fils du licencieux et élégant auteur des Nouvelles, qui pa-

---

[1] Calembourg italien assez joli : *boccaccia* dérivé de *bocca,* mauvaise bouche.

raît avoir plutôt pratiqué la morale de Palmieri que celle
de son grand-père, puisqu'il devint ambassadeur près
d'Alphonse, roi de Naples, et gonfalonier de justice de
la République de Florence. Ces dialogues se tiennent
pendant la peste de 1430, à Mugello, lieu salubre et
voisin, alors asile de graves et dignes citoyens; ainsi,
pendant la peste de 1348, si admirablement décrite par
Boccace, sept jolies femmes et trois élégants jeunes
hommes s'étaient réfugiés, à deux milles de Florence,
dans ce *bellissimo e ricco palagio* déjà décoré avec un
art et une magnificence que l'on croirait appartenir à
une villa du XVI.ᵉ siècle [1].

I.

Le premier livre et le premier dialogue commencent
après un dîner que le vénérable Ange Pandolfini, alors
plus que septuagénaire, qui parcourait à cheval ces
environs, voulut bien accepter chez Palmieri. On voit,
par l'invitation de parler qu'adresse Sacchetti au nouvel
arrivé, que l'infatigable vieillard n'avait point l'usage de
la sieste. Pandolfini fait observer que les grandes choses
veulent être dites et s'expriment mieux devant un certain nombre de personnes, et il demande un peu singulièrement qu'on appelle les petits garçons de la
maison, afin d'étendre son auditoire. Alors Palmieri,
Sacchetti et Guichardin font venir plusieurs de leurs
neveux et autres enfants ; mais, comme Pandolfini va
pour commencer, un de ceux-ci le prie fort sensément
de ne dire que des choses qu'ils puissent comprendre.
Pandolfini le remercie de l'avis, promet d'être intelli-
gible pour tout le monde, et engage les enfants, lorsqu'il
parlera pour les jeunes gens, de prendre patience,
car il retournera bientôt à eux.

[1] V. sa description dans l'introduction du *Décameron*.

Le plan de *la Vita Civile* ressemble à celui de l'*Emile,*
étendu à l'homme politique et au vieillard. D'après
l'ancienne formule, Pandolfini commence son discours
au nom de Dieu (*col nome di Dio*).

Voici quelques-unes des pensées répandues dans les
quatre livres de *la Vita Civile.*

« La nature a fait les oiseaux propres à voler, les
« chevreuils à courir, les bêtes sauvages à être cruelles ;
« de même elle a rendu les hommes capables de
« l'étude et de l'exercice des choses dignes et raffinées
« (*sottili e degne*), preuve certaine que nos ames doi-
« vent à Dieu l'origine de leur puissance et de leur
« vertu célestes. Un enfant né tardif, incapable d'ap-
« prendre, paraît hors de la nature, semblable aux
« bêtes, et sa misère doit inspirer de la pitié.

« Le père qui voudra orner son fils de mœurs ver-
« tueuses, sentira que la faiblesse du premier âge ré-
« clame l'aide et la conduite des autres. D'abord il
« faut songer au choix de la nourrice. Le lait de la
« mère doit être préféré lorsque cette mère est adroite,
« d'une bonne santé et de noble condition. La maxime
« est juste qui déclare digne de la haine filiale, celle
« qui a refusé d'allaiter son enfant. Tout autre aliment
« est moins propre à lui conserver sa force naturelle.
« Il ne faut point s'étonner s'il arrive souvent qu'un
« corps bien formé et qu'une ame très bien disposée
« par la nature du père, soit dépravée et tournée au
« vice par la méchanceté et la corruption des nour-
« rices. C'est des nourrices que proviennent tant de
« mauvaises complexions, de furieuses inflammations,
« de mélancolies, de nonchalances, de somnolences.
« Quel plus grand mal peut-on faire aux petits enfants
« que de les mettre au sein de Tartares, de Sarrasines et
« d'autres femmes de nations animales et féroces ? C'est
« ce qui a fait dire aux philosophes que de là advenait
« l'affaiblissement du lien si naturel de l'amour mater-

« nel ; car, l'affection de l'enfant, qui devrait se concen-
« trer uniquement sur la mère, se divise et se donne en
« partie à la nourrice. Au lieu d'une tendresse intime et
« continue, les fils devenus grands, n'ont qu'une cer-
« taine déférence imposée par l'opinion, et selon ce
« qui leur est dit dans le monde. C'est donc une dette
« de toute digne mère d'allaiter son propre enfant, et
« de charger les servantes des soins matériels.

« Mais, puisque la mauvaise coutume veut que les
« enfants soient laissés à la merci de femmes étrangères,
« il est bon d'avertir quelle nourrice doit être préférée.
« La première condition est qu'elle soit de bonnes
« mœurs, saine, jeune, que son lait soit nouveau,
« abondant, son mari éloigné, son travail sans fati-
« gue. Elle ne sera point paresseuse, elle n'aura point
« de passions, son humeur sera gaie, elle aimera son
« nourrisson, et y mettra tout son amour-propre. »

A la manière de Quintilien, qui réclame pour son
futur orateur une nourrice parlant bien, Palmieri veut
que la sienne « ne balbutie point, qu'elle n'estropie
« pas les mots, afin que l'enfant ne s'habitue point à
« parler ainsi, et que plus tard il n'ait pas de la peine
« à parler autrement. »

Palmieri a cru même devoir donner quelques avis
préliminaires à la naissance, et tracer une direction à
l'usage des femmes grosses. Il leur interdit d'éternuer,
afin que l'œuvre de la génération, à peine commencée,
ne soit point troublée. Les médecins du temps prétendaient que l'éternuement et tout soubresaut du corps
pouvaient faire tomber le premier filament de la vie.
Palmieri avance que si un garçon est conçu, la couleur
de la mère est meilleure, sa grossesse moins pénible :
les filles remuent plus tard que les garçons ; elles rendent la mère plus pâle, ses jambes plus faibles et plus
lentes. Echo de la science barbare de son temps, Palmieri croit à l'influence de la lune sur la conception.

Il reconnaît avec raison la force des envies des mères,
qu'il exagère dans l'application. Il admet les enfants
nés coiffés, et cite comme pronostic de brillante
destinée, de naître d'une mère morte : tels furent
Scipion-l'Africain et Auguste, arrachés du cadavre
maternel.

Palmieri donne de bons avis aux pères sur les enfants gâtés.

« Ils exigent plus tard les mêmes délices auxquelles
« on les a habitués. Les splendides habits, la pourpre
« des petits enfants leur font désirer par la suite d'au-
« tres ornements; mais la gourmandise naît avec les
« premières paroles (*la gola s'apparecchia a colui che*
« *appena favella*). L'enfant finit par avoir une très mau-
« vaise langue, lorsque les parents se réjouissent à ses
« vilains mots, et accueillent par des sourires et des
« caresses ce qui mériterait d'être puni chez les mau-
« vais sujets. Pour que l'enfant échappe au vice, tout
« père doit prendre la précaution de ne lui offrir dans
« sa famille que de bons exemples.

« On n'est guère d'accord sur l'âge auquel l'enfant doit
« commencer à apprendre. Plusieurs pensent que les
« natures étant diverses, on ne peut fixer d'époque;
« d'autres, qu'avant sept ans les enfants ne sont pas
« propres à être instruits. Selon d'autres, on ne doit
« rien perdre du temps, et il faut leur donner quelque
« apparence et quelque commencement des lettres
« dès la nourrice; mais que cette étude ne leur pèse
« point et ne leur devienne point odieuse. On pourra
« tourner les amusements à quelque enseignement
« utile, et apprendre la forme des lettres par celle de
« fruits ou de gâteaux qui les figurent. Il faut consul-
« ter en cela la raison des enfants et leurs dispositions
« naturelles. Arrivés à l'âge de raison, tous les soins
« du père doivent tendre à trouver un bon maître.
« Philippe voulut qu'Alexandre apprît l'alphabet d'A-

« ristote ; le roi et le philosophe sentaient qu'un tel
« commencement pouvait mener un jour à de plus
« grandes choses.

« Que le maître ne soit ni trop sévère, ni trop relâ-
« ché ; qu'il parle souvent de choses honnêtes et donne
« des préceptes de bien vivre ; qu'il ne s'emporte pas,
« mais qu'il ne feigne point de ne pas voir les fautes ;
« qu'il réponde agréablement aux questions, et qu'il
« interroge spontanément l'élève, qui sans cela tombe-
« rait dans la paresse. Il ne faut point faire la loi au
« maître, en exigeant qu'il enseigne telle chose, et en
« disant que vous ne voulez pas de telle autre ; rappor-
« tez-vous-en à son jugement. Suivez l'avis de Pytha-
« gore, qui imposait à chaque nouveau disciple, un
« silence d'au moins deux ans, trouvant néces-
« saire d'obliger à écouter beaucoup avant de parler.
« Que l'élève converse doucement avec ses camara-
« des, préférant toujours les plus considérés pour
« leur conduite et leur intelligence ; qu'il se montre
« avec eux gai ; qu'il ne s'irrite pas contre les correc-
« tions, mais qu'il réponde honnêtement et tâche de
« l'emporter par la raison.

« Dans les exercices du corps, on rejettera ceux qui
« retiennent assis, à moins qu'ils n'appliquent l'esprit.
« On laissera les petits jouer à la balle, courir, sauter. »

L'enseignement populaire de la musique et les classes de chant, institués si heureusement de nos jours
dans l'Université, sont déjà indiqués par Palmieri.

« La musique à cet âge doit être recommandée : ses
« mesures rapides font le corps dispos et le préparent
« à des attitudes convenables. Elle exerce et nourrit
« l'esprit, corrige la voix et rend la prononciation
« douce, accentuée, grave, sonore.

« La géométrie exerce encore et rend alerte l'esprit
« des enfants ; elle leur convient et leur plaît : ce qui a
« fait croire à quelques-uns que notre ame est unie au

« corps, au moyen des nombres qui suivent l'ordre
« des harmonies célestes. »

Palmieri regarde, avec raison, la connaissance du
latin comme indispensable à l'intelligence parfaite de
l'italien.

« Il est inutile de recommander la grammaire. Sans
« cette base, le père doit être sûr que toute doc-
« trine est sans résultat et s'écroule. Elle renferme le
« meilleur de la langue latine, et sans celle-ci, on ne
« peut qu'entendre mal ce qu'on lit. La rhétorique la
« suit, et les sages disent qu'il n'est pas moins beau
« d'y surpasser les autres hommes, qu'aux hommes
« de surpasser les animaux qui ne parlent point. La
« philosophie gouverne la grammaire et la rhétorique.
« Elle règne sur toutes les sciences et sur tous les actes
« humains ; elle a deux parties distinctes : l'une con-
« cerne l'investigation des secrets de la nature, et, bien
« qu'excellente et sublime, elle est inférieure à la se-
« conde partie, qui fait les mœurs des hommes ver-
« tueux, et les conduit en droite ligne au vrai but de
« la vie. »

La *Vita Civile* divise la vie humaine en six époques :
la première enfance qui précède la parole ; la seconde
enfance qui dure jusqu'à l'âge de raison ; l'adolescence,
que Palmieri fait un peu trop largement descendre
jusqu'à vingt-huit ans, et pendant laquelle croissent
les forces physiques ; la virilité, époque où elles se
maintiennent, et qu'alors on voulait bien faire durer
jusqu'à cinquante-six ans ; la vieillesse, qui se pro-
longe jusqu'à soixante-dix, et la décrépitude que plusieurs étendent jusquà cent-vingt.

Palmieri se déclare contre les punitions corporelles
des enfants, avec toute la raison de Montaigne et la
sensibilité d'un moraliste actuel.

« Si je parlais des enfants qui ne sont point ap-
« pelés à acquérir d'excellentes vertus, mais livrés

« à des arts mécaniques et serviles, je dirais peut-
« être qu'il faut parfois les frapper. Mais, à l'égard de
« ceux que le père et le maître tiennent à rendre bons,
« je n'aime point qu'on emploie les coups, parce
« qu'ils sont contre nature et propres seulement à
« rendre les ames basses. Lorsque les enfants grandis-
« sent, ils le réputent à injure et perdent de leur
« amour filial. Les reproches suffiront aux ames bien
« nées. Il faut consulter l'âge de l'enfant dans les ad-
« monitions qu'on lui donne, dans les exemples qu'on
« lui propose, dans le blâme ou l'éloge de ceux qu'il
« connaît; il faut le louer s'il fait bien, et le mettre
« au-dessus des autres; s'il fait mal, le mettre au-
« dessous et le reprendre. S'il fait bien, lui donner ce
« qu'il aime; s'il fait mal, le donner aux autres. S'il
« persiste, le punir par des peines qui semblent moins
« l'effet de la violence que de la réflexion; comme de
« le renfermer, de le priver des mets et des choses
« qu'il préfère, de lui ôter une partie de ses vête-
« ments, etc. Qu'il ait lieu de réfléchir longuement
« sur sa faute. Les coups ne causent qu'une courte
« douleur; l'enfant les oublie vite, et il croit qu'ils sa-
« tisfont tout-à-fait à la faute commise. Celle-ci ou-
« bliée, il retombe dans une autre et pense qu'il en
« sera quitte encore pour des coups.

« Plus les vêtements de l'enfant seront simples, plus
« ils aideront à le conserver honnête. Mais on doit
« avoir égard en cela aux solennités, aux jeux pu-
« blics, aux fêtes de la maison et à la condition de
« chacun. Les jours ordinaires, il suffit de porter
« l'habit commun aux autres citoyens. Qu'on ne per-
« mette point aux jeunes gens des habits recherchés,
« brodés, chamarrés de diverses couleurs; qu'on leur
« défende tout ornement de femmes, car les cheveux
« flottants jusque sur les épaules, crêpés avec une raie
« artificielle, ne conviennent point à celui qui est né

« pour la vertu. C'est dans les jeunes filles qu'on aime
« la beauté délicate ; dans les hommes on estime ce
« qui donne de l'autorité sur les autres hommes et
« leur inspire du respect. »

Palmieri rappelle à ce sujet, une anecdote de classe
assez comique.

« Je me souviens, dit-il à ses jeunes interlocuteurs,
« de vous avoir entendu raconter la plaisante et utile
« leçon que votre savant maître Sozomène donnait à
« ses écoliers, la fleur de la jeunesse florentine. Plu-
« sieurs venant en classe avec des habits de soie, des
« franges de velours, des broderies et des garnitures
« de diverses couleurs, et arrangés par les meilleurs
« ouvriers, peignés, jolis, agréables et frisés de la
« main d'un barbier inventif et exercé ; ce maître plein
« de sens, quand il les voyait aussi coquets, leur de-
« mandait s'ils allaient prendre femme ; et quand, à
« plusieurs reprises, ils avaient répondu non : « Alors,
« leur disait-il, c'est un mari que vous voulez. »

Palmieri invite à se livrer aux divers exercices du
corps, mais avec une juste mesure. Il semble, toutefois, donner trop aux opérations de l'esprit, lorsqu'il
les étend à tous les beaux-arts, à la peinture, à la
sculpture, à l'architecture, à la gravure. Ce dilettan-
tisme universel ne produirait aujourd'hui que des talents de société fort médiocres. Mais cette vaste éducation était alors dans les mœurs florentines : le génie
d'Orgagna, l'auteur de l'admirable loge des Lanzi,
comme le génie de Michel-Ange, en avait su admirablement profiter.

« Les exercices du corps reposent et rafraîchissent
« l'ame fatiguée de ses méditations pour parvenir au
« bonheur et à la vertu. Les exercices de l'ame doivent
« être préférés : tels sont de suivre les leçons de bons
« maîtres, de fréquenter les philosophes, de pratiquer
« leurs préceptes, d'apprendre à peindre, à sculpter.

« à graver, à faire le plan de beaux édifices, et d'être
« en état de juger de toutes les choses humaines et
« même célestes, autant que le permet l'infirmité de
« nos corps pendant cette vie. Car c'est l'opinion de
« sages docteurs et même de saints du christianisme,
« que tout homme doit chercher à comprendre et à
« devenir juge de tout ce que font les autres
« hommes. »

La variété des occupations est recommandée par
Palmieri, comme un moyen de mieux apprendre et de
se délasser.

« Il n'est personne qui, suivant tout un jour le maître
« d'une même science, ne tombe de fatigue. Le chan-
« gement nous récrée. Les estomacs dégoûtés éprou-
« vent la même chose par la variété des mets. Il ne s'agit
« donc pas d'être d'abord grammairien parfait, puis
« parfait musicien, et ensuite sculpteur ou architecte.
« Car la première science serait oubliée quand on pos-
« séderait la suivante ; on perdrait son temps, et l'on
« ne parviendrait qu'à être ennuyeux. Se livrer à des
« occupations de son choix vous les fait posséder et
« vous les rend agréables. Que vos talents servent au
« grand nombre et s'étendent à plusieurs des œuvres
« humaines. Il n'est point alors nécessaire de perdre
« du temps en récréations ; car une étude repose de
« l'autre, et l'on trouve du plaisir dans le travail. »

Palmieri, un peu trop contempteur du moyen-âge,
se félicite d'appartenir à l'époque de la renaissance.
Il aurait voulu pour sa patrie la paix qui ne lui fut point
accordée, et qui aurait permis à cette brillante époque
de porter tous ses fruits.

« Que celui qui a quelque intelligence sente qu'il
« ne doit qu'à Dieu d'être né dans cet âge où les arts
« de l'esprit ont plus fleuri que depuis mille ans.
« Puisse celui qui gouverne tout, accorder la faveur
« d'une très longue paix à notre humble Italie ! Car,

« de ce premier redressement suivraient d'admirables
« effets qui, avec le temps , corrigeraient les doctrines
« les plus erronées et les plus répandues. Ces doctri-
« nes, perverties par ceux qui en ont écrit pendant des
« siècles d'une si longue ignorance , sont étudiées dans
« leurs ténébreux ouvrages ; lesquels n'ouvrent point
« de routes à travers ces inextricables sentiers , mais
« obscurcissent toute science de leurs arguties , et
« font que par habitude , on ne peut, ni ne veut ad-
« mettre qu'il existe, pour y pénétrer, un chemin meil-
« leur et plus court. Ces auteurs ont en cela une sorte
« de raison , puisqu'ils ne veulent rien perdre de l'es-
« time et de la renommée que leur ont valu ce qu'ils
« ont appris toute leur vie. Mais le temps n'est pas
« loin où l'on verra que la philosophie et les autres
« sciences peuvent s'acquérir , dans les principaux au-
« teurs, d'une manière plus courte et plus sûre que
« par les insolubles recherches de ceux qui prétendent
« les exposer, et ne font que les embrouiller. Bientôt
« on reconnaîtra qu'un des signes les plus certains
« d'un esprit bien fait est de rester ferme , de ne point
« s'écarter des premiers génies, de considérer attenti-
« vement les limites des divers arts et sciences , et d'y
« rapporter toutes ses paroles et toutes ses actions,
« sachant que toute autre voie est incertaine et sans
« résultat.

« Les jeunes gens doivent prendre pour habitude
« de conformer toutes leurs actions à ce qui est le
« plus approuvé dans leur ville. Ils consulteront les
« forces de leur esprit, celles de leur corps, et feront
« choix du genre de vie auquel ils se sentent le plus
« propres , et dans lequel ils espèrent devenir meil-
« leurs et plus dignes d'estime. On ne peut arriver à
« rien de ce qui est contraire à notre nature.

« La beauté et l'ornement de la vie sont l'unité et
« l'aptitude à ce que nous faisons. Celui-là ne peut

« conserver la première, qui se jette hors des voies de
« sa propre nature. Si parfois la nécessité nous amène
« à des actes contraires à cette nature, nous devons
« mettre tous nos soins à ce qu'ils ne soient ni vils,
« ni déshonorants.

« Que notre vie ait un but fixe vers lequel ten-
« dent toutes nos démarches. Nos erreurs provien-
« nent de ce que nous négligeons d'établir ce but.
« C'est ce qui fait que nous n'avançons qu'à travers
« les ténèbres, au lieu de nous élever par des voies
« lumineuses, certaines et prévues ; nous tournoyons
« par des chemins tortueux, nous égarant sans cesse,
« incapables de dire où nous nous trouvons. De là, les
« choses que d'abord nous nous étions efforcés d'ac-
« quérir avec grande fatigue, nous deviennent souvent
« à charge, et nous découvrons n'avoir point recherché
« une chose stable et dans laquelle puissent se reposer
« les appétits humains. Diverses causes nous entraî-
« nent à obéir sans examen au hasard : beaucoup
« imitent leurs pères et vivent selon les habitudes et
« les mœurs de ceux-ci ; d'autres sont menés par l'o-
« pinion, et suivent ce que la multitude déclare être le
« plus beau.

« Il en est qui, par une grâce particulière, par l'ex-
« cellence de leur esprit, par l'élévation du savoir, ou
« par l'ensemble de ces dons, ont eu le temps de mé-
« diter sur le plan de vie qu'ils voulaient adopter. Dans
« l'ordre de la vie, la nature a la plus grande force,
« ensuite la fortune. Il faut en tout avoir égard à toutes
« deux, mais d'abord à la nature, parce qu'on la
« trouve, en vérité, beaucoup plus stable et plus con-
« stante : parfois, la fortune combat, comme une
« simple mortelle, la nature immortelle.

« Le genre de vie adopté et ordonné pour la meil-
« leure fin, les éléments de notre bien, s'acquièrent
« aisément et nous disposent à une règle honnête.

« C'est alors un devoir aux jeunes gens de révérer les
« vieillards qui ont bien vécu ; de choisir ceux qui
« sont le plus considérés, et de se conduire d'après
« leurs avis et leurs exemples. Plus on croît en âge,
« plus on a le besoin d'être raffermi par la prudence
« des vieillards, afin de s'exercer à des œuvres pénibles
« du corps et de l'ame, de repousser toute impudi-
« cité, et de parvenir à ce que les talents s'aiguisent
« et prennent de la force pour les offices de la guerre
« et de la cité. Quand on voudra rafraîchir l'ame et se
« donner à quelques plaisirs, qu'ils soient modérés,
« sans honte. Cela sera facile si l'on prend pour té-
« moins des hommes antiques et dignes de respect.

. . . .

    « On reconnaît quatre vertus cardinales : la Pru-
« dence, la Force, la Tempérance et la Justice. C'est
« l'office de la prudence de diriger vers un but louable
« toutes nos pensées et nos actions. La force ne doit
« craindre que les choses blâmables et honteuses ;
« elle doit surmonter tout péril honorable, soutenir
« d'une ame ferme l'adversité, et se maintenir égale
« dans la prospérité. Le propre de la tempérance est
« de ne rien désirer dont on puisse avoir à se repentir ;
« de ne point dépasser la juste mesure des lois natu-
« relles ; de soumettre au joug de la raison, et de
« rendre dociles nos appétits et nos cupidités, et de
« vivre avec modestie, abstinence et chasteté. La
« justice conserve à chacun le sien ; elle punit le crime,
« exalte l'innocence, récompense la vertu ; elle main-
« tient, elle accroît le bien de la famille, les amitiés
« et la concorde parmi les hommes. Avec ces quatre
« vertus les bons se gouvernent d'abord eux-mêmes ;
« appelés ensuite au gouvernement de la République,
« ils la conseillent, la défendent et l'étendent. De là
« naît la piété des pères, l'amour des fils, la tendresse
« des parents, la défense des amis, enfin le gou-

« vernement public et l'union salutaire de tous les
« citoyens.

« Il n'est, sur la terre, rien de plus cher et de plus
« agréable à Dieu que de régir, avec justice, les mul-
« titudes d'hommes que la justice a rassemblées. C'est
« pourquoi Dieu promet à ceux qui gouvernent juste-
« ment et aux conservateurs de la patrie, une place
« particulière au ciel, où ils vivront éternellement
« bienheureux avec ses saints. »

II.

« La philosophie est la première et la vraie médecine
« de l'ame; elle purge les inquiétudes et les passions
« désordonnées; elle écarte les appétits et les cupidi-
« tés, et chasse la peur. Mais elle n'agit pas sur cha-
« cun avec une égale puissance, car elle rend plus de
« fruit lorsqu'elle s'unit à une nature bien préparée.

« Dieu a créé l'homme élevé au-dessus des animaux,
« capable de mépriser toutes les choses terrestres et
« de suivre et de partager les choses éternelles. Les
« occupations diverses nous égarent et nous tirent du
« vrai chemin. Il est rare de trouver un homme si
« bien disposé de corps et d'ame, qu'il cherche et dé-
« sire la science, non pour une vaine démonstration,
« mais comme une loi de bien vivre, et qui, dans toutes
« ses paroles et ses actions, obéisse à lui-même et à
« sa vraie raison. Aussi voit-on tant de savants mon-
« trer une telle légèreté, une telle obstination, une
« telle jactance, qu'il leur vaudrait mieux n'avoir rien
« appris. Les uns sont avares de ce qu'ils savent, les
« autres ambitieux d'une vaine gloire, beaucoup es-
« claves de passions déréglées; ce qui choque sur-tout
« de la part d'hommes livrés à l'étude. Comme les
« champs bien cultivés ne produisent point également,

« mais selon que la terre est meilleure , ainsi les hom-
« mes bien enseignés ne deviennent point tous bons
« Le bon champ, s'il n'est bien travaillé, rend peu ,
« comme l'ame, quelle que soit son excellence, ne peut
« d'elle-même porter de bons fruits. La nature sans
« l'art, et l'art sans la nature, seront toujours faibles.
« Celui-là fera peu de cas des démonstrations de nos
« livres , qui suivra ses appétits et s'affranchira du
« joug de la raison pour s'abandonner aux plaisirs du
« monde.

« Beaucoup d'animaux surpassent l'homme par les
« sens, les appétits et la force du corps ; mais ils n'ont
« ces facultés que pour le moment, et chez eux le
« sentiment du passé et de l'avenir est faible ou nul.
« L'homme possède la raison qui lui rend le passé,
« lui fait examiner et juger le présent et prévoir l'a-
« venir. Ainsi il peut aisément connaître tout le cours
« de sa vie, et préparer ce qui doit la diriger. De là
« naissent les liens de l'amitié, les parentés, l'u-
« nion des hommes, les rapports et les devoirs hu-
« mains.

« Les lois divines et humaines furent établies pour
« l'affermissement des sociétés. Le Tout-Puissant fut
« le premier inventeur de ces lois ; il les a enseignées
« et a ordonné de les suivre. Celui qui n'y obéira point
« souffrira de cruels châtiments, bien qu'il échappe
« aux peines de la justice humaine.

« Il faut rechercher dans cette vie, d'abord l'hon-
« nête, puis l'utile qui le suit de près, car ils ne peu-
« vent être séparés. Lors même que l'utile ne se trouve
« point, une sagesse profonde a remarqué que la
« seule vertu suffit à vivre heureusement.

« La science est la vraie connaissance des choses
« certaines. Il n'y a de certain que les choses qui ne
« peuvent être autrement, et les choses éternelles
« seules ne peuvent être autrement. Dans celles qui

« peuvent être ou ne pas être, il ne peut y avoir de
« science certaine, mais seulement des opinions.

« C'est une sotte chose que le cordonnier délibère
« sur les lois civiles, sur l'administration de la Répu-
« blique et sur la manière dont se fait la guerre. Les
« grandes choses demandent beaucoup de lecture, et
« il faut, pour les diriger, avoir beaucoup vu et avoir
« agi avec un examen attentif. Il est raisonnable que
« ce qui concerne la médecine soit demandé aux mé-
« decins, et que le forgeron se mêle de forger. Le con-
« seil ne doit être réclamé que pour les choses dou-
« teuses et sur lesquelles notre opinion varie. Il
« faut conseiller lentement et avec maturité; l'avis
« adopté, l'exécution sera très prompte. Le conseil
« ne doit point porter sur le but, mais sur le moyen
« d'y arriver. Ainsi les médecins ne consultent point
« sur la santé, mais sur la manière de vivre sain.
« Dans le gouvernement on ne disserte pas sur la
« paix, mais sur les moyens de l'obtenir. »

La maxime, source de tant de crimes ou de lâche-
tés, qui prétend que qui veut la fin veut les moyens,
ne pouvait être approuvée par le génie moral et élevé
de Palmieri.

« Celui qui conseille par d'injustes raisons, est un
« mauvais conseiller, quoique le but qu'il a indiqué
« ait été atteint.

« Toute vertu est, par sa nature, voisine d'un vice,
« et elle en est souvent si proche qu'il est difficile
« de les distinguer; de là les hommes vertueux sont
« exposés à l'injustice du public, parce que leurs
« actes peuvent être aisément regardés comme vicieux.
« Caton, avec une force d'ame invincible, choisit la mort
« à Utique plutôt que de voir le tyran victorieux; il a
« été célébré avec grande gloire par de très sages esprits
« pour avoir refusé la vie après la liberté perdue. Une
« telle vertu pourrait toutefois être amoindrie, changée

« en vice, et Caton traité de vil et de pusillanime
« comme ayant préféré de se tuer de désespoir, lors-
« qu'il vit la fortune favorable lui manquer, plutôt que
« de s'accommoder à son malheur. C'est ainsi que
« d'autres ont été jugés infâmes pour s'être tués d'une
« semblable manière. Beaucoup, dans les mêmes cir-
« constances que Caton, après s'être défendus avec
« courage, pressés par la nécessité et vaincus, se ren-
« dirent à César. Ceux-ci méritent d'être loués, parce
« que, devenus esclaves sans leur faute, ils aimèrent
« mieux soutenir avec fermeté la mauvaise fortune
« que de mettre un terme à leurs maux par un lâche
« trépas. Leur suicide eût paru un crime, parce que
« leur vie passée ne les égalait pas à l'austérité de Ca-
« ton, et qu'ils n'avaient point assez de vertu pour
« choisir une telle mort. »

La *Vita Civile* donne de fort bons conseils sur les
discours publics et principalement sur la conversation.

« Les paroles abondantes et ornées conviennent
« devant les magistrats qui rendent des arrêts dans les
« conseils publics, et en présence de la multitude as-
« semblée. Les discours simples doivent être employés
« dans les entretiens privés, selon que le requiert la
« variété des sujets. La voix alors sera douce, claire,
« facile, et les mots seront appropriés aux matières en
« question, sans mollesse, hauteur ou injure. Quand
« ce qui nous touche a été exposé avec mesure, qu'on
« cède la parole aux autres, afin de ne pas ennuyer en
« parlant trop. Qu'aucun mot ne nous échappe qui
« montre ou fasse soupçonner le vice. Quand nous
« n'avons rien à dire de nous, ou qui s'y rapporte,
« qu'on raisonne de choses honnêtes, utiles, de la ma-
« nière de bien vivre, de ce qui est honorable ou infâme,
« des moyens de bien gouverner sa maison et la Répu-
« blique Qu'on parle dans les moments de loisir des
« diverses industries, des talents, des études, des

« beaux-arts, et si la discussion sortait de ses limites,
« qu'on l'y ramène afin d'éviter le charlatanisme des
« digressions. Dans les entretiens de plaisir et de fête,
« il faut encore suivre un ordre raisonnable ; car c'est
« une chose fort répréhensible que de parler seule-
« ment pour faire rire, et de s'ingénier plutôt à trou-
« ver des choses ridicules qu'honnêtes. C'est se faire
« bouffon ; mais ne savoir rien dire d'agréable et ne
« pas se prêter parfois à certains bons mots, serait d'une
« humeur grossière et sauvage. Il arrive souvent que
« l'on peut parler des choses qui semblent futiles,
« avec autorité et savoir. »

Le passage suivant montre quelques effets singuliers
de la prévention au sujet des manières. Il peint, sans
les flatter, celles des dames florentines, et la mobile
exagération de leurs modes.

« J'ai vu par la ville la tournure des prostituées, re-
« gardée comme déshonnête et effrontée ; prise bien-
« tôt dans les fêtes et les solennités par la fleur des
« nobles dames florentines, elle semblait chez elles
« agréable, enjouée, gracieuse. Ces dames se décolle-
« taient et laissaient tomber leurs robes jusqu'au-
« dessous de la poitrine. Un tel excès paraissant
« vicieux, elles commencèrent à remonter leurs colle-
« rettes, et tellement, que celles-ci arrivèrent jusque
« par dessus leurs oreilles. Enfin, après ces deux extré-
« mités, elles s'arrêtèrent à un milieu raisonnable
« qui dure encore, et durera tant que la mode l'exi-
« gera, jusqu'à ce que l'une ou l'autre des deux
« premières manières revienne. Il faut donc suivre
« l'usage avec mesure et convenance ; car certaines
« choses bonnes peuvent devenir mauvaises par la
« force du temps, du lieu et des personnes devant qui
« elles sont faites. »

Palmieri s'accorde avec Montesquieu sur l'importance des coutumes anciennes et sur l'utilité de les

conserver. Le passage offre encore un énergique tableau
de mœurs :

« Les bons haïssent le mal par amour de la vertu,
« les méchants s'en gardent par la peur du châtiment.
« La coutume forme une partie de la loi; elle a pen-
« dant long-temps maintenu avec approbation beau-
« coup de choses non écrites dans la loi, et, par un
« usage public, les a conservées comme louables ; en
« sorte qu'il paraîtrait malhonnête aux hommes d'y
« contrevenir. Voici quelques exemples. La fiancée ne
« doit partager la couche de son époux qu'après la
« solennité des noces et non après les fiançailles ;
« après deux nuits elle cesse de dormir avec lui. Ces
« coutumes s'observaient dès le temps des glorieux
« Romains, ainsi que beaucoup d'autres très louables
« quoique païennes, qui ne sont plus suivies au sein
« du christianisme. A Rome, c'était l'habitude de se
« marier de nuit à la lueur des flambeaux, et la
« femme voilée n'était accompagnée que de ses plus
« proches. On pensait qu'il ne convenait point de voir
« publiquement par la ville la jeune fille qui allait
« tomber du noble rang de vierge. Arrivée à la cham-
« bre nuptiale, tout le monde écarté, on jetait des
« noix par toute la maison, faisant par là le plus de
« bruit possible, afin qu'aucun cri de l'épouse perdant
« sa sainte virginité ne fût entendu. Aujourd'hui, sous
« l'observance chrétienne, les vierges parées, peintes
« de lasciveté, chevauchent publiquement, les trom-
« pettes en tête, appelant le peuple à contempler leur
« audace effrontée et leur hardiesse de courtisane ;
« elles se transportent au champ de la joûte, à travers
« les places, et faisant étalage d'aller n'être plus
« vierges. »

Palmieri approuverait la nouvelle et convenable
gravité, ainsi que la sorte de mystère mise dans la
célébration du mariage parmi les classes élevées et ai-

sées de la société, tandis que les vieilles joyeusetés des
noces ne se maintiennent guère plus que chez le peuple.
Les remarques suivantes sont à la fois ingénieuses et
pratiques :

« Ce serait une erreur de s'imaginer que parce que
« Socrate, Diogène ou Démocrite ont été loués d'une
« certaine sévérité abstraite hors de l'usage des autres
« hommes, on devient, en faisant de même, un
« homme merveilleux. Il faut, pour se permettre un
« tel genre de vie, beaucoup de qualités supérieures,
« une intégrité ferme, long-temps éprouvée, une
« constance immuable ; autrement, ce qui a fait la
« gloire et l'immortelle renommée de ces graves et
« grands esprits, nés pour l'exemple et l'enseignement
« des autres, est ridicule et méprisable chez les petites
« gens.

« Les légers manquements sont ceux dont il faut le
« plus se garder : d'abord, parce qu'il est plus difficile
« de les connaître, ensuite, parce que les bons se
« souillent plus par les petites fautes que les méchants
« par les grandes. De là, l'ancien proverbe, que la
« tache paraît d'autant plus que ce qu'elle a touché
« est plus brillant. »

Palmieri, parlant de l'action des diverses parties du
corps, donne aux mains une puissance qui pourrait
faire supposer que le langage des signes, inventé, dit-
on, en Espagne vers la fin du XVI.ᵉ siècle, existait
déjà de son temps, et depuis un siècle, à Florence.

« C'est une chose merveilleuse de voir la force qu'ont
« les mains pour signifier nos intentions ; de sorte que
« non seulement elles démontrent, mais parlent presque
« et deviennent capables d'exprimer toutes nos pen-
« sées, ainsi qu'on le voit dans les muets qui font con-
« naître par elles toutes leurs volontés. Avec les mains
« on appelle et on chasse ; on se réjouit et on s'afflige ;
« on indique le silence et le bruit, la paix et le com-

« bat, la prière et la menace, la crainte et l'audace,
« on affirme et l'on nie, on expose et on énumère.
« Les mains raisonnent, disputent et s'accommodent
« enfin à toutes les prescriptions de notre intelligence.
« Qu'elles soient donc toujours employées d'une manière
« décente; qu'on ne remarque en elles aucun mouvement
« étrange; qu'elles paraissent capables de tout sans
« gaucherie, sans dureté ni mollesse, ni oisiveté de
« femme, et qu'elles soient propres à faire, avec faci-
« lité et promptitude, ce qu'elles veulent et ce qui
«convient. »

III.

« Parmi la multitude et la variété des choses de
« notre vie présente, que la nature a rendues douces
« et chères aux hommes, il n'en est point qui excitent
« une plus vive tendresse que l'amour de la patrie et des
« enfants. Cela se comprend aisément : tous les autres
« biens, tous les autres plaisirs tant désirés finissent
« aussitôt que la vie; la patrie et les enfants nous pas-
« sionnent, même pour le temps où nous ne serons
« plus. Un désir presque prophétique des siècles
« futurs, qu'on ne peut qu'imparfaitement expliquer,
« quoiqu'il existe certainement dans nos ames, nous
« pousse à souhaiter la perpétuité de notre gloire, le
« plus grand bonheur de notre pays et la félicité con-
« stante de nos descendants. Cet ardent amour de la
« patrie et des enfants après la mort, a plus de force
« selon que l'esprit est plus grand et l'ame plus élevée.
« Supprimez un tel sentiment, et personne ne serait
« d'assez peu de sens (sale) pour vivre dans de conti-
« nuelles fatigues et de graves dangers, et choisir la
« mort pour le salut de la patrie, afin de profiter à
« celle-là et à ses fils, tandis qu'on se soumet à ces

« lins glorieuses uniquement par le désir d'être enno-
« bli après la mort.

« Parmi les vertus nécessaires à la conservation de
« la patrie, est la justice, sans laquelle nulle cité,
« nul état, nulle constitution ne peuvent durer; tandis
« qu'on peut, sur sa base seule, fonder avec sûreté,
« les plus grands empires. Sans elle, la force et la puis-
« sance la mieux armée s'écroulera en peu de temps.
« Cette vertu est souveraine de toutes les autres : elle
« maintient à chacun le sien, elle règle et fait agir
« tout le corps de la République, elle conserve chaque
« membre, elle unit et resserre la paix et la concorde
« de la multitude. La cité, alors vigoureuse, ne va-
« cille point, mais, gaillarde et puissante, elle résiste
« vaillamment à tous les accidents du dedans ou du
« dehors, et elle en triomphe.

« Il y a deux coupables moyens d'injustice : l'un
« pratiqué par ceux qui la font, l'autre par ceux qui,
« le pouvant, ne l'écartent point des hommes à qui
« elle est faite. C'est la maxime sainte du glorieux
« apôtre saint Paul dans son épître aux Romains. Ce-
« lui donc qui ne s'oppose pas à l'injustice, tombe
« dans le même vice que celui qui la commet. »

Palmieri définit avec justesse, et blâme cet égoïsme
doux, sans reproche et toutefois coupable :

« Quelques-uns, livrés à des exercices de leur choix,
« à des spéculations élevées, dédaignent les simples
« affaires humaines; ils se renferment à peu près sa-
« tisfaits, dans cet honnête plaisir, et agissent vertueu-
« sement en eux et hors d'eux, par le seul mouve-
« ment de la conscience. Ces gens ne font point
« précisément d'injustice, mais ils tombent dans la
« seconde sorte d'injustice quand, trop absorbés par
« leurs études privées, ils abandonnent l'humanité
« tout entière qu'ils devaient défendre. Ils disent afin
« d'excuser leur erreur, qu'on ne les demande point,

« et qu'ainsi ils ne sont point obligés ; comme si, pour
« être juste, la contrainte était plus nécessaire que la
« volonté.

« Une insatiable cupidité parfois nous égare et nous
« fait espérer de trouver du profit dans l'injustice.
« D'autres s'écartent d'une vie juste par l'ambition
« des honneurs, du pouvoir, de la gloire, vice qu'a
« perpétué la maxime de César : que si l'on devait
« jamais violer la justice c'était certes pour régner. »

L'orgueil national de Palmieri ne paraît point exa-
géré lorsqu'il avance avec chaleur, que sans ses dissensions, il eût été possible à Florence de dominer
non seulement l'Italie mais encore les pays étrangers :

« Peut-être vaudrait-il mieux taire que raconter les
« afflictions et les misères advenues à notre cité par les
« discordes politiques. Mais, afin de se garder des
« maux futurs, il est toujours utile de conserver dans
« l'ame le souvenir des misères passées. Je ne puis me
« rappeler sans larmes, que Dieu a si heureusement
« disposé aux plus grandes choses le génie et la forte
« nature des Florentins, que si les dissensions et les
« guerres civiles n'avaient tourné contre eux-mêmes
« ces dons, ils eussent, certes, étendu leur empire
« non seulement en Italie, mais aussi au dehors et
« sur les générations des peuples étrangers. La cruelle
« et détestable division des Guelfes et des Gibelins a
« jadis perdu la nation qui florissait dans l'abondance.
« Certes cela est dur et digne de deuil et de pleurs,
« de songer à tant de bons et de paisibles citoyens
« abattus par d'autres injustes et superbes. Cela est
« dur de se remettre sous les yeux les veuves délaissées,
« les innocents pupilles dévorés par des gens affamés
« et rapaces. Cela est dur de voir la pudeur sans ta-
« che des vierges, violée en présence même de leurs
« mères. Cela est dur de se remémorer nos temples
« si ornés, nos saints et révérés autels devenus la

« proie sacrilége d'avares et insatiables spoliateurs.
« Mais sur toute chose sont cruelles les blessures, le
« sang répandu, les morts, les incendies, les ruines,
« les désastres de tant de dignes citoyens, produits par
« l'obstination acharnée des deux partis. Non contents
« du mal qu'ils pouvaient se faire, combien de fois
« n'ont-ils pas provoqué pour les défendre et appelé
« presque des extrémités du monde dans les diverses
« contrées de l'Italie, de puissants rois et empereurs,
« préférant servir sous ces races barbares et sans frein,
« plutôt que de vivre dans leur propre ville sous le
« gouvernement de leurs concitoyens. »

*Sarebbe forse meglio tacere che raccontare l'afflizioni
e miserie seguite alla nostra città, per le divisioni e dis-
cordie cittadinesche; ma per guardarsi de'mali a venire,
sempre è utile ritenere nell'animo le passate miserie.... Io
non posso senza lacrime ricordarmi che gl'ingegni e na-
turali forze de'Fiorentini sono da Dio tanto ottimamente
disposte a qualunque cosa eccellente, che se le dissenzioni
e guerre civili non avessero dentro dalla città quelle nei
propri danni conferite, certo non solo in Italia, ma fuori
di quella erano attissimi a dilatare la loro signoria sopra
le strane generazioni. Ma la detestabile e crudele divisione
de'Guelfi e Ghibellini fu quella che anticamente sommerse
il popolo che abbondantemente fioriva. Grave è certo, e
merita lutto e lacrime, ricordarsi de'buoni e pacifici cittadini che con somma acerbità furono dai superbi ed ini-
qui abbattuti; grave è ancora recarsi innanzi le abban-
donate vedove e gl'innocenti pupilli, che dagli affamati e
rapaci divoratori erano crudelmente straziati. Grave è
vedere la pudicizia delle intatte vergini nel cospetto delle
proprie madri essere con vergogna corrotta. Più grave è
ancora rammemorare gli ornatissimi templi ed i sacri e
reverendi altari, essere dall'avarizia degli insatiabili ru-
batori in preda di male affare trasportati. Ma sopra ogni
cosa sono gravissime le ferite, gli sparsi sangui, le morti,*

*gl'incendi, ruine, e pubblici disfacimenti di grande
moltitudine di degni cittadini date e ricevute nella osti-
nazione di due sì inimicissime parti, le quali non contente
a quello che per loro medesime potevano fare, esterne
potenze d'imperadori e re moltissime volte infino quasi
dagli estremi del mondo provocarono in loro difesa nelle
parti d'Italia, desiderando piuttosto servire alle barbare e
sfrenate generazioni, che vivere nella propria città dove
reggessero i loro medesimi cittadini.*

Palmieri trace un vaste et poétique tableau de la
libéralité, et s'il a condamné le luxe, il célèbre la magnificence, qu'il élève à l'honneur d'une vertu publique.

« La libéralité et la bienfaisance consistent dans
« l'usage vertueux de l'argent, ou de ce qui peut y
« suppléer. L'argent n'est ni bon, ni mauvais en soi,
« mais selon l'usage qu'on en fait. On appelle libéralité
« l'usage qui en est fait avec approbation. Cette vertu est
« placée entre deux extrêmes vicieux. Le premier est
« celui des gens qui mettent trop de soin à devenir riches
« par des voies malhonnêtes, et tombent ensuite dans
« une misérable avarice. Le second rend prodigue et
« nous porte jusqu'à consommer l'héritage paternel.
« Ce dernier extrême est le pire parce qu'il n'est ja-
« mais seul et qu'il est toujours uni à d'autres vices,
« tels que la luxure, le jeu, la table, l'ivresse.

« Le libéral fait constamment un usage vertueux de
« l'argent, recevant et donnant comme il convient. Il y
« a plus de mérite toutefois à bien donner qu'à bien
« recevoir. Mais comme la propriété cesserait d'exister
« si donnant on ne recevait point, et que la libéralité
« deviendrait impossible, il faut que celui qui veut
« donner beaucoup reçoive beaucoup. Il faut donc
« que le libéral prenne convenablement, c'est-à-dire
« dans ce qui lui appartient ; autrement il serait in-
« juste, et la libéralité n'existe point sans la justice. Il
« doit en conséquence soigner son bien afin que les

« revenus suffisent à ses dons. Le libéral qui serait
« large envers un autre de ce qui nuirait à celui-ci,
« ne serait plus libéral, mais malfaiteur.

« Beaucoup se trompent par le désir d'une vaine
« gloire ; ils prennent à un grand nombre pour donner
« à d'autres, et ils se croient bienfaisants et plus chers
« à leurs amis, plus ils leur donnent, n'importe d'où
« vienne l'argent. Ceux-là ne s'écartent pas moins d'une
« vie droite que ceux qui prennent pour eux-mêmes.
« Ce vice apparaît surtout chez les grands et les
« tyrans qui ruinent les peuples malheureux et les
« provinces étrangères pour s'enrichir et combler leurs
« favoris. Tout transport de la richesse des justes pos-
« sesseurs à d'autres, est ce qu'il y a de plus contraire
« à la vertu.

« La libéralité doit étendre ses faveurs d'abord à la
« patrie, aux pères et mères, aux enfants, aux parents,
« aux amis, aux voisins, et de là aux provinces, aux
« étrangers, et enfin à toutes les générations humaines
« renfermées dans un même et naturel amour.
« Qu'avec tous ceux-là on partage son bien ; mais on
« doit de plus aux amis et même aux inconnus qui en
« auraient besoin, les douces paroles, les conseils, les
« avertissements, les consolations, les réprimandes ;
« car ces choses sont de nature à ne pas se diminuer
« en se communiquant. C'est ainsi qu'un flambeau
« immobile sert à en allumer beaucoup d'autres, et
« encore de plus éclatants.

« La magnificence devient parfois nécessaire. Elle
« est consacrée aux œuvres remarquables et merveil-
« leuses. Cette vertu ne peut donc être exercée que par
« les riches et les puissants : les pauvres et la classe
« moyenne ne sauraient y atteindre, et s'ils le tentaient
« ce serait dans de petites choses où elle deviendrait
« sottise et folie. Il faut que la dépense soit faite gran-
« dement et que l'argent paraisse bien employé. Le

« magnifique dépensera en choses qui font honneur
« et gloire, non privées, mais publiques ; tels qu'édifi-
« ces et ornements de temples, théâtres, portiques,
« fêtes nationales, jeux, banquets. Dans tout cela, il
« ne calculera point, et il songera seulement à ce que
« les choses soient belles et surprenantes. »

IV.

L'auteur de la *Vita Civile*, commence ce dernier
livre par raconter qu'avant de publier son traité, il a
pris les conseils de savants avec lesquels, dès son premier âge, il avait grandi dans une même communauté
d'études, persuadé que leur opinion lui serait très
utile, et disposé à en profiter. Mais il avoue que ce qu'il
avait regardé comme plus expéditif l'a retardé et tenu
longuement en suspens ; car plusieurs de ces hommes
éclairés, bons et animés, ainsi que lui, d'un amour
constant pour les arts honorables, sans condamner
l'invention et l'ouvrage en lui-même, l'avertirent qu'il
n'aurait pas dû écrire en italien (*lingua volgare*).

« Ils me disaient que cela était rude d'aller contre
« le jugement de la foule, laquelle se compose
« d'un tas d'hommes ignorants, grossiers, habitués à
« reprendre ce qu'ils ne comprennent point, qui se
« moquent, sans y croire, des paroles et des actions
« au-dessus de ce que peut imaginer leur esprit inculte,
« et n'admettent que ce qui est conforme à leurs mœurs
« et aux œuvres auxquelles leurs appétits les pous-
« sent. C'est ainsi qu'ils ne jugent point véritables les
« maximes sages et approuvées, les beaux exemples et
« tous les faits glorieux des grands hommes, qu'ils les
« traitent de fables et de contes de vieilles, bons à
« amuser les veillées des oisifs. Beaucoup calomnieront
« notre intention et notre plan, ils retourneront les

« mots et diront : cela irait mieux ainsi ; l'auteur n'a
« pas entendu telle chose ; et ce sera précisément celle
« qui a été entendue de la même manière par le génie
« des sages de l'antiquité. Comme il arrive fréquem-
« ment, disaient mes amis, l'ignorance des écrivains
« vulgaires, corruptrice de tous les bons ouvrages,
« fera paraître mon livre ignorant. Ces raisons et
« d'autres semblables m'avaient incliné à ne pas
« écrire ; beaucoup d'autres m'y invitaient, jusqu'à
« ce qu'enfin je me suis décidé par l'avis de deux de
« mes très particuliers amis, Cicéron et saint Jérôme,
« lesquels affirment qu'il n'y a pas, quand on écrit,
« de remède contre la critique. . . . .

. . . .

« C'est une opinion hors de la droite voie, que celle
« qui sépare l'honnête de l'utile ; les plus grands esprits,
« de graves et austères philosophes, les ont toujours
« réunis. Ils veulent que ce qui est honnête soit utile,
« et que ce qui est utile soit honnête. »

Palmieri exprime aussi la sage, la précise maxime
d'Horace : « Ou la vertu est un nom vain, ou l'homme
expérimenté en retire justement de l'honneur et de
l'avantage. »

> . . . . . . *Aut virtus nomen inane est,*
> *Aut decus et pretium rectè petit experiens vir.*

« Les hommes d'un âge mûr ne doivent point mé-
« priser l'utile et leurs propres aises, mais les pour-
« suivre honnêtement. Mépriser l'utile qui peut s'ob-
« tenir avec justice, est tout-à-fait indigne d'un
« homme de bien et mérite le blâme. Les richesses et
« l'abondance sont les instruments qui servent aux ha-
« biles pour agir vertueusement, tandis que ceux-là ne
« peuvent facilement se relever, dont la vertu combat
« contre un patrimoine pauvre et ruiné. Beaucoup de
« vertus ont besoin d'être aidées des biens de la for-

« tune ; s'ils leur manquent , elles restent faibles et
« imparfaites.

« Le véritable mérite de chaque vertu gît dans l'action,
« et l'on n'y arrive qu'avec les moyens propres à cette
« action. Ainsi, on ne peut être ni libéral ni magnifique,
« sans argent. Qui vivra dans la solitude ne sera jamais ni
« fort, ni juste, ni expérimenté dans ce qui importe le
« plus et dans le gouvernement de la chose publique.

. . . .

« De tous les amours humains il n'en est point de
« plus fort , de plus naturel que l'union conjugale.
« L'utilité , les avantages, le secours que l'on se prête
« mutuellement, accroissent et resserrent cette affec-
« tion. On sent que l'on ne peut rien l'un sans l'autre,
« et que pour être bien il faut s'aider. La vie de
« l'homme dure peu, et l'on désire ainsi l'étendre
« par la suite de ses rejetons. La principale affaire
« domestique est donc le choix de la femme : qu'elle
« soit d'une humeur assortie à celle du mari , sans
« quoi il n'y a point d'amour parfait ; telle est la force
« de la communauté de sentiments, qu'elle réunit de
« très nombreuses sociétés, non seulement de bons ,
« mais encore de méchants.

« Le plus digne ornement de la femme est la mo-
« destie et l'honnêteté d'une vie réglée et bien arrangée.
« Les autres ornements de la parure et des atours
« dépendent de la richesse et de la condition ; mais
« ceux-ci , avec de la mesure, ne sont point dignes
« de blâme. La principale utilité que l'on retire de la
« femme sont les enfants : c'est une terre féconde qui
« nourrit et multiplie le bon fruit. Si donc l'expé-
« rience des cultivateurs fait choix de la terre d'où ils
« puissent retirer les meilleurs fruits , l'homme doit, à
« plus forte raison , prendre la femme qui puisse lui
« donner des enfants excellents. La négligence dans
« les choses importantes nuit souvent . et Varron

« avait coutume de répéter que, si la douzième partie
« du soin apporté chaque jour à avoir du bon pain et
« une bonne cuisine, était mise à perfectionner sa
« propre famille, depuis long-temps tout le monde
« serait parfait. »

Palmieri professe sur l'ordre et l'économie domestiques, et particulièrement sur l'autorité conjugale et la
chasteté des femmes, la sévérité des principes florentins
que l'on retrouvera dans le *Governo della Famiglia*, de
Pandolfini. Il pense, comme Rousseau, que les apparences sont au premier rang des devoirs.

« La femme doit exercer sur elle la plus grande
« surveillance ; non seulement elle ne doit point se
« donner à un autre homme, mais il faut qu'elle
« échappe même au soupçon d'un crime si laid. Ce
« vice, le plus grave contre l'honnêteté, rompt l'union,
« jette de l'incertitude sur l'origine des enfants, désho-
« nore les familles, produit la haine : la femme alors
« ne mérite plus le titre d'épouse, mais de femme dis-
« solue et digne des mépris publics. Le mari, de son
« côté, ne se liera point légèrement avec d'autres
« femmes et ne donnera pas à des enfants la tache de
« l'illégitimité. Les entretiens du mari et de la femme
« seront tendres, honnêtes et traiteront d'affaires do-
« mestiques ou de plaisirs.

« L'office propre de la femme est d'être soigneuse
« du gouvernement de la maison, de pourvoir à ses
« besoins, de savoir tout ce qui s'y fait, de veiller à
« tout ce qui la concerne, d'en conférer avec son mari,
« de connaître la volonté de celui-ci, de la suivre, de
« manière qu'en tout, l'ordre, l'opinion, l'habitude
« du mari servent de loi à la femme . . . . . .

. . . .

« Telles sont la nécessité et l'utilité des amis que,
« sans eux, personne ne voudrait de la vie. La plus
« grande prospérité ne nous suffirait point, n'ayant

« personne avec qui en jouir ; et dans l'adversité et la
« misère, les amis seuls soulagent, consolent, plaignent
« et secourent. Combien d'amitiés ont été plus inti-
« mes et plus fidèles, que les parentés qui n'empê-
« chent pas les haines les plus acharnées ? L'amitié est
« le seul lien qui maintienne les cités ; sans elle, non
« seulement une cité, mais la plus petite compagnie,
« tomberait dans le désordre, la désunion, et ne dure-
« rait point. Aussi a-t-on prétendu que les législateurs
« doivent plus s'attacher à l'union et à la concorde,
« qu'à la justice même, puisque l'amitié véritable est
« toujours juste. L'amitié est ce qu'il y a de plus pro-
« pre à conserver la richesse publique ; rien ne l'ébranle
« plus que la haine, et il ne s'est point trouvé de puis-
« sance ni d'empire si élevé qui ait su y résister.   .   .

.   .   .   .

« Plusieurs pensent qu'on obtient une grande faveur
« par les dîners et par l'accueil fait aux étrangers dis-
« tingués. Il est très convenable aux honnêtes gens de
« les recevoir avec magnificence. Cela est utile à qui
« désire être connu et acquérir de l'influence au-
« dehors, et devient un ornement de la cité. Les invi-
« tés ne seront ni moins de trois ni plus de neuf, parce
« que dans le grand nombre on ne peut s'entendre, se
« livrer à des discours suivis, et que les causeries à
« part et les joies séparées produisent la confusion.
« Tout dîner bien ordonné exige cinq conditions : un
« nombre raisonnable de convives, des gens de bonne
« compagnie et qui se conviennent, un lieu qui plaise,
« une heure commode et un service irréprochable.
« Que les convives ne soient ni babillards, ni muets,
« mais causeurs modérés. On ne doit point à table
« parler de choses subtiles, douteuses ou difficiles à
« comprendre, mais plutôt de choses joyeuses, amu-
« santes, et à la fois agréables et utiles.   .   .   .   .

.   .   .   .

« L'argent fut trouvé comme un moyen très propre
« à échanger les choses nécessaires aux usages de la
« vie; car si la variété et la multitude de ces choses
« étaient égales, l'argent serait tout-à-fait inutile. Mais
« leur inégalité a fait imaginer l'argent qui en égalise
« les différences. Que l'argent soit modérément dé-
« siré; qu'on ne le recherche que pour les choses
« exemptes de vice et de bassesse. Qu'il soit conservé
« et accru avec soin, en s'abstenant du superflu. Il y a
« deux sortes de richesses immobilières. La première,
« à la ville, qui se compose de maisons, de boutiques
« et autres lieux qu'on loue. Les revenus n'augmentent
« ni la richesse de la cité, ni celle de tout le corps ci-
« vil, puisque l'argent passe seulement de l'un à l'au-
« tre. Il n'y a point de préceptes à donner sur cette
« matière : les lois, les coutumes et les statuts publics
« la règlent. La seconde sorte de richesses immobi-
« lières consiste en domaines fertiles, en terres qui pro-
« duisent les choses nécessaires à la nourriture et à
« l'ornement de l'homme.

« De tous les exercices humains, aucun ne doit être
« préféré à l'agriculture, laquelle, donnée par la nature,
« est sans violence, ni injustice; tandis que dans les
« autres exercices, il est difficile de ne pas faire tort à
« quelqu'un pour arriver à ce qui nous est utile. Sans
« rien prendre à personne, l'agriculture fournit abon-
« damment aux hommes ce qui leur est nécessaire;
« sans elle les autres arts seraient nuls, et la vie hu-
« maine serait grossière, inculte, bestiale. .   .   .

    .   .   .   .

« Les ports de mer, ou du moins les fleuves naviga-
« bles, sont d'une telle utilité, qu'on regarde presque
« comme impossible que la cité qui en est privée ou
« éloignée puisse jamais devenir très respectable. Le
« commerce produit en grande partie les avantages
« qu'on retire du dehors. Sans ports, il ne peut se faire

« qu'avec beaucoup de difficultés et peu de gain.
« L'expérience, mère de toute chose, a depuis long-
« temps démontré cette vérité, et fait voir qu'un grand
« nombre de peuples, au moyen de canaux creusés
« avec art et industrie, de lacs déchargés ou de fleu-
« ves détournés, se sont créé des ports dans leur voi-
« sinage ou sont parvenus à naviguer vers d'autres sur
« de petites embarcations. Les ports deviennent d'une
« grande utilité à tout l'Etat, quand ils reçolvent
« beaucoup de navires, qu'il faut être soigneux d'y
« attirer. Pour que la confiance du commerce soit
« ferme, générale, et qu'elle porte ses fruits, il faut
« rechercher et maintenir inviolablement l'alliance et
« la bonne volonté des puissances voisines et éloignées.
« A cet effet, les armées et une population aguerrie
« sont encore nécessaires ; c'est ainsi que se conserve
« l'honneur national et qu'on ne reçoit point d'in-
« jures. . . . . »
L'ame généreuse et patriote de Palmieri repousse
le système de la défense par les armes mercenaires des
condottieri, et il ne partage point l'opinion de l'historien Mathieu Villani, qui regardait le service des
citoyens comme inutile et souvent funeste. . . . .

. . . .

« Toute remontrance, toute peine et tout supplice
« doivent être appliqués sans injure, mais seulement
« dans l'intérêt public. Il faut proportionner le châtiment
« au délit, et sur-tout ne point punir avec rigueur cer-
« tains coupables, tandis que pour des crimes sembla-
« bles, d'autres ne sont même pas mis en jugement.
« De là le proverbe que les lois sont faites contre ce-
« lui qui ne peut guère, ou comme on l'a dit plus an-
« ciennement, que si elles sont les liens des hommes,
« les géants les brisent. »
Le trait suivant, de la part d'un homme tel que Palmieri, qui avait exercé les plus importants emplois,

explique les chefs-d'œuvre de l'art que la dévotion de
la république florentine avait consacrés à ses temples :
le Dôme, le Baptistère, l'*Or San Michele,* etc., magni-
ficences que les Médicis, malgré leur renommée, n'ont
point égalées. Quand Michel-Ange disait que la porte
principale du Baptistère mériterait d'être la porte du
Paradis, il ne faisait qu'exprimer une pensée de la
Vita Civile. La démocratie florentine différait en ce
point de la démocratie actuelle, qui, selon son ingénieux et profond observateur [1], lorsqu'elle conserve le
fond et les dogmes de la religion, exige toutefois la
réforme de certaines pratiques extérieures du culte,
qui ne tiennent point à ses dogmes.

« La religion ajoute à la splendeur de la cité, lorsque
« son culte est merveilleusement célébré. Il lui faut
« des prêtres que la continence de leurs mœurs rende
« respectables et qui l'emportent sur les autres par la
« bonté et le mérite. Les habits sacerdotaux, les orne-
« ments sacrés de pourpres diverses, brillants d'or et
« de pierreries, seront d'une telle magnificence, qu'au-
« tant qu'il est donné à l'homme ils paraissent célestes
« et divins. »

A la manière de Cicéron qui termine ses livres de la
République par le Songe de Scipion ou le tableau des
récompenses qui attendent au ciel les conservateurs de
leur patrie, Palmieri conclut par une vision attribuée
à Dante, et qu'il assure lui avoir été plusieurs fois racontée. Peu avant la bataille de Campaldino, le poète,
alors âgé de vingt-quatre ans, et non moins ardent
guelfe qu'il fut depuis violent gibelin [2], s'était rendu

---

[1] *De la Démocratie en Amérique,* par M. A. de Tocqueville, t. III,
1.re partie, chap. 5.

[2] Boccace, dans sa vie de Dante, avoue avec quelque honte pour sa
mémoire, qu'il devint si gibelin, qu'en Romagne, on le disait capable
de jeter des pierres aux femmes et aux petits garçons qui lui auraient
dit du mal des Gibelins.

au camp florentin accompagné d'un fidèle et savant
camarade de ses études philosophiques. Les généraux
voulurent bien recevoir et trouver utiles les avis des
deux jeunes lettrés. Après quelques heures d'un combat dont le succès avait été incertain , l'armée d'Arezzo
fut défaite. Dante , qui s'était vaillamment comporté ,
poursuivit vivement les fuyards. Revenu le troisième
jour sur le champ de bataille , il trouva son ami parmi
les morts. Mais le cadavre se leva debout, comme un
vivant, et fit à Dante interdit et muet, le récit de ce
qui lui était advenu pendant le reste de l'action et depuis sa mort. Il était parvenu au bout d'une sphère
lumineuse, et lorsqu'il voulait passer outre, Charlemagne lui prenant la main , l'avait averti qu'il se trouvait dans la lune au centre de l'univers, et lui avait
expliqué, d'après la *Divina Commedia*, le système du
monde , l'immatérialité de l'ame , les supplices des
méchants , les récompenses éternelles des bons et sur-
tout de ceux qui ont bien servi la patrie. Il avait appris
de Charlemagne que sa mort, à Campaldino, le rendait
digne d'être placé parmi ces derniers et de jouir avec
lui de la béatitude céleste. Le cadavre était ensuite re-
tombé à terre , et le poète , après lui avoir accordé les
honneurs de la sépulture, était retourné à l'armée.
Cette tradition populaire et florentine semble ajouter à
la gloire de Dante : elle montre à quel point son souvenir était devenu national et sacré dans sa patrie : elle
ne pouvait avoir un plus noble interprète que le génie
pur, religieux, sévère de Palmieri.

IV.

ANGE PANDOLFINI ET SON TRAITÉ DU GOUVERNEMENT DE LA FAMILLE.

Parmi le petit nombre d'écrivains distingués de l'Italie, échappés à la science de Tiraboschi et de Ginguené, le florentin Ange Pandolfini mérite particulièrement d'être mentionné. L'illustre Palmieri l'a choisi pour principal interlocuteur de ses dialogues sur la *Vita Civile*[1]. Son traité *del Governo della Famiglia* est pour le style au premier rang des livres classiques (*testi di lingua*). Quelques-unes des idées politiques et morales qu'il renferme, offrent avec notre point de vue actuel, un intérêt que n'ont pu éprouver les lecteurs des deux derniers siècles, et la longue carrière de Pandolfini, les révolutions au milieu desquelles il fut jeté donnent un nouveau poids à ces idées.

Né vers 1360, d'un riche négociant qui avait trafiqué à Naples, où il avait été bien vu de la reine Jeanne et de sa cour, Pandolfini fit partie de la Seigneurie les années 1397 et 1408. Il parvint trois fois à la suprême dignité de gonfalonier, les années 1414, 1420 et 1431. Ambassadeur, soit auprès du grand pape Martin V, soit auprès de l'empereur Sigismond, la plus importante de ses diverses missions fut auprès du roi Ladislas, dont il acquit habilement, en 1411, Cortone et son territoire à la République, comme indemnité des 60,000 florins d'or confisqués aux marchands floren-

[1] V. l'article précédent, page 82.

tins dans les ports de Naples. Grand consulteur, il fu[t]
un impartial et zélé conciliateur des différends élevé[s]
entre les citoyens, et il s'opposa à la guerre de 1429
contre Lucques, si funeste à Florence. Partisan de
Côme l'Ancien, il combattit son bannissement et fa-
vorisa le retour du père de la patrie, qui, maître absolu,
resta son ami, le visitait et recourait à ses conseils. Il
paraît toutefois que son crédit n'alla point jusqu'à sous-
traire à la violente réaction qui eut lieu alors, un
parent qu'il chérissait, Palla Strozzi, le premier qui
ait projeté d'établir une bibliothèque à Florence. Affligé
de l'exil de cet excellent citoyen et plus que septuagénaire, Pandolfini passa les douze dernières années de
sa vie loin des affaires.

L'existence dont il jouit dans sa retraite semble
magnifique, et l'on dirait plutôt de la vie d'un noble
châtelain de la féodalité ou de M. de Sully à Rosny
que de l'ancien magistrat, bourgeois d'une république
marchande. Vespasien da Bisticci, le biographe presque contemporain de Pandolfini, a peint la splendide
hospitalité qu'il exerçait dans sa villa de Signa. Il y
reçut le pape Eugène IV, le bon roi René et le grand
capitaine François Sforce, duc de Milan. Malgré son
austère piété, il paraît une sorte de bon vivant, puisqu'il grondait ses fils, lorsque, revenant de la ville les
jours de fête, ils ne lui amenaient point d'hôtes. A la
manière d'un grand seigneur sarde, dont j'ai parlé[1],
il relançait, dans la semaine, les passants pour dîner avec
lui. Avant de se mettre à table, on leur donnait l'eau
pour se laver les mains, et après le repas, Pandolfini
les remerciait et les invitait à aller à leurs affaires, car
il ne voulait point les gêner. Ses fils lui amenaient-ils
du monde, ils allaient à la chasse, soit à l'épervier,
soit avec des chiens, et ils partaient toujours quinze

---

[1] V. les *Voyages en Corse, en Sardaigne et à l'Ile-d'Elbe*, liv. III,
chap. 7.

ou vingt cavaliers, sans compter les gens à pied qui menaient la meute.

Lorsque la conversation tombait sur la politique, Pandolfini ne paraissait point approuver les choses qui se faisaient; il en augurait mal, et n'aimait point les nouveautés introduites dans le gouvernement. A plus de quatre-vingt-cinq ans il conservait son esprit, il n'avait rien perdu de la force et de la vivacité dont il jouissait à quarante, et son corps ne ressentait aucune infirmité. Il mourut en 1446, d'une maladie causée par une sorte d'excès intellectuel. Alexandre degli Alessandri, le tendre ami de Palmieri qui lui dédia sa *Vita Civile*, et quelques autres partisans et instruments de la révolution oligarchique des Médicis, étant venus le visiter, il crut devoir les prêcher disertement sur la nécessité de songer plutôt aux intérêts de l'État qu'aux leurs propres. Après le long discours qui l'avait presque épuisé, il conclut par ces mots : « J'ai beaucoup parlé, bien que je sache que vous ne ferez rien de tout ce que je pourrais vous dire. » Il connaissait la qualité des hommes et celle des temps, et sentait que Florence ne pouvait ni faire ni même recevoir la liberté à laquelle elle aspirait.

Pandolfini, aux vertus qui le rendent digne d'une république de l'antiquité, joint quelques traits piquants particuliers au caractère florentin. Il avait épousé une Strozzi, femme d'un rare mérite. Le soir de la noce, au lieu de toutes les folies et joyeusetés d'usage, remarque avec éloge son historien, il lui expliqua gravement tout ce qu'elle avait à faire dans son ménage, et il ajouta : « Retiens bien tout cela, car je ne t'en dirai plus un mot. » Il a, dans le *Governo della Famiglia*, rendu amplement hommage à l'économie de sa femme et à la manière dont elle avait su profiter des instructions consignées par lui dans ce même *Governo*, traité de philosophie, de politique, et manuel de la maîtresse de maison,

Les détails familiers donnés par Pandolfini sur son
intérieur, offrent quelques scènes de mœurs singulières et qui touchent par une moralité à la fois naïve
et profonde, mais qui ne paraît pas toujours ni très
juste, ni très relevée. Quelques jours après le mariage,
il fit l'inventaire de toute la maison avec sa femme ;
il l'avait prise par la main et menée au grenier, à la
cave, au bûcher, sans lui faire grâce d'un seul meuble,
ou ustensile. Arrivé dans sa chambre, il s'y enferma
avec elle, il lui montra les objets de prix, l'argenterie,
les tapisseries, les habits et la place de chaque chose.
Il n'excepta de cette vaste confiance que ses papiers et
ses livres, sur lesquels sa femme ne jeta jamais les
yeux. Pandolfini avait pour système de ne confier
aucune affaire aux femmes : il interdit à la sienne
l'entrée de son cabinet, et il exigea même qu'elle lui
rapportât, sans le lire, l'écrit qui pourrait tomber sous
sa main. L'esprit positif de Pandolfini paraît avoir re-
douté pour elle le goût et le désœuvrement de la lecture, et il a sur ce point le rude et sublime bon sens
du bourgeois des *Femmes savantes*. Peut-être pensait-
il que la dignité de l'honnête femme et de la mère de
famille suffisait, sans l'alliage littéraire, à la poésie
de son sexe. La femme qui fut le plus et le mieux
chantée et pleurée, la belle Laure, n'était pas plus sa-
vante, et son immortel soupirant confesse que, livrée
aux soins du ménage, elle ne s'occupa jamais ni de
rimes ni de vers :

E non curò giammai rime nè versi.

Pandolfini s'adressa ensuite à sa nouvelle épouse et
lui dit : « Je souhaite sur-tout obtenir de toi trois choses :
la première que dans ce lit tu ne désires pas d'autre
homme que moi (ce qui la fit rougir et baisser les
yeux) ; la seconde que tu maintiennes la maison dans

la paix et l'honnêteté ; la troisième, que tu veilles à la
conservation de tout ce qui compose notre ménage. »
Elle répondit que sa mère lui avait montré à coudre et
à filer, et qu'elle apprendrait de lui le gouvernement
domestique. Après avoir ainsi consigné à sa femme
tous les effets du logis, et toujours enfermé avec elle,
ils s'agenouillèrent à leur oratoire devant l'image de la
Madone et prièrent Dieu de leur accorder la grâce de
faire un bon usage des biens qu'il leur avait départis,
de leur donner de vivre long-temps ensemble dans la
joie et l'union et d'avoir beaucoup de garçons. Il demanda pour lui la richesse, des amis et la considération ;
pour elle, l'honnêteté et d'être bonne ménagère. Puis,
tous deux s'étant relevés, Pandolfini prononça le discours suivant qu'il a conservé dans le *Governo* :

« Ma femme, il ne nous suffit pas d'avoir prié Dieu
« pour ces saintes choses que nous venons de lui de-
« mander, si nous manquons d'activité. Pour moi,
« ma femme, je tâcherai de tout mon esprit et de
« toutes mes forces, d'acquérir ces biens. Toi aussi,
« de ton mieux et avec toute humilité et douceur pos-
« sible, tu tâcheras d'être agréée et exaucée de Dieu
« dans toutes les choses pour lesquelles tu le prieras.
« Sache d'abord que rien n'est autant nécessaire à
« toi, agréé de Dieu, agréable à moi et honorable
« pour nos enfants, que ton honnêteté : car l'hon-
« nêteté de la femme fut toujours l'ornement de la
« famille. L'honnêteté de la mère fit toujours partie
« de la dot de ses filles. L'honnêteté fut toujours plus
« prisée chez la femme que toute autre beauté. On
« loue un beau visage, mais des yeux déshonnêtes le
« souillent de blâme et de honte ; la douleur et la
« perversité de l'ame le pâlissent. Une grande et belle
« femme plaît, mais un geste malhonnête et une con-
« duite impudique la rendent bientôt vile et laide. La
« déshonnêteté déplaît à Dieu, et l'on voit que c'est

« la faute pour laquelle il punit le plus les femmes ; il
« les rend infâmes , et pour toute la vie malcontentes
« d'elles-mêmes. La déshonnêteté est en haine à qui
« aime d'un bon amour. Celle qui est déshonnête sent
« que sa déshonnêteté n'est agréable qu'à son ennemi,
« ou à celui qui se réjouit de son mal ; celui-là ne
« sera pas fâché de te voir déshonnête. En consé-
« quence , chère épouse , si tu veux fuir toute appa-
« rence de déshonnêteté , montre-toi à tous honnête,
« garde-toi de déplaire à Dieu , à toi-même , à moi et
« à nos enfants ; tu en seras estimée , louée et agréée
« de tous. Tu pourras ainsi espérer de voir exaucés de
« Dieu tes prières et tes souhaits , et ta haute honnê-
« teté te vaudra la considération. Tu fuiras tout air
« d'incontinence et de déshonnêteté , tu haïras toutes
« ces apparences par lesquelles les femmes déshon-
« nêtes et mauvaises tâchent de plaire aux hommes,
« s'imaginant que , peintes de fard et de blanc et avec
« des habits lascifs et immondes , elles plaisent plus
« qu'ornées de pure simplicité et de vraie honnêteté.
« Elles sont bien folles et vaines lorsqu'elles croient
« être aimées par qui les voit ainsi fardées et plâtrées.
« Elles ne songent pas que par ces airs libres elles atti-
« rent les jeunes gens , lesquels, avec de l'importunité,
« des présents et quelques tromperies , les assiégent
« et les combattent, de manière que la simple jeune
« fille tombe dans une faute d'où elle ne se relève que
« souillée d'une éternelle infamie. Tu verras combien
« il est, non seulement blâmable, mais très dangereux
« pour les femmes, de se pourir le visage avec de la
« chaux et des poisons qu'on veut bien appeler fards.
« Tu connais cette statue d'argent de notre église de
« Saint-Procule, qui a la tête , les mains et le torse
« d'un ivoire très blanc. Si tu prenais , dès le matin, ma
« femme, de la chaux, ou de semblables emplâtres, si tu
« barbouillais le visage à cette statue , est-ce qu'elle

« en deviendrait plus blanche et plus colorée? Oui,
« mais si dans la journée le vent élevait de la poussière,
« ne la salirait-il pas ? Assurément. Si encore tu la
« lavais le soir et si le jour suivant tu la barbouillais
« et lavais de nouveau , dis-moi, dans plusieurs jours,
« voulant la vendre , frottée de la sorte , combien
« moins d'argent en aurait-on que si on ne l'eût jamais
« touchée ! Car, qui achète cette statue n'estime pas
« les emplâtres qu'on peut ôter et mettre, mais le fini
« de la statue et le talent de l'artiste ; tu en serais pour
« ta peine et ta dépense. Conviens que. si tu conti-
« nuais à la laver et à la blanchir pendant plusieurs
« mois ou plusieurs années, tu ne la ferais pas plus
« belle, mais tu la gâterais, tu l'userais, tu brûlerais
« l'ivoire et tu la rendrais livide, jaune et fragile. Si
« donc, ce blanc, ce coloriage peuvent tant sur une
« matière aussi dure que l'ivoire, qui de lui-même se
« conserve éternellement , combien ne pourront-ils
« pas davantage, chère épouse, sur ton tendre front et
« tes joues délicates : le front deviendra rude, les joues
« seront flasques. Sois sûre qu'avec ces emplâtres et ce
« fard, qui tous sont des poisons, et qui nuiront bien
« plus à toi qu'à l'ivoire (car un peu de poussière et un
« peu de sueur te rendront encore le visage plus laid),
« tu n'en seras pas plus belle ; au contraire, tu en de-
« viendras plus sale, et en peu de temps tu te trouve-
« veras avec les joues gâtées, les dents pouries et la
« bouche infecte. »

Il paraît qu'un jour de la Saint-Jean, et comme Pandolfini avait invité ses parents et leurs femmes, la
sienne oublia cette unique fois les conseils véhéments
qu'il lui avait adressés sur l'usage de se peindre et de
se farder. Il s'en aperçut lorsqu'elle s'avançait gracieu-
sement au devant de la compagnie, et guettant le moment où il pût la rencontrer seule, il lui dit en sou-
riant : « Où t'es-tu ainsi barbouillé le visage? Est-ce

qu'à la cuisine tu as donné dans quelque poêle à frire?
Dépêche-toi de te laver afin que le monde ne se moque
point de toi. La mère de famille doit être propre et
modeste si elle veut qu'on lui obéisse. » Elle le comprit et pleura ; et il lui laissa le temps d'essuyer ses larmes et son rouge.

Pandolfini perdit de bonne heure cette épouse accomplie et resta veuf plus de cinquante ans. Il avait
eu trois fils : le premier, Charles, cavalier, plusieurs
fois ambassadeur et fort employé dans le gouvernement
de la République ; le second, Giannozzo, homme encore plus distingué, qui fut ambassadeur à Rome, et
signa deux traités, l'un avec le roi Alphonse, l'autre
avec les Vénitiens et le duc François Sforce ; le troisième, Pandolphe, mort jeune.

Les trois fils de Pandolfini et leurs deux cousins
Philippe et Dominique sont, avec lui qui disserte et
répond à leurs questions, les interlocuteurs du *Governo
della Famiglia*. Ce traité est extrêmement diffus, les
répétitions y abondent, ainsi qu'on a pu l'entrevoir
par la harangue conjugale de l'auteur. Ses pensées paraîtront peut-être plus nettes, divisées et groupées selon les divers sujets. La forme du dialogue qui a dû
être supprimée n'est point d'ailleurs à regretter, car
Pandolfini n'a ni l'abandon ni la grâce de Platon. et
d'ordinaire ses interlocuteurs parlent et l'interpellent
bizarrement tous les cinq à la fois.

I.

« Les seules vraies propriétés de l'homme sont l'ame,
« le corps, le temps. Notre étude et nos soins doivent
« tendre à l'économie de ces trois choses.

« L'ame ne doit être employée que pour soi, ses
« amis, et dans la vue de plaire à Dieu.

« Les opérations de l'ame sont d'enseigner, d'avertir,
« de corriger celui qui erre ; de se porter plein d'amour,
« de foi, de charité à chacun, donnant de bons con-
« seils, soit publics, soit privés, avec prudence, vérité
« et mesure ; d'employer son esprit, sa science, ses
« talents au bien et à l'honneur de la patrie et des
« siens. Aimer, haïr, mépriser, vouloir, espérer, dési-
« rer, sont d'autres opérations de l'ame, qui toutes
« demandent à être réglées : il faut aimer les bons,
« haïr les vicieux, dédaigner les superbes, désirer les
« choses bonnes et rechercher l'approbation.

« Il y a deux moyens de conserver son ame à Dieu : l'un,
« de la tenir autant que possible gaie, et sans être trou-
« blée par la colère, la haine, la cupidité, car la pureté
« et la simplicité de l'ame plaisent beaucoup à Dieu ;
« l'autre moyen consiste à se garder aussi de toute ac-
« tion qui paraît douteuse, et dont on craint d'avoir à
« se repentir. Les choses bonnes et vraies portent en
« elles une lumière qui invite à les faire ; tandis qu'il
« faut s'abstenir de ce qui n'est ni clair ni bon, de ce
« qui semble incertain et ambigu par un mélange de
« plaisir et de quelque désir corrompu. La lumière de
« notre action gît dans la vérité : cette lumière se ré-
« pand et éclate par la bonté de nos œuvres et de notre
« réputation. Il n'y a rien de plus obscur ni de plus té-
« nébreux dans la vie de l'homme que le mal faire, la
« réprobation, l'erreur, l'infamie ; rien n'attire plus
« de grâces que la vertu, la bonté, l'honnêteté.

« Le corps est comme l'instrument et le char de
« l'ame : la nature a ordonné qu'il ne se meuve que
« d'après la volonté de celle-là.

« L'économie de l'ame s'applique au corps. Je le
« consacre aux choses honnêtes, utiles et approuvées.
« Je cherche autant que possible à le conserver long-
« temps sain, robuste, beau ; je le maintiens propre
« et présentable (*civile*). Je tâche de me servir des

« mains, des pieds, de la langue, et de tous mes
« membres, comme j'ai fait de l'esprit et de l'in-
« telligence, les appliquant à des œuvres qui rendent
« de l'honneur et de la renommée, et qui contribuent
« à la prospérité de notre patrie, de notre famille et de
« nous-mêmes.

« La vie modeste, reposée et gaie, fut toujours la
« meilleure médecine.

« La santé du vieillard atteste sa continence dans la
« jeunesse.

« Les moyens de la santé sont un exercice modéré
« et agréable. Cet exercice excite la chaleur et la force
« naturelle; il écume les matières superflues et les
« humeurs mauvaises; il fortifie les facultés du corps
« et des nerfs; il est nécessaire aux jeunes gens, utile
« aux vieillards. Celui qui ne fait point d'exercice ne
« veut vivre ni sain ni joyeux. On lit que Socrate
« dansait et sautait dans sa petite maison pour
« s'exercer.

« L'exercice est presque toujours possible. Si on en
« était empêché, la diète, la sobriété, ne manger ni
« ne boire qu'avec la faim ou la soif, peuvent être très
« utiles.

« L'homme sain peut toujours gagner quelque
« chose, le mal portant ne peut être regardé comme
« riche. »

Pandolfini était doué d'un excellent estomac qui dut
aider à sa philosophie. A une extrême vieillesse, il
digérait du jour au lendemain des aliments durs et
crus.

« Il y a une règle courte, générale, parfaite, c'est
« d'étudier ce qui nous est contraire, de s'en garder,
« et de continuer et de suivre ce qui nous a réussi.
« Outre la santé, cette règle produit la beauté, car
« c'est par la sobriété que viennent la force, le bon
« sang et la fraîcheur du visage.

« Le temps doit être consacré à des exercices
« louables, à l'étude des lettres, et non à des choses
« basses et frivoles. Je ne donne à chaque chose que
« le temps qu'elle réclame. Jamais je ne reste oisif,
« j'échappe au sommeil, et je ne me couche que vaincu
« par la fatigue. Afin qu'une action ne se mêle point à
« une autre, et que je ne me trouve pas en avoir plu-
« sieurs d'inachevées et d'avoir peut-être terminé les
« moindres et laissé les principales, dès le matin à
« mon lever, je me dis : aujourd'hui qu'ai-je à faire
« dehors? Et j'assigne son heure à chaque affaire. »

Le proverbe des sages, *se hâter lentement,* est indiqué
et pratiqué par Pandolfini.

« Le temps fuit aux négligents, qui finissent par être
« contraints de faire à la hâte et péniblement ce qu'ils
« auraient pu faire d'abord avec facilité et bien. Toute
« chose en son temps est aisée : hors de leur saison,
« les fruits les plus abondants sont rares et médiocres.
« Les actions auxquelles on doit se livrer en premier sont
« celles sur lesquelles la fortune n'a point de prise. Le
« soir, il faut se rendre compte de tout ce qu'on a fait le
« jour, suppléer de suite autant que possible, à ce qui
« aura été négligé, et sacrifier plutôt son sommeil que
« le temps. Le sommeil, le manger et autres choses
« pareilles peuvent être remises au lendemain; l'occa-
« sion et le temps, jamais. »

Pandolfini se résume en disant qu'il emploie son
ame et son corps et ne perd rien du temps, parce que
ces biens lui semblent ce qu'il possède davantage.

« Les richesses, le pouvoir, la souveraineté ne nous
« sont pas propres, et nous ne les possédons et n'en
« usons que sous le bon plaisir de la fortune, laquelle,
« changeante et injuste, réduit à la pauvreté, à la soli-
« tude, à la misère, les familles, les villes, les provin-
« ces, les royaumes, les empires, et efface jusqu'à
« leurs noms.

« Quant aux choses accordées par la fortune , je n'en
« use que lorsqu'elles me sont devenues propres , et
« que je crois les avoir gagnées. Ces biens sont la fa-
« mille , la propriété, la position , l'honneur, les amis,
« les parents. »

II.

Pandolfini avait passé par la plupart et les plus importants des emplois publics, et rien ne lui paraissait
moins digne d'être recherché , et savez-vous pourquoi?
« C'est qu'ils sont pleins de périls , de déshonnêtetés,
« d'iniquités et manquent de solidité ; parce qu'il y a
« de la honte à les mal conduire; parce que le com-
« mandement y est préféré à la vraie dignité ; parce
« qu'il faut plutôt ordonner que conseiller. La vie po-
« litique est toujours celle qui m'a le moins plu. C'est
« une vie d'injures, de jalousies, de hauteurs, de
« soupçons, de malaises, de fatigues et de servitude.
« Vous êtes enveloppé du brouillard de l'envie, des
« nuages de la haine, de la foudre de la vengeance,
« et emporté par tous les vents. Les employés de l'E-
« tat ne sont que des serfs publics. Il faut s'assembler,
« recommander, se livrer à mille pratiques, prier l'un,
« répondre à l'autre, servir celui-ci, contrarier celui-
« là, complaire, rivaliser, insulter, s'incliner, ôter
« son capuchon, et donner tout son temps à de telles
« opérations sans en retirer aucune solide amitié,
« mais bien plutôt des inimitiés infinies. C'est une vie
« pleine de mensonges , d'attrapes , d'ostentations ,
« de vanités et de fausses pompes. L'amitié ne dure
« qu'autant que l'intérêt , et dans la nécessité, per-
« sonne n'observe plus ni sa foi ni sa parole. Vous
« êtes assailli de perpétuelles réclamations , de doléan-
« ces, d'innombrables accusations, de reproches, de
« blâmes et de séditions. Autour de vous rôdent des

« hommes avares, querelleurs, importuns, injustes,
« indiscrets, turbulents, insolents. Ils vous remplis-
« sent les oreilles de soupçons, l'ame de cupidité, l'es-
« prit de doutes, de peurs et de haines. Il faut aban-
« donner sa boutique[1], ses affaires pour servir aux
« volontés et à l'ambition des autres. »

*Niuna cosa meno stimo, niuna cosa pare a me in uno
uomo degna di minore onore, che trovarsi in questi stati
pubblici; e sapete perchè? Imperocchè non sono da pre-
giarli nè da desiderarli pe' pericoli, per le disonestà, per
le ingiustizie che hanno in loro, e perchè non sono stabili
nè durabili : ma caduchi, deboli e fragili, e infami per
non reggerli bene, usare imperio piuttosto, che dignità,
commandare piuttosto, che consigliare. Ogni altra vita,
ogni altro studio, ogni altro stato m' è sempre più pia-
ciuto, che questo degli stati o statuali; la quale vita debbe
dispiacere a ciascuno. Vita d'ingiurie, d'invidie, di sde-
gni e di sospetti; piena di disagi, fatiche e incommodi,
e piena di servitù; nebbia d'invidia, nugolo d'odio, fol-
gore di nimistà sottoposta a ogni traverso vento. E che
reggiamo noi di questi, che si travagliano e danno assi-
dui allo stato, altra differenzia, che da' pubblici servi?
Ragunati, consiglia, pratica, priega questo, rispondi a
quest' altro, servi costui, dispetta a uno altro, compiaci,
gareggia, ingiuria, inchinati, scappucciati, e tutto il
tempo dare a simili operazioni sanza niuna ferma ami-
cizia, anzi piuttosto infinite nimistà. Vita piena di bu-
gie, di finzioni, ostentazioni, vanità e pompe falze; perchè tanto durano le loro amicizie, quanto l'utile dura all'
amico; e quando bisogna, non vi si trova chi osservi fede
o promessa.... Odonsi continui richiami e doglienze e*

---

[1] Dans les vieilles mœurs de Florence, tout citoyen était marchand.
Encore aujourd'hui il existe dans plusieurs palais un petit guichet entre
deux fenêtres, où se débite en détail le vin du maître. Depuis même
l'établissement du grand-duché, les princes ont fait nominativement partie de l'un des quatorze arts ou métiers.

*innumerabili accuse, e riprensioni, e biasimi, e tumulti; e
sempre intorno a te si rivolgono uomini avari, litigiosi, im-
portuni, ingiusti, indiscreti, inquieti, insolenti. Empionti
gliorecchi di sospetti, l'animo di cupidigia, la mente di
dubbj, di paure, d'odio e d'inimicizie. Convienti abban-
donare la bottega, i tuoi fatti proprj per seguitare le volontà e ambizioni d'altri.*

La vie électorale semble encore plus dure à Florence
que de nos jours à Paris ; les cabales politiques y sont
non moins actives, et la fièvre du pouvoir est tout
aussi ardente. On en peut juger par l'éloquente diatribe
de Pandolfini :

« Il s'agit de renouveler tantôt les magistrats, tan-
« tôt les lois ; de pourvoir aux revenus, aux dépenses,
« aux nouvelles charges, à la paix, à la guerre ; de
« satisfaire les partis. Au milieu de tant de pratiques
« et de menées, tu ne pourras faire, quoique soutenu,
« ce que tu voudras. »

Pandolfini traite, ainsi qu'on voit, et qu'on le verra
bientôt, des amis politiques, mots nouveaux appliqués à des sujets anciens :

« Chacun veut que son avis l'emporte, et le magis-
« trat, obligé de céder à l'ignorance et à l'arrogance
« des autres pour plaire à un seul ou à un petit nom-
« bre, déplaît à cent. Ah ! pouvoir dangereux, désir
« trompeur, misère volontaire, ambition qui n'est ni
« fuie ni haïe comme elle le devrait, parce que cette
« servitude paraît revêtue d'honneur ! Oh ! sottise des
« hommes qui estiment tant d'être précédés par les
« trompettes et de marcher avec le bâton, qu'ils y sa-
« crifient leur vrai repos et leur liberté ! Oh ! fous pleins
« de fumée, d'orgueil, d'avarice, vous n'êtes au fait
« que des tyrans ! Ils ne peuvent souffrir d'égaux, ils
« ne veulent vivre que pour dominer et opprimer de
« plus faibles, de plus dignes, et de plus anciens
« qu'eux, et cependant ils veulent gouverner ! Afin d'y

« arriver, ils favorisent les méchants, ils courent des
« dangers, ils s'emportent à la dernière licence, et
« s'exposent à une mort violente ; ils appellent hon-
« neur, la complicité avec les présomptueux, les ar-
« rogants, les vaniteux ; ils ne savent vivre avec les
« bons ; ils ne prisent l'honnêteté ou la justice, qu'au-
« tant qu'elle leur rapporte, et que par elle ils parais-
« sent en valoir mieux ; ils font plus de cas du savoir-
« faire qui les enrichit aux dépens des revenus de
« l'Etat. Certes, celui qui dans un tel esprit entreprend
« la carrière des emplois, est détestable citoyen ;
« il ne peut avoir de contentement ni de repos d'ame,
« s'il n'est d'une cruelle nature ; puisque sans cesse il
« doit prêter l'oreille aux doléances, aux pleurs, aux
« lamentations des malheureux, des veuves, des or-
« phelins, tant de la ville que du dehors, qui cher-
« chent à se relever avec l'aide et l'argent du public.
« Quel peut être le contentement de l'homme d'état,
« obligé qu'il est de montrer tout le jour son visage à
« des gens vivant de rapines et de fraudes, espions,
« détracteurs, faiseurs de scandales et de mensonges,
« pourvu que par là ils remplissent leur bourse? »

La torture que la faction des Médicis fit depuis subir
à Machiavel paraît dès lors bien fréquemment employée par elle.

« Quel plaisir peut avoir celui qui chaque soir tord
« les bras des accusés, violente leurs membres, en-
« tend leur voix plaintive crier miséricorde, et qui se
« fait le boucher et le déchireur de membres humains?
« Homme sensible et miséricordieux, voudras-tu le
« pouvoir, chercheras-tu le pouvoir ; diras-tu oui,
« parce que tu croiras louable de souffrir ces gênes
« pour châtier les malfaiteurs et favoriser les bons?
« Ainsi, pour châtier les méchants, toi-même deviens
« pire.

« Je ne reprends pas celui que la patrie honorera

« pour sa vertu et ses actes, et à qui elle imposera la
« charge de ses fonctions ; je dis, au contraire, que le
« véritable honneur est d'être estimé de tous les ci-
« toyens. Mais faire comme la plupart, se soumettre
« à celui-ci, marcher à la queue (*fare coda*) de celui-
« là, afin de l'emporter sur les plus dignes, au moyen
« des sectes, des coteries et des conjurations, et vou-
« loir faire du pouvoir sa boutique (*volere lo stato come*
« *sua bottega*), le réputer sa richesse, le réputer la dot
« de ses filles, lutter contre une partie des citoyens et
« mépriser l'autre ; cela est chose très pernicieuse à
« l'Etat. »

Pandolfini invitait ses enfants à ne point rechercher
les emplois.

« Je désire que vous vous absteniez du pouvoir pour
« ne pas faire du bien public le vôtre, et ne pas chan-
« ger ce que la patrie vous accorde de dignités en avan-
« tages et en gain. Celui qui veut ainsi le pouvoir en
« fut toujours renversé, et il n'y eut pas d'esprit si di-
« vin, ni de puissance si haute, qui put ou sut se
« maintenir, et qui, voulant monter ce cheval de
« l'Etat, n'en ait été culbuté. Certes, si le pouvoir
« n'arrivait qu'aux bons et aux dignes, il ne devrait
« pas être refusé, bien qu'incommode et plein d'envie
« et de périls. Ajoutez qu'après toutes vos fatigues et
« vos veilles, le hasard ou la fortune seront plus loués
« que votre vertu, vos soins et vos talents. Le conseil
« téméraire et empesté d'un très insolent citoyen, a
« souvent plus de faveur auprès de la multitude que
« celui d'un sage. C'est ce qui s'oppose à ce que les
« bons puissent bien mener les choses, et administrer
« comme il faut la République, sans éprouver des mé-
« comptes et des déplaisirs. Axiochus, dans Platon,
« dit que la multitude est une volonté opiniâtre, une
« inconstance ignorante et volage que l'erreur conduit,
« toujours ennemie de la raison et comparable à une

« trompette brisée, dont on ne peut tirer que de faux
« sons. »

Pandolfini, au milieu même des plus généreux conseils qu'il adresse à ses fils et à ses neveux, ne perd
jamais de vue l'intérêt domestique.

« Il faut apprendre à ses enfants, d'abord à être maî-
« tres d'eux-mêmes, à refréner leurs volontés; les
« disposer à acquérir avec amour et révérence la vertu,
« la louange, la faveur; à être zélés non seulement pour
« soi, mais pour la patrie et les amis, sans pour cela
« négliger ses affaires, et de manière qu'il ne nous
« advienne pas trop de dommage. La chose publique,
« honnêtement administrée, ne pourvoit pas aux né-
« cessités privées, et les honneurs du dehors ne nour-
« rissent point la famille à la maison. Rester dans le
« milieu est le plus sûr. Que d'autres aient les pompes,
« le gouvernement, l'influence, et qu'ils s'enflent au-
« tant que le permet la fortune; qu'ils jouissent avec
« leurs collègues des places; qu'ils se plaignent s'ils
« n'ont le pouvoir; qu'ils s'attristent par la crainte de
« le perdre et pleurent quand ils l'ont perdu; vous, sa-
« tisfaits de votre bien et qui ne désirez point de mon-
« ter et ne voulez rien avoir à personne, vous ne serez
« pas troublés de ne point posséder le pouvoir, et vous
« échapperez à la servitude, aux malaises, aux fati-
« gues, aux périls, aux chagrins qu'il traîne après lui.
« Laissez-le à qui le désire; demeurez dans la plaine,
« devenez savants et économes, vivez joyeux au sein
« de votre famille, usez des biens que vous tenez de
« la fortune. Celui-là est très estimé, honoré et
« élevé en dignité, qui vit sans vices et sans in-
« justices. »

III.

Pandolfini, interrogé par ses enfants pour savoir aux-

quels des quatre intérêts suivants il donne la préférence,
c'est-à-dire deux au logis, la famille et la richesse ;
deux au dehors, l'honneur et les amis, répond :

« L'amour et l'affection qui me sont naturels, me
« rendent plus chère la famille. Pour la gouverner il
« faut l'argent et les amis ; ces derniers, par leurs con-
« seils et leurs secours, vous aident à la soutenir et à
« la dérober aux coups de l'adverse fortune. Mais,
« pour que les amis jouissent de notre richesse et
« s'attachent à notre famille, il faut avoir obtenu une
« louable et vertueuse réputation et une digne auto-
« rité. La vertu et les mœurs existent en nous autant
« que nous voulons en faire usage. Celui-là seul est
« sans vertu, qui n'en veut point, et rien n'est
« plus facile que la vertu. Celui qui l'estime moins
« que les choses du hasard, n'est pas sage. Soyez
« toujours éveillés, laborieux, afin de devenir chaque
« jour plus doctes, plus ornés, plus aimés, plus
« estimés, et mettez sans cesse avant tout le bien de
« la famille. »

Pandolfini étend la famille, non seulement aux
enfants et à la femme, mais aux domestiques, aux
servantes. Il veut qu'on n'use point des gens autrement que de soi-même ; qu'on ne les emploie qu'à des
choses honnêtes et utiles, qu'on les maintienne sains et
joyeux, et qu'on s'arrange pour que personne ne perde
de temps.

« La femme doit soigner les enfants, garder les
« effets et surveiller l'économie domestique.

« Bien des choses sont nécessaires à la famille. La
« bonne fortune, qui n'est point absolument au pou-
« voir des hommes ; la propriété d'une maison où la
« famille soit rassemblée, le bien suffisant pour la
« nourrir, l'habiller et faire qu'elle devienne experte et
« rangée. Rien n'est plus nécessaire à la famille que
« de rendre la jeunesse studieuse, honnête, respec-

« tueuse , obéissante. Des enfants du plus heureux
« naturel tournent au vice et à l'infamie par la négli-
« gence de qui n'a pas su les corriger.

« Je pense que dans la conduite des choses de la vie,
« la raison est plus puissante que la fortune, et la pru-
« dence que le destin. Fuyez l'inertie, le libertinage,
« la perfidie, la nonchalance et une cupidité effrénée.
« Soyez doux, calmes, continents , empressés, hu-
« mains, bienveillants, tendres, sans ignorance, sans
« vice, ni hauteur, ni orgueil, et recherchez avec bonne
« grâce et intelligence, la faveur et l'amour de tous
« les citoyens. L'envie finit où s'arrête la pompe. La
« haine s'affaiblit quand on cesse de s'élever. L'inimitié
« s'éteint quand on ne déplaît plus. Ingéniez-vous à
« devenir tels que vous voulez paraître.

« L'économie est très utile ; qui jette le sien est fou.
« Celui-là n'a pas éprouvé combien il est douloureux
« et trompeur d'aller solliciter le secours des autres ,
« il ignore l'utilité de l'argent épargné, et avec quel
« travail et quelle fatigue on le gagne. Qui n'a point de
« mesure dans la dépense, s'appauvrit bientôt. Celui
« qui, dans ce monde, vit pauvre, souffre beaucoup
« de nécessités, beaucoup d'extrêmes besoins, et il lui
« vaudrait mieux mourir que de pâtir dans une telle
« misère. Le proverbe dit très justement que celui qui
« ne trouve pas d'argent dans sa poche , le trouvera
« encore moins dans la poche d'un autre. Soyez donc
« économes , et méfiez-vous, comme d'un mortel en-
« nemi, de toute dépense superflue.

« Il faut dépenser l'argent nécessaire et serrer le
« reste pour les amis, les parents , la patrie.

« Que les dépenses n'excèdent jamais les revenus.
« Si vous pouvez avoir trois chevaux, il vaut mieux
« que vous n'en ayez que deux bien nourris et bien
« équipés, que d'en montrer quatre affamés et mal
« harnachés.

« Les dépenses non nécessaires sont celles qu'une
« sorte de raison approuve, mais qui, non faites, ne
« nuisent pas ; tel est de peindre la *loggia*, d'acheter
« de l'argenterie, de s'établir magnifiquement et de
« se vêtir avec somptuosité. A ces dépenses non
« nécessaires, mais qui ne se font pas sans quelques
« raisons, on peut encore ajouter les dépenses consa-
« crées à des plaisirs et à des délassements de bonne
« compagnie, sans lesquels, toutefois, on peut vivre
« bien et honnêtement, comme à posséder de beaux
« livres, de nobles coursiers et de riches tapisseries.

« Il n'y a point de dépense si magnifique qui ne soit
« critiquée par beaucoup et pour beaucoup de défauts.
« Toujours il y a du trop ou du pas assez. Voyez un
« dîner : bien qu'il soit une chose civile et presque un
« cens et un tribut pour conserver la douce familiarité
« entre les amis, à combien de sollicitudes, de train,
« de tracasseries, de fatigues, son apprêt nous expose.
« Je laisse de côté la perte, le gaspillage et l'embarras
« de toute la maison. Ajoutez les caquets et les cha-
« grins à souffrir pendant et après le dîner, pour ce
« qui manque ou ce qu'il y a de trop ; fatigues incroya-
« bles, dommageables, qui vous valent à peine d'être
« regardé dès que la fumée est éteinte à la cui-
« sine.

« Gardez-vous de l'avarice, rien ne s'oppose autant
« qu'elle à la faveur des hommes et à la bonne ré-
« putation. Il n'est point de vertu si brillante qui ne
« soit obscurcie et cachée par l'avarice.

« Ne pas faire certaines choses nécessaires est
« non seulement blâmable, mais tourne encore à
« perte. Quelques gouttes de pluie tombent sur une
« poutre ; l'avare pour ne point dépenser, attendra
« le lendemain et le surlendemain ; il pleut de nou-
« veau ; la poutre se pourrit, tombe, et au lieu d'un
« sou il en coûte dix. »

Pandolfini, en homme opulent, trouvait économe
de loger dans sa maison.

« En louant, on finit par avoir acheté la maison sans
« la posséder.

« Je tiens à acheter une maison qui me convienne,
« bien aérée, spacieuse, qui puisse contenir toute ma
« famille et davantage, et dans laquelle il me soit aisé
« de recevoir l'intime ami qui surviendrait. J'y dé-
« penserais toutefois le moins d'argent possible. Je la
« voudrais dans une rue connue, avec un bon voisinage
« d'honnêtes citoyens, dont je pourrais sans incon-
« vénient faire mes amis, et dont les femmes pourraient
« devenir une honnête compagnie pour la mienne.
« Je m'informerais par qui cette maison fut autrefois
« habitée, et si mes prédécesseurs y vécurent sains et
« heureux. Il est telle maison dans laquelle il semble
« que personne n'a pu être joyeux.

« Il n'y a rien de plus coûteux, de plus domma-
« geable et de plus incommode que de changer de
« logis. Les choses se perdent, se gâtent, se brisent.
« Cela même influe sur l'ame ; les idées se dérangent,
« se troublent et il faut du temps avant qu'elles aient
« repris leur premier ordre.

« Je veux que tous les miens logent sous le même
« toit, se chauffent au même foyer et siégent à la
« même table. Indépendamment du bien moral, il y
« a de l'économie à vivre renfermés derrière la même
« porte. La même lumière dans une seule chambre
« suffit à chacun pour lire, écrire et s'occuper. Par le
« grand froid, la même braise et le même feu ré-
« chauffent bien mieux tout le monde que si l'on était
« divisé. L'effet est le même pour la considération :
« pas plus que de chaud, la famille n'obtiendra de
« bienveillance si elle est dispersée parmi les autres
« citoyens et les étrangers ; isolée ou peu nombreuse,
« elle n'arrivera point à la même estime, à la même

« autorité et à la même importance. Le père de fa-
« mille sera plus considéré, suivi d'un grand nombre
« des siens que seul. La tête, que ne soutiennent point
« tous les membres, tombe.

« Une de mes premières pensées est que chaque
« membre de la famille, même à la campagne, soit
« bien vêtu et selon sa condition. Car si je manquais
« à cela, on me tiendrait pour avare, les gens s'ima-
« gineraient que je les fais rester aux champs par éco-
« nomie, ils me haïraient et me serviraient avec peu
« de fidélité. Les habits seront ceux de bourgeois (ci-
« vili) et non de paysan. Ils seront propres, bien faits,
« iront bien. La couleur sera gaie, éclatante et le drap
« bon. Les broderies, les échancrures ne me plaisent
« point aux hommes; aux femmes, oui.

« L'habit vous honore, faites-lui donc aussi hon-
« neur.

« La conduite de la maison doit être laissée à la
« femme; elle pourvoira à tout avec soin. Il est bon
« qu'elle sache cuisiner et apprêter les mets les plus ex-
« quis. A cet effet, elle prendra des leçons des cui-
« siniers lorsqu'il en vient à la maison pour les grands
« dîners : elle les regardera faire, et n'oubliera pas ce
« qu'ils lui auront appris, afin de n'être pas obligée
« d'avoir chaque fois recours à eux, chose difficile
« d'ailleurs à la campagne où l'on est exposé à rece-
« voir des étrangers qui demandent à être traités avec
« recherche. La femme ne doit pas pour cela mettre
« la main à la pâte, mais être en état d'enseigner et
« de commander aux servantes. C'est ainsi qu'elle fait
« honneur à son mari et lui acquiert beaucoup de
« bienveillants et d'amis.

« La maîtresse de maison doit se rendre compte de
« ce que dure d'ordinaire chaque chose, de ce qu'elle
« a duré, et quand il faudra s'en pourvoir. On n'atten-
« dra point que la chose manque tout-à-fait, afin

« qu'on puisse acheter au dehors ce qu'il y a de
« meilleur et à moins de frais. Ce qui s'achète à la
« hâte, le plus souvent est imparfait, malpropre, se
« gâte vîte, coûte davantage, et on en jette autant et
« plus qu'il n'en a été consommé. »

Pandolfini fait plus d'une fois l'éloge du bon vin, et
il tient à ce que les denrées et les étoffes soient de première qualité.

« Si tu fournis à la famille du vin aigre et du jambon
« gâté, ou toute autre chose qui ne vaille rien, il n'en
« sera fait aucune économie ; tout le monde s'en plain-
« dra ; on te servira mal ; tu seras traité d'avare, de
« gueux, et le mépris de tes fournitures ira jusqu'à
« toi. Mais si ton vin est bon, ton pain meilleur et le
« reste à l'avenant, la famille est contente, joyeuse,
« on te sert bien, de bonne volonté, et ton maître
« d'hôtel ménage de si bonnes choses ; chacun en a
« soin et les étrangers t'en louent. Le bon dure tou-
« jours plus que le mauvais. Voici la tunique (cioppa)
« que je porte en dessous, je l'ai depuis un grand nom-
« bre d'années, et pendant quelques unes je m'en
« suis fait honneur les jours de fête, et vous voyez
« qu'elle peut encore passer pour tous les jours. »

Pandolfini prescrit de ne point prêter d'argent aux
nobles. On dirait des grands seigneurs, emprunteurs
de la Monarchie, peints par Molière, et même encore
pis ; car Don Juan était poli envers Monsieur Diman-
che, et il n'avait ni les vilains procédés, ni la dureté
des nobles débiteurs florentins.

« Il vaut mieux donner vingt à ces seigneurs que
« de leur prêter cent. Fuyez-les tous afin d'échapper
« à l'un et à l'autre inconvénient. N'espérez d'eux
« aucune reconnaissance. Le noble ne vous aime et
« ne vous estime qu'autant que vous lui êtes utile. Il
« ne vous considère point pour vos vertus et il vous
« serait difficile de les lui faire comprendre. Les vi-

« cieux, les flatteurs, les vaniteux, les médisants,
« sont bien plus nombreux dans leurs maisons que les
« bons. La plupart de ces gens-là, oisifs, y restent à
« perdre leur temps, parce qu'ils n'ont pas d'autre
« moyen d'existence. Ils y vivent du pain d'autrui, et
« fuient toute industrie et toute fatigue honnête.
« Quant aux bons, s'il s'en rencontre là, ils demeurent
« tranquilles, et cherchent à réussir plutôt par la vertu
« que par la vanité. Ils aiment mieux être bien venus
« pour leur mérite, que de décrier les autres. Homme
« de bien, tu ne pourras supporter la conversation des
« méchants, auxquels déplairont ta continence, ton
« honnèteté et ta grave austérité. Tu leur laisseras
« obtenir ce qu'ils convoitent pour ne pas rivaliser
« plus long-temps avec eux, et t'exposer de leur part à
« plus d'injures qu'à de louanges de la part des bons.
« Il m'a donc toujours semblé utile de fuir les nobles,
« et, ajoute assez peu délicatement Pandolfini, de
« leur demander et de leur prendre plutôt que de leur
« donner ou prêter. Ceux qui, à prix d'argent, obtien-
« nent leurs grâces, achètent l'infamie. Si tu donnes
« peu aux nobles, tu ne gagnes que leur haine, et tu
« perds ton cadeau. Si tu donnes beaucoup, ils ne t'en
« sauront gré qu'autant que tu auras satisfait à leur
« insatiable appétence, car ils ne veulent pas seule-
« ment pour eux seuls, mais encore pour tous les leurs.
« Si tu donnes à un, tu ouvres la voie à tous les autres,
« et plus ils prétendront recevoir, et plus tu auras à te
« repentir. Avec les seigneurs, tes promesses seront
« des obligations, tes prêts des dons et des pertes.
« Ainsi estime-toi heureux, s'il ne t'en coûte rien
« d'avoir fait leur connaissance. Les sages disent
« avec raison, qu'il faut saluer les seigneurs avec des
« paroles dorées. Sois sûr que tes débiteurs nobles se
« cabreront; ils s'ingénieront à ce qu'il t'échappe quel-
« que mot, quelque erreur, quelque réponse, quel-

« que action, qui puisse leur servir d'excuse pour ne
« pas rendre ; car ils combattent toujours pour ne pas
« rendre, et afin de ne pas rendre, ils feront tout pour
« t'inculper et te nuire. »

Pandolfini, en homme qu'on n'attrapait point, si-
gnale les ruses, la cupidité des paysans. Il veut qu'on
s'y aguérisse afin de se préparer aux luttes des partis
de la ville. C'est à peu près ainsi que Bossuet retrou-
vait, « dans les emportements des paysans, au sujet
des bancs de leurs paroisses, et dans lesquels ils vont
jusqu'à dire qu'ils n'iront plus à l'église, si on ne les
satisfait, la plaie de l'orgueil et le même fonds qui
allume les guerres parmi les peuples, et pousse les
ambitieux à tout remuer pour se faire distinguer des
autres [1]. »

« Le redoublement de la corruption des paysans est
« incroyable. Toutes leurs pensées tendent à nous du-
« per. Ils ne se trompent jamais dans les comptes, à
« leur désavantage. Toujours il tâchent qu'il leur reste
« du tien. Ils voudront te faire acheter leur bœuf,
« leurs brebis, leurs chèvres, leur truie, leur jument ;
« ils voudront qu'on leur prête pour payer leurs créan-
« ciers, ils voudront qu'on vêtisse leur famille, qu'on
« dote leurs filles, qu'on répare leur maison, qu'on
« renouvelle leurs ustensiles, et jamais ils ne cesse-
« ront de se plaindre. Lors même que le paysan au-
« rait plus d'argent que son maître, il se plaindrait
« davantage et se dirait pauvre ; toujours il lui man-
« quera quelque chose, et il ne te parlera jamais qu'il
« ne t'en coûte. La récolte est-elle belle, il en gardera
« pour lui les deux meilleures parts ; si par un orage
« ou par quelque autre accident les terres ont été sté-
« riles une année, il rejettera toujours la perte sur toi.
« On aurait tort, toutefois, d'éviter de pratiquer ces

[1] Traité de *la Concupiscence,* chap. XV.

« esprits rustiques, qui rendent propre à combattre
« les menées des citoyens, et qui apprennent à se
« garder des négligences. Alors tu ne pourras être
« trompé par tes laboureurs ou d'autres ; tu t'amuse-
« ras de leurs tours, et tu en riras. »

Les deux passions de Pandolfini furent son ménage
et sa patrie. On a vu même qu'il inclinait à préférer le
premier ; la surveillance domestique est comme l'ame
de son traité. Il y revient sans cesse et, dans sa conclusion, il cite le juste, le pittoresque, le poétique proverbe florentin : « L'œil du maître engraisse le cheval »
(*l'occhio del signore ingrassa il cavallo*).

Si des sages pensent aujourd'hui que l'esprit de famille qui règne déjà sur la plupart des trônes et au
sein des classes éclairées et aisées, peut devenir un
moyen de renouvellement et de salut pour notre société
sans croyances, divisée et si tristement égoïste ; s'il doit
devenir ce que furent pour une corruption et une barbarie différentes, le christianisme et la chevalerie, les
conseils moraux, bourgeois même de Pandolfini, paraîtront applicables et utiles, et l'auteur du *Governo
della Famiglia,* qui a précédé de plusieurs siècles les
traités pratiques de Franklin, du docteur Chalmers, de
l'orateur anglais lord Brougham, et des concurrents
annuels aux prix Monthyon, sera digne de quelque
gloire.

V.

LE COMTE BALTHAZAR CASTIGLIONE ET SON LIVRE DU COURTISAN.

I.

Le comte Balthazar Castiglione, le célèbre auteur du *Cortegiano,* est un des plus dignes, des plus magnifiques représentants de la civilisation italienne des XV.ᵉ et XVI.ᵉ siècles. Allié par sa mère, Louise Gonzaga, à la famille des marquis de Mantoue, il fut envoyé à Milan étudier le grec sous Démétrius Calcondyle et le latin sous Georges Mérula. Dès sa première jeunesse il charma, par sa grâce à monter à cheval et son adresse à faire des armes, la cour de Louis Sforce dit le More, prince criminel, peu éclairé, sorte de grand homme manqué, mais avide de renommée, libéral envers les savants et les artistes, qui appelait Léonard de Vinci et Bramante, et dont les dix années de captivité et la mort en France furent pour l'Italie de la renaissance une véritable calamité.

Castiglione, ce chevalier accompli, menait en même temps la vie d'un grave érudit, et sous la direction de Béroalde le Vieux, il lisait et commentait les anciens. Cicéron, Virgile et Tibulle furent ses modèles préférés, et le *Cortegiano* imite la forme du dialogue de l'*Orateur.* Quoique mêlé aux grands événements politiques et militaires de son siècle, Castiglione paraît avoir continué à s'occuper à la fois d'affaires et de littérature.

La cour d'Urbin, un de ces foyers littéraires et poétiques qui brillaient en Italie, cette cour, chantée par l'Arioste [1], était un théâtre convenable aux talents de Castiglione. Le palais bâti par le duc Frédéric Montefeltro, prince magnanime, qu'il appelle la lumière de l'Italie, passait pour le plus beau de cette contrée, et il était à lui seul comme une ville (*una città in forma di palazzo*). Ce Versailles de l'Apennin offrait des statues antiques de marbre et de bronze, des tableaux et même de nombreux et divers instruments de musique ; car dans les joûtes, les tournois, les courses et les fêtes de cette cour, la musique était fort d'usage, et elle est un des talents que Castiglione exige de son courtisan. Mais le principal luxe du palais des ducs d'Urbin était la bibliothèque, une des plus célèbres de l'Europe pour les manuscrits grecs, latins et hébreux, enrichis d'ornements d'or et d'argent. Général de l'armée des Florentins contre les habitants insurgés de Volterre, Frédéric ne s'était réservé du butin fait au sac de la ville qu'une superbe bible hébraïque.

Le duc Gui d'Ubalde, son fils et successeur, ayant reçu l'ordre de la Jarretière du roi d'Angleterre, Henri VII, l'heureux pacificateur des sanglantes querelles de Lancastre et d'Yorck, Castiglione fut désigné comme l'ambassadeur le plus digne d'aller le remercier. Il possédait les trois qualités que la loi des Hindous exige d'un négociateur, c'est-à-dire d'être *intrépide, éloquent* et *beau*. L'envoyé d'Urbin fit son entrée à Londres le 1.er novembre 1506, et l'on admira le nombre et le pompeux équipement de ses gens et de ses chevaux. Il plut tellement au monarque anglais, qu'il obtint, pour son maître, la confirmation des priviléges attachés à l'ordre de la Jarretière ; et pour lui-même, cet ordre avec un très riche collier d'or et

[1] *Sat.* III.

un présent de chevaux et de chiens, faveurs insignes
de la part d'un roi qui donnait peu et dont l'histoire
a consacré l'avarice. Séduit sans doute par la popula-
rité, la bonne mine et les dispositions à la science du
prince de Galles, âgé de quinze ans, et qui, à dix-huit,
devait être Henri VIII, il a beaucoup trop espéré de
ce despote théologien, lorsqu'il écrivait à ses amis d'Urbin : « Le prince Henri croît maintenant auprès de son
« illustre père en toutes sortes de vertus, comme un
« tendre rejeton à l'ombre d'un arbre excellent et
« chargé de fruits, afin de le renouveler beaucoup plus
« beau et plus fécond, quand le temps sera venu. Il
« semble que la nature ait voulu dans ce prince faire
« preuve d'elle-même, en plaçant dans un seul corps
« tant de perfections, qu'elles suffiraient à orner un
« nombre infini de personnes. »

Le séjour de Castiglione en Angleterre fut toutefois
de courte durée, car dès le 9 février 1507, il était de
retour à Milan, et au commencement de mars, à Urbin.

Castiglione fut frappé à la cour de France des manières libres des gentilshommes et même de leur familiarité avec le roi, qui n'était alors que le premier
gentilhomme de son royaume. Le pays lui avait paru
grossier et barbare. On en peut juger par le passage
suivant du *Cortegiano*, qui contient un bel éloge de
François I.er, et justifie son titre de Père des lettres
qu'on a depuis tenté de lui ravir. Cet éloge de la part
d'un contemporain et d'un étranger, qui traversa deux
fois la France et que ses préjugés d'Italien ne sauraient
rendre suspect, réhabilite le roi-chevalier, que l'admirable verve de M. Victor Hugo travestit avec si peu de
vraisemblance et de patriotisme en une espèce de sal-
timbanque et d'histrion :

« Les Français, dit le comte Louis de Canossa,
« donné comme le meilleur maître de l'art du courtisan,
« et qui depuis devint évêque de Bayeux et grand au-

« mônier de François I.ᵉʳ [1], ne connaissent que la no-
« blesse des armes et estiment pour rien tout le reste ;
« en sorte que non-seulement ils n'apprécient pas les
« lettres, mais qu'ils les abhorrent, tiennent tous les let-
« trés pour gens très vils, et regardent comme une grande
« injure d'appeler qui que ce soit *clerc*. Alors le magni-
« fique Julien de Médicis répondit : Vous dites vrai, car
« cette erreur règne déjà depuis long-temps parmi les
« Français ; mais si le bon destin veut que monseigneur
« d'Angoulême, ainsi qu'on l'espère, succède à la cou-
« ronne, je pense que, comme la gloire des armes fleurit
« et brille en France, de même y devra fleurir avec un
« suprême ornement la gloire des lettres. »

Le prince qui a mérité un tel éloge, mis dans la
bouche d'un Médicis ; ce fondateur du collége Trilingue,
depuis collége de France ; ce bon écolier, avec d'autres
princes, du vaste collége de Navarre, qui s'élevait sur
le sol illustré depuis par l'école Polytechnique ; ce confident poétique, ce gracieux imitateur de Marot ; ce
lecteur assidu de Pétrarque qu'il emportait jusque sous
sa tente [1] ; ce protecteur d'Alamanni proscrit de Florence, qui lui dédiait son beau poème de la *Coltiva-
zione*, imprimé pour la première fois, et magnifiquement, à Paris, en 1546, par notre Robert Estienne ;
de cet autre illustre Florentin Guido Guidi, appelé à la
place de premier médecin et à la chaire de médecine
du collége de France ; du Milanais Alciati, qui fondait
à Bourges sa célèbre école de droit ; ce bienfaiteur de
Porcher, évêque de Paris, et qu'Erasme regardait comme
un ange descendu du ciel pour ranimer le culte des
lettres ; de l'infatigable érudit Guillaume Pelissier,
nommé à l'ambassade de Venise, d'où il rapporte les
précieux manuscrits grecs, hébreux, syriaques, orne-

[1] V. Les *Voyages*, liv. V, chap. 16.
[1] V. les *Voyages*, l. IX, chap. 5.

ments de notre bibliothèque royale ; du grand improvisateur en latin et même en français, Colin, fait son
lecteur et son aumônier ; de Budée, créé intendant de
sa bibliothèque ; des deux du Bellay, de Danès de Vatable et d'autres doctes lettrés, ce véritable grand roi
n'eût certes jamais dit des savants :

« Je m'en soucie autant qu'un poisson d'une pomme. »

Ce Julien de Médicis, depuis duc de Nemours, un
des interlocuteurs quelquefois trop subtils du *Cortegiano*, est le même qui reçut à l'église Saint-Laurent
de Florence la plus admirable des sépultures et le chef-
d'œuvre le plus extraordinaire du ciseau de Michel-
Ange. Il est un de ces princes obscurs, vulgaires, si
magnifiquement enterrés, tandis que dans mes longs
examens de tombeaux, j'ai été frappé de la médiocrité des tombeaux consacrés au génie. Les monuments de Dante, de Machiavel, de Galilée, de Michel-
Ange lui-même sont, comme art, presque ridicules.
Étrange contraste ! fatalité bizarre, qui remontent à
l'insignifiant roi de Carie, Mausole, et que la tombe
de Napoléon semble devoir renouveler !

Malgré les dédains des Italiens pour la France, ils
paraissent dès-lors n'avoir point échappé à l'imitation
des manières françaises. Le seigneur Frédéric Frégose,
qui devint archevêque de Salerne, plaisante ceux de
ses compatriotes qui ne savent autre chose que branler
la tête en parlant, faire la révérence de travers, et
quand ils se promènent, courir si fort que les estafiers
ont peine à les suivre, s'imaginant que cette liberté
leur donne l'air de Français véritables. L'alliance des
lettres avec la profession des armes, que le comte de
Canossa reproche à plusieurs reprises aux Français de
méconnaître, ne tarda guère à se réaliser. François I.er
était encore un écrivain : le récit de la victoire de Mari-

gnan, adressé du champ de bataille à sa mère, est, pour la netteté, la chaleur, un modèle de narration. Plusieurs des chefs de parti et des capitaines, pendant nos guerres civiles et religieuses, ont laissé des mémoires d'excellent style. Le recueil des lettres de Henri IV, que le patriotisme actif et éclairé de M. Villemain prépare, ajoutera un aspect nouveau à la gloire du bon roi. Nos officiers ont donné à la philosophie et à l'éloquence leurs plus grands noms : Descartes, Vauvenargues, Mirabeau, Casalès ; et même, chose singulière! quelques-uns de nos premiers hellénistes, tels que Sainte-Croix, Laporte du Theil, Chardon de la Rochette et Courier.

II.

Le faste, les plaisirs des petites cours italiennes, fort agréables sans doute aux dames, aux poètes, aux musiciens, aux artistes et aux beaux-esprits du temps, paraissent avoir été moins aimés des gouvernés, puisqu'à la mort de Gui d'Ubalde, au mois d'avril 1508, Castiglione fut envoyé en mission à Gubio, afin de prévenir un soulèvement auquel on s'attendait. Peut-être s'est-il quelque peu mépris, lorsque, prescrivant aux princes la splendeur des festins, des jeux, des fêtes, des spectacles, et leur conseillant d'avoir un grand nombre de chevaux, de faucons, de chiens, de bâtir de grands édifices et de donner à chacun sans réserve (*senza riservo*), il avance que Dieu est le trésorier des princes libéraux.

Castiglione servit sous le duc d'Urbin, François-Marie Ier de la Rovère, préfet de Rome et général de l'armée de Jules II, et fit avec éclat la campagne de 1509 contre les Vénitiens, qui s'étaient emparés de plusieurs villes de la Romagne. Attaqué près de Russi par 2,000 fantassins et 300 chevaux sortis de Ravenne pour faire

lever le siége, le duc envoya contre eux ses chevau-
légers avec huit gentilshommes, parmi lesquels était
Castiglione; malgré sa forte position, l'ennemi fut
défait et poursuivi jusque dans la ville. Une lettre de
Castiglione à sa mère peint les énormités de ces
guerres et la rapacité des chefs, qui a tant rehaussé
l'action généreuse de notre Bayard à Brescia, lequel,
en arrivant chez son hôtesse, la rassurait par ces paroles :
« Vous avez céans un gentilhomme qui ne vous pillera
« point [1]. » Cette sorte de gain fut long-temps dans les
mœurs militaires. Sully lui-même raconte qu'au pillage de Villefranche, il gagna une bourse de mille
écus en or, qu'un vieillard poursuivi par cinq ou six
soldats, lui offrit pour avoir la vie sauve. Le noble dés-
intéressement, la compassion généreuse de l'officier
français, sont une des qualités nationales que l'on doit
au siècle de Louis XIV, et il y a de la gloire à Bayard
comme à Castiglione de les avoir pressentis et de-
vancés.

Voici le passage de la lettre de ce dernier : « Nous
« avons fait un très grand dégât et dommage à cette
« pauvre Ravenne et aux environs. J'ai causé le moins
« de mal que j'ai pu. Il paraît que chacun y a gagné,
« excepté moi, et je ne m'en repens pas. »

Les fatigues de cette campagne lui occasionnèrent en
octobre une grave maladie, pendant laquelle il fut soi-
gné comme un fils et un frère par la duchesse d'Urbin,
Élisabeth Gonzaga, femme chaste qui pardonnait,
sans bruit, la goutte à son illustre époux, et qui diri-
geait fort bien les conversations, les jeux, les bals et
les spectacles de sa cour, ainsi que par la dame Émilia
Pia de Montefeltro, dont il loue si fréquemment l'esprit vif et le jugement, qui la faisaient le modèle de
tout le monde (*maestra di tutti*).

[1] *Mémoires du loyal serviteur,* chap. L.

III.

Nommé en 1513, par le duc François-Marie, ambassadeur près de Léon X, Castiglione vint à Rome où l'attendaient Bembo, Sadolet, ses anciens amis; son compatriote le poète Tebaldeo, alors mis à l'égal de Pétrarque, et Béroalde le jeune, bibliothécaire de la Vaticane. Il devint l'ami, le conseiller de Michel-Ange et de Raphaël, ainsi que des autres grands artistes de ce siècle. Il forma à grands frais une précieuse collection de tableaux, de bustes antiques et de camées, et conquit à Mantoue, sa ville natale, Jules Romain qui devait la renouveler et presque la fonder [1]. Tel est le goût qu'il inspira au Périclès chrétien, que, lorsqu'il fut de nouveau envoyé à Rome en 1519 par le marquis Frédéric Gonzaga, Léon X écrivit à celui-ci qu'il n'aurait pu faire choix d'un homme plus digne, plus sage, et qui lui fût plus agréable.

Quelques mois après son avènement, le pape Clément VII, dont il avait été l'ami, obtint du marquis de Mantoue de l'envoyer comme ambassadeur du Saint-Siége auprès de Charles-Quint. Il entrait à Madrid le 11 mars 1525, et bien que la nuit fût avancée, un grand nombre de seigneurs s'étaient rendus à sa rencontre par ordre de l'Empereur qui, dès le lendemain, le reçut et lui fit l'accueil le plus gracieux. Il fut des voyages de Tolède, de Séville et de Grenade. Le rétablissement de la paix l'occupait sans relâche, quand éclata la nouvelle du sac de Rome en 1527. Castiglione en fut navré, sur-tout lorsqu'il vit que le pape, devenu injuste par l'infortune, l'accusait de n'avoir point prévenu cette épouvantable et subite catastrophe, crime d'une soldatesque effrénée et sans paye, contre lequel la volonté même et la présence du

[1] V. les *Voyages*, liv. IX, chap. 15.

maître auraient été impuissantes [1]. Il avait obtenu que tous les évêques du royaume, cessant de célébrer les divins offices, se rendissent en habits de deuil auprès de l'empereur afin de réclamer la liberté du chef de l'église. Quoiqu'il fût parvenu à justifier de son zèle et de sa fidélité, il ne cessa depuis de languir. En vain Charles-Quint l'accablait de faveurs, telles que de le naturaliser espagnol et de le nommer au riche évêché d'Avila, faveurs qu'il refusait jusqu'à la parfaite réconciliation du prince et du pontife. Il mourut à Tolède, le 2 février 1529, après une maladie seulement de six jours et à l'âge de cinquante ans. De magnifiques obsèques lui furent décernées à la cathédrale, et lorsque Louis Strozzi, neveu du comte, alla remercier l'empereur de tous ces honneurs, celui-ci répondit : « Je « vous assure qu'il est mort un des meilleurs cheva- « liers du monde (*yo vos digo que es muerto uno de los* « *mejores cavalleros del mundo*). »

Castiglione voulut reposer dans sa patrie ; un splendide mausolée, avec une épitaphe de Bembo, lui fut consacré par sa mère dans l'église Notre-Dame-des-Grâces, voisine de Mantoue, et il est réuni à sa femme et à son fils dans cette intéressante sépulture [2].

IV.

Le *Cortegiano* est resté comme un livre agréable de morale et de littérature, et un modèle du style noble italien. Malgré son titre, au lieu d'être borné à l'usage des cours, il s'étend aujourd'hui à toutes les classes éclairées et aisées de la société : ce *Cortegiano* du XVI.ᵉ siècle n'est qu'un véritable gentleman. Les conseils

[1] V. sur l'indiscipline de la soldatesque de l'armée impériale, le séjour de Charles-Quint à Alghero, Liv. III, chap. 99 des *Voyages en Corse, à l'île d'Elbe et en Sardaigne.*
[2] V. les *Voyages*, liv. IX, chap. 22.

qu'il donne sur le ton, les manières, la nécessité de parler modestement de soi, s'appliquent à tous les gens bien élevés. La beauté, la bonne réputation de sa dame du palais, sont d'autres avantages auxquels peuvent aspirer toutes les femmes du monde.

L'ouvrage de Castiglione, dont la première édition sortit des presses d'Alde à Venise en 1528, fut traduit dans toutes les langues de l'Europe. La traduction française, par Jean Chaperon, publiée à Paris en 1537, fut réimprimée l'année suivante à Lyon. Elle avait été revue par le docte, le hardi, l'aventureux imprimeur de cette ville, Étienne Dolet, pendu et brûlé comme hérétique, le 3 août 1546, à Paris, sur la place Maubert, et adressée à son ami, le gracieux et fortuné poète Mellin de Saint-Gelais. Un docteur d'Oxfort a même mis le *Cortegiano* en latin, preuve alors de son universalité. La traduction polonaise *Dvorack*, par le célèbre historien et orateur Luc Gornicki, né à Cracovie en 1520, et mort en 1592, est regardée comme classique, et placée même un peu vaniteusement par les Polonais au-dessus de l'original. L'auteur dit dans sa préface qu'il refait l'ouvrage du comte Castiglione, parce que la forme italienne n'intéresserait pas ses lecteurs. La première édition, livre fort rare, parut à Cracovie en 1566, in-4.°; la seconde, dans la même ville, en 1639, aussi in-4.°; la troisième, 2 vol. in-8.°, sans date, à Varsovie, dans le XVIII.° siècle, et la quatrième, à Varsovie, en 1829. Il n'est guère probable que depuis la dernière insurrection, ce noble et infortuné pays ait songé à réimprimer son *Courtisan Polonais.*

Mais le plus glorieux suffrage qu'ait obtenu le *Cortegiano* est celui du Tasse, qui pour son malheur n'avait que trop pratiqué les cours, et dont le dialogue *il Malpiglio* ou *della Corte,* traite en partie le même sujet. « Tant « que dureront les cours, dit-il, tant que dureront

« les princes et que les dames et les chevaliers se ré-
« uniront, tant que la valeur et la courtoisie habite-
« ront dans nos ames, le nom de Castiglione sera en
« honneur. »

Le *Cortegiano* paraît assez singulièrement adressé à
un évêque, celui de Visé, don Michel de Silva, dans
une sorte·de dissertation grammaticale; mais nous
avons vu que l'auteur avait été lui-même évêque
nommé d'Avila. Ce grand, ce saint caractère de l'é-
piscopat était alors étrangement méconnu, prodigué
et ravalé presque au niveau d'une charge de cour.
Monsignor della Casa, l'émule de Castiglione, dans
les avis sur les bonnes manières, parle d'un la Miran-
dole, évêque de vingt ans [1]; et leur élégant contemporain Bonfadio, annonçant à Paul Manuce la mort
d'un évêque de Consa, ajoute naturellement : « C'était
« le jeune homme le plus robuste que j'aie connu ; il
« affrontait les ours et tuait les sangliers; c'était un
« Achille. » Certains évêques ne visitaient leurs égli-
ses que deux fois dans leur vie et pour deux solennités personnelles : la première, quand ils pre-
naient possession du siége accordé à la faveur; la
seconde, lorsqu'ils descendaient dans les caveaux ré-
servés à ces hauts dignitaires. Rome fut souvent obligée
d'envoyer des administrateurs provisoires pour gouverner les diocèses délaissés de leurs trop mondains
titulaires. Voilà de ces scandales du dedans dont parle
si franchement Bossuet. Il est vrai que le titre de courtisan, devenu depuis une sorte d'épigramme, est regardé comme très honorable par Castiglione, qui lui
donne une acception singulièrement morale et sérieuse.
Il le défend savamment par les exemples de Phénix,
d'Aristote et de Platon, qu'il fait les courtisans d'A-
chille, d'Alexandre et de Denys. Il n'est donc point

[1] Lett. à P. Vettori, du 20 septembre 1552.

surprenant, avec de pareils types, de voir traiter les
sujets les plus élevés par les mêmes interlocuteurs qui
s'entretiennent des moyens de plaire dans la société.

V.

Bembo un des interlocuteurs les plus écoutés du
Cortegiano, et dont les opinions doivent paraître au-
thentiques, puisque le manuscrit lui était communi-
qué [1] au moment de l'impression, peint avec vivacité
et poésie les félicités de l'amour spirituel. Malgré quelques faux traits dus à l'érudition de l'époque, ce passage
rappelle les pensées analogues de saint Augustin, de
Fénelon et de Bernardin de Saint-Pierre, sur cette
beauté toujours ancienne et toujours nouvelle mise au-
dedans de l'homme, mais que les sens et les passions
l'empêchent d'y trouver :

« L'ame étrangère aux vices, purifiée par l'étude de
« la philosophie, versée dans la vie spirituelle et exer-
« cée dans les choses de l'entendement, se tournant
« vers la contemplation de sa propre substance, ouvre,
« comme réveillée d'un profond sommeil, les yeux
« donnés à tous, mais que peu emploient, et voit en
« elle-même un rayon de cette lumière, véritable image
« de la beauté angélique qui lui a été communiquée
« et dont elle-même communiquera au corps un faible
« reflet. Devenue aveugle pour les choses terrestres,
« elle se fait très clairvoyante pour les choses célestes;
« et parfois, quand les forces motrices du corps se
« trouvent abstraites par la contemplation assidue, ou
« liées par le sommeil, l'ame, n'étant plus empêchée
« par elles, sent un certain parfum caché de la beauté
« angélique. Ravie par la splendeur de cette lumière,

---

[1] V. la lettre à J.-B. Rannusio, du 12 mars 1528, où Bembo se plaint
du retard apporté dans l'envoi de quelques cahiers, dont cinq lui étaient
parvenus.

« elle commence à s'enflammer, et la suit avec tant
« d'avidité qu'elle devient comme ivre et hors d'elle-
« même par le désir de s'unir à elle. Il lui semble avoir
« trouvé la trace de Dieu, dans la contemplation du-
« quel elle cherche à se reposer, comme dans sa fin
« bienheureuse. Brûlant de cette flamme, elle s'élève
« à sa plus noble partie, qui est l'entendement. Là,
« n'étant plus voilée par l'obscure nuit des choses ter-
« restres, elle voit la beauté divine. Cependant elle
« n'en jouit pas encore parfaitement, parce qu'elle
« la contemple seulement dans son entendement par-
« ticulier, qui ne peut contenir l'immense beauté uni-
« verselle. C'est pourquoi non content de ce bienfait,
« l'amour procure à l'ame une félicité plus grande,
« qui, pour dernier degré de perfection, la conduit de
« l'entendement particulier à l'entendement universel,
« comme de la beauté particulière d'un corps elle con-
« duit à la beauté universelle de tous les corps. L'ame,
« enflammée par le feu sacré de l'amour divin, vole
« s'unir à la nature angélique. Non-seulement elle
« abandonne les sens en tout, mais elle n'a plus be-
« soin du secours de la raison; transformée en ange,
« elle comprend toutes les choses intelligibles, et dé-
« couvre, sans nuage et sans voile, le vaste océan de la
« pure beauté divine. Elle le reçoit en elle et goûte
« cette suprême félicité qui est inaccessible aux sens.
« Si donc les beautés que nous voyons chaque jour,
« avec nos yeux ténébreux, dans les corps corrup-
« tibles, et qui cependant ne sont autre que songes et
« faibles ombres de beauté, nous paraissent si belles,
« si gracieuses qu'elles allument souvent en nous un
« feu ardent, et tant de plaisir, qu'aucune félicité ne
« nous semble égaler celle que nous éprouvons par-
« fois d'un seul regard de la femme aimée; qu'elle ad-
« miration, quelle stupeur bienheureuses doivent être
« celles qui occupent les ames parvenues à la vision de

« la beauté divine! Quelle douce flamme, quel suave
« incendie doivent naître de la source de la suprême
« et vraie beauté! Principe de toute autre beauté,
« n'augmentant ni ne diminuant, toujours belle,
« simple par elle-même, autant dans une partie que
« dans une autre, semblable à elle seule, et ne parti-
« cipant d'aucune autre ; mais tellement belle que
« toutes les autres belles choses sont belles, parce
« qu'elles lui empruntent leur beauté.

« Cette beauté est inséparable de la souveraine
« bonté dont la lumière appelle et attire à elle toute
« chose. Non-seulement elle donne l'entendement
« aux êtres intellectuels, la raison aux raisonnables,
« les sens et le désir de vivre à ceux qui sentent, mais
« il n'est pas jusqu'aux plantes, aux rochers, à qui elle
« ne communique, comme un vestige d'elle-même, le
« mouvement et l'instinct naturel de leurs propriétés.
« Cet amour est donc d'autant plus grand et plus heu-
« reux que la cause qui le meut est plus excellente.
« Comme le feu matériel raffine l'or, ainsi ce feu
« sacré détruit et consume dans les ames ce qu'il y a
« de mortel; il vivifie et rend belle cette partie céleste
« d'elle-même qui d'abord était frappée de mort et
« ensevelie dans les sens. C'est le bûcher sur lequel les
« poètes disent qu'Hercule fut brûlé au sommet du
« mont Œta, incendie par lequel il devint immortel et
« divin. C'est le buisson ardent de Moïse, les langues
« de feu ; c'est le char enflammé d'Élie, qui double
« la grâce et la félicité dans les ames de ceux qui sont
« dignes de le voir, lorsque, partant du bas de cette
« terre, il s'envole au ciel. Dirigeons donc toutes les
« pensées, toutes les forces de notre ame vers cette
« sainte lumière qui nous montre le chemin du ciel;
« et, dépouillant derrière elle les affections que nous
« avions revêtues en descendant, montons par l'é-
« chelle, dont le premier degré se tient dans l'ombre

« de la beauté sensuelle, à la sublime demeure où ha-
« bite la céleste, l'aimable, la vraie beauté qui reste
« cachée dans les secrètes profondeurs de Dieu, afin
« que les yeux profanes ne la puissent voir. Là, nous
« trouverons l'heureux but de nos désirs, le vrai repos
« dans les fatigues, le remède certain dans les misères,
« la médecine salutaire dans les infirmités, le port sûr
« dans les violentes tempêtes de la mer orageuse de
« cette vie.

« O saint Amour ! quelle langue mortelle pourra di-
« gnement te louer ? Très beau, très bon, très sage, tu
« dérives de l'union de la beauté, de la bonté, et de la
« sagesse divines ; tu demeures en elle et tu retournes à
« elle par elle comme dans un cercle. Tu es le doux
« lien du monde, l'intermédiaire des choses célestes
« et terrestres ; tu inclines par ta bénigne influence
« les vertus supérieures à gouverner les inférieures, et,
« tournant les pensées des mortels vers leur principe,
« tu les unis à lui. Tu établis l'accord entre les élé-
« ments, tu meus la nature à produire, et ce qui naît
« à la continuation de la vie. Tu réunis ce qui est sé-
« paré ; tu donnes la perfection aux choses imparfaites,
« la ressemblance aux dissemblables, l'amitié aux en-
« nemies, les fruits à la terre, la tranquillité à la mer,
« la lumière vitale au ciel. Tu es le père des vrais
« plaisirs, des grâces, de la paix, de la mansuétude,
« de la bienveillance ; tu es l'ennemi de la lâcheté et
« de la férocité rustique ; en un mot, tu es le com-
« mencement et la fin de tout bien. Et parce qu'il te
« plaît d'habiter la fleur des beaux corps et des belles
« ames, et que de là tu te montres parfois un peu aux
« yeux et à l'esprit de ceux qui sont dignes de te voir,
« je pense que ta demeure est maintenant ici parmi
« nous. Daigne donc, seigneur, écouter notre prière ;
« infuse-toi dans nos cœurs ; illumine nos ténèbres
« par la splendeur de ton saint feu ; guide fidèle,

« montre-nous le vrai chemin dans cet obscur laby-
« rinthe ; corrige la fausseté des sens, et après une
« longue illusion, donne-nous le véritable et solide
« bien ; fais-nous sentir ces parfums spirituels, qui vi-
« vifient les forces de l'intelligence ; fais-nous entendre
« l'harmonie céleste tellement concordante qu'il n'y
« ait plus en nous aucune discorde de passions. Enivre-
« nous à cette fontaine inépuisable de contentement
« qui plaît toujours, ne rassasie jamais et donne le
« goût de la vraie béatitude à celui qui boit de ses
« vives et limpides eaux. Purifie avec les rayons de
« ta lumière nos yeux de la ténébreuse ignorance,
« afin qu'ils n'apprécient plus la beauté mortelle, et
« connaissent que les choses qu'ils croyaient voir
« n'existent pas, et que celles qu'ils ne voyaient pas
« existent réellement. Accepte nos ames qui s'offrent
« à toi en sacrifice ; brûle-les dans cette vive flamme
« qui consume toute souillure matérielle, afin qu'en
« tout séparées du corps, elles s'unissent par un lien
« doux et perpétuel avec la beauté divine, et que, de-
« venus étrangers à nous-mêmes, comme de vrais
« amants, nous puissions nous transformer en l'objet
« aimé, et nous ôtant de la terre, être admis au ban-
« quet des anges. Fais que, rassasiés là d'ambroisie
« et de nectar, nous mourions enfin de mort heu-
« reuse et vitale, comme moururent jadis ces anciens
« pères, lorsque, par la force ardente de la contem-
« plation, tu arrachas du corps leurs ames, et les unis
« à Dieu. »

Combien ce christianisme platonisé de l'Italie au
XV.ᵉ siècle semble plus vaste, plus lumineux que le
christianisme des pays du nord, réformé durement, avec
orgueil, par Luther et Calvin, ou amendé tristement par
le jansénisme ! Combien doit-on déplorer qu'il ait si
rarement été fortifié par les mœurs de ses doctes et élo-
quents apôtres ! Aujourd'hui ce christianisme pourrait

devenir le refuge d'esprits élevés, fatigués en secret de leurs écarts, mais repoussés par d'imprudents anathèmes, et qui trouveraient à la fois dans son sein la poésie et la vérité.

VI.

Bembo, afin de réfuter les railleries du seigneur Morello sur les femmes belles et mauvaises, et les remarques chagrines de Frédéric Frégose sur les catastrophes qu'a causées la beauté, en trace un vaste et poétique tableau. Quand on se rappelle la curieuse lettre écrite à Castiglione par Raphaël, où il explique si *modestement,* au sujet de la *Galatée* [1], quelques-uns de ses procédés dans la recherche du beau, et regrette de ne pas avoir près de lui l'auteur du *Cortegiano,* pour l'aider dans le choix de ses modèles, on doit convenir que cette lettre ne pouvait être mieux adressée :

« La beauté naît de Dieu ; c'est un cercle dont la « bonté est le centre. Comme il ne peut y avoir de « cercle sans centre, il ne peut y avoir beauté sans « bonté. Il est donc rare qu'une ame méchante habite « un beau corps, et la beauté extérieure est un vrai « signe de la bonté intérieure. Cette grâce est plus ou « moins imprimée dans les corps, comme un carac- « tère de l'ame, qu'il manifeste au dehors. Dans les « arbres, la beauté des fleurs rend témoignage de la « bonté des fruits. Il en est de même dans les corps : « ainsi les physionomistes connaissent souvent au « visage les mœurs et jusqu'aux pensées des hommes. « Bien plus, on comprend à l'aspect des bêtes les « qualités de leur ame, qui se manifeste d'elle-même, « le plus possible, dans le corps. Voyez comme, dans « la tête du lion, du cheval ou de l'aigle, on recon-

[1] V. les *Voyages,* liv. XV, chap. 38.

« naît la colère, la fierté, l'orgueil ; dans les agneaux
« et les colombes, une pure et simple innocence ;
« dans les renards et les loups, la ruse et la méchan-
« ceté, et ainsi de presque tous les autres animaux !
« De même, les gens laids sont le plus souvent mau-
« vais, et les beaux, bons. On peut dire que la beauté
« consiste dans une figure affable, gaie, agréable et
« bienveillante ; la laideur, au contraire, dans une
« figure sombre, inquiète, désagréable, malveillante.
« Voyez l'état de cette machine du monde que Dieu a
« construite pour la conservation de toute chose ; le
« ciel rond, orné de tant de divines lumières, et au
« centre la terre, entourée des éléments et soutenue
« par son propre poids ; le soleil qui, en tournant, il-
« lumine tout, s'approche en hiver du signe le plus
« bas, puis remonte peu à peu de l'autre côté ; la
« lune qui en reçoit sa lumière, selon qu'elle s'en ap-
« proche ou s'en éloigne, et les cinq autres planètes
« qui accomplissent diversement le même cours. Ces
« choses ont entre elles tant de force par l'accord né-
« cessaire de leur ordre, qu'en changeant un seul
« point, elles ne pourraient rester ensemble, et le
« monde serait détruit ; elles ont encore tant de beauté
« et de grâce, que l'esprit humain ne saurait imaginer
« rien de plus beau. Considérez maintenant le visage
« de l'homme, que l'on peut appeler un petit monde :
« chaque partie de son corps a été nécessairement
« composée à dessein, non par hasard, et la forme de
« l'ensemble est très belle. On ne saurait décider si
« les yeux, la bouche, les oreilles, les bras, la poi-
« trine, rapportent au visage et au reste du corps plus
« d'utilité ou de grâce. On en peut dire autant des
« autres animaux. Voyez les plumes des oiseaux, les
« feuilles et les branches des arbres, qui, données
« par la nature pour les conserver, ont encore une
« grande beauté. Laissons la nature et venons à l'art.

« Quoi de plus nécessaire dans les vaisseaux que la
« proue, les flancs, les antennes, le mât, les voiles,
« le timon, les rames, les ancres et les haubans, toutes
« choses qui ont tant d'agrément, qu'elles semblent
« avoir été inventées pour le plaisir comme pour l'uti-
« lité? Les colonnes et les architraves soutiennent de
« hautes arcades et des palais, et cependant elles ne
« sont pas moins agréables à l'œil qu'utiles aux édi-
« fices. Quand les hommes commencèrent à bâtir, ils
« mirent aux temples et aux maisons ces combles du
« milieu, non pour donner plus de grâce aux bâti-
« ments, mais afin que les eaux pussent couler facile-
« ment de part et d'autre; néanmoins, l'agréable se
« joignit aussitôt à l'utile, en sorte que si l'on élevait
« un temple sous le ciel où il ne tombe ni pluie ni
« grêle, sans les combles il semblerait n'avoir ni dignité
« ni beauté. Pour célébrer les louanges, non seule-
« ment d'autre chose, mais même du monde, on dit
« qu'il est beau; on dit : beau ciel, belle terre, belle
« mer, beaux fleuves, beaux pays, belles forêts, beaux
« arbres, beaux jardins, belles villes, beaux temples,
« belles maisons, belles armées! En somme, cette gra-
« cieuse et sainte beauté fait le suprême ornement de
« toute chose, et l'on peut dire que le beau et le bon
« sont, en quelque sorte, une même chose, particu-
« lièrement dans le corps humain. Je crois que la
« principale cause de sa beauté est dans celle de l'ame
« qui, participant de la vraie bonté divine, illustre et
« embellit ce qu'elle touche, sur-tout si le corps qu'elle
« habite n'est pas de si vile matière qu'elle ne puisse
« lui imprimer sa qualité. Ainsi, la beauté est le vrai
« trophée de la victoire de l'ame, quand elle gouverne
« avec la vertu divine la nature matérielle, et dissipe
« avec sa lumière les ténèbres du corps. »

11

VII.

Castiglione, pour un grand seigneur, proche parent du marquis de Mantoue, François Gonzaga; pour un élève de la cour du duc de Milan, Louis-le-More; et pour un favori des ducs d'Urbin, discute avec impartialité les trois formes de la souveraineté. Voici les raisons qui le font incliner à la monarchie, comme la plus naturelle, la plus forte et la plus capable d'assurer la félicité publique :

« Le seigneur Octavien Frégose, noble Génois qui
« fut doge, dit au seigneur Gaspard Pallavicino :
« Quel gouvernement jugez-vous le plus heureux et le
« plus propre à ramener cet âge d'or dont vous avez
« parlé? Est-ce le règne d'un bon prince, ou le gou-
« vernement d'une bonne république? Le seigneur
« Octavien répondit : Je préférerai toujours le gouver-
« nement d'un bon prince, comme la souveraineté la
« plus conforme à la nature, et, s'il est permis de
« comparer les petites choses aux infinies, comme la
« plus semblable à celle de Dieu qui, un et seul, gou-
« verne l'univers. Mais, laissant cela, vous voyez que
« dans ce qui se fait par le moyen de l'art humain,
« armées, vaisseaux, édifices, etc., tout se rapporte à
« un seul, qui gouverne ainsi qu'il lui plaît. De même
« dans notre corps, tous les membres se meuvent et
« agissent à la volonté du cœur. En outre, il paraît
« convenable que les peuples soient gouvernés par un
« seul prince. La nature enseigne à un grand nombre
« d'animaux cette obéissance comme chose très salu-
« taire. Les corbeaux, les grues et beaucoup d'autres
« oiseaux se choisissent toujours dans leur passage un
« chef qu'ils suivent et auquel ils obéissent. Les abeilles
« honorent leur roi avec un certain raisonnement, et
« avec autant de respect que les peuples les plus fi-

« dèles du monde. Tout cela est une preuve très grande
« que la souveraineté des princes est plus selon la na-
« ture que celle des républiques. »

Pierre Bembo répliqua : « Il me semble que la liberté
« étant un don suprême de Dieu, il n'est pas raison-
« nable qu'elle nous soit ôtée, ni qu'un homme en jouisse
« plus qu'un autre, ce qui arrive avec la souveraineté des
« princes, qui le plus souvent tiennent leurs sujets
« dans un étroit esclavage, tandis que dans les répu-
« bliques bien réglées on conserve cette liberté. En
« outre, dans les jugements et les délibérations, il ar-
« rive plus souvent que l'opinion d'un seul se trompe
« que celle d'un grand nombre. Car le trouble causé
« par la colère, l'indignation ou la cupidité, gagne plus
« facilement l'esprit d'un seul que la multitude : une
« grande quantité d'eau est moins sujette à se cor-
« rompre qu'une petite. J'ajoute que l'exemple des
« animaux ne me semble pas applicable ; les cor-
« beaux, les grues et les autres oiseaux, loin d'obéir
« toujours aux mêmes, changent et donnent cette sou-
« veraineté, tantôt à l'un, tantôt à l'autre ; c'est donc
« plutôt la forme d'une république que celle d'une mo-
« narchie. On peut appeler liberté vraie et égale,
« quand ceux qui commandent parfois, obéissent en-
« suite. L'exemple des abeilles ne me paraît pas non
« plus analogue, parce que leur roi n'est pas de la
« même espèce qu'elles. Si l'on voulait donc imposer
« aux hommes un maître vraiment digne, il faudrait
« le trouver d'une autre espèe e et d'une nature plus
« excellente que l'humanité, afin que les hommes pus-
« sent raisonnablement lui obéir, comme les trou-
« peaux qui obéissent non à un animal leur sem-
« blable, mais à un berger, qui est un homme et d'une
« espèce au-dessus de la leur. Je crois donc, seigneur
« Octavien, que le gouvernement de la république est
« préférable à celui du roi. »

Octavien Frégose répondit : « Je n'alléguerai qu'une
« raison contre votre opinion ; c'est qu'il n'y a que
« trois manières de bien gouverner les peuples : la
« monarchie, le gouvernement des bons, que les an-
« ciens appelaient *Optimates*, et l'état populaire. La
« plus grande transgression ou, pour parler ainsi, le
« vice contraire, dans lequel tombe chacun de ces
« gouvernements en se corrompant, c'est quand la
« monarchie devient tyrannie, que le pouvoir passe
« des bons à un petit nombre de puissants, et non
« bons, et que l'état populaire est mené par la popu-
« lace, qui, confondant tous les ordres, livre le gou-
« vernement au caprice de la multitude. De ces trois
« gouvernements mauvais, certes, la tyrannie est le
« pire ; conséquemment, le meilleur des trois bons est
« la monarchie, parce qu'elle est contraire au pire ;
« car, comme vous savez, les effets de causes contraires
« sont aussi contraires. A ce que vous avez dit sur la
« liberté, je réponds que la vraie liberté ne consiste
« pas à vivre comme l'on veut, mais selon de bonnes
« lois ; l'obéissance n'est pas moins naturelle, utile et
« nécessaire que le commandement ; certaines choses
« sont nées et formées par la nature au commande-
« ment, et d'autres à l'obéissance. Il y a deux ma-
« nières de dominer ; l'une impérieuse et violente,
« comme celle des maîtres envers les esclaves : l'ame
« commande au corps de cette manière ; l'autre plus
« douce et paisible, comme celle des bons princes en-
« vers les citoyens par le moyen des lois : c'est ainsi
« que la raison commande aux appétits. L'une et
« l'autre de ces manières sont utiles, parce que le corps
« est fait par la nature pour obéir à l'ame, et les appé-
« tits à la raison. Il y a un grand nombre d'hommes
« qui ne s'occupent que du corps ; ceux-là diffèrent
« des hommes vertueux, autant que l'ame diffère
« du corps ; cependant, comme animaux raisonna-

« bles, ils participent de la raison, autant seulement
« qu'ils la comprennent, sans la posséder ni en jouir.
« Ceux-ci sont naturellement sujets, et il leur est plus
« utile d'obéir que de commander. »
Alors le seigneur Pallavicino dit : « Comment faut-
« il donc commander aux hommes prudents et ver-
« tueux, et qui ne sont pas sujets par la nature? Octa-
« vien répondit : Avec ce doux commandement royal et
« civil. On fait bien de conférer à ces hommes l'ad-
« ministration des emplois dont ils sont capables, afin
« qu'ils puissent encore gouverner les moins sages, de
« manière, cependant, que le principal gouvernement
« dépende tout du prince. A ce que vous avez dit qu'il
« est plus facile que l'esprit d'un seul se corrompe
« que celui de plusieurs, je réponds qu'il est plus
« aisé de trouver un homme bon et sage, que d'en
« trouver un grand nombre. On doit croire qu'un
« roi de noble race, porté à la vertu par son instinct
« naturel et par la renommée de ses prédécesseurs,
« élevé dans les bonnes mœurs, peut être bon et
« sage, et s'il n'est pas d'une espèce supérieure, comme
« vous avez dit du roi des abeilles, aidé par les ensei-
« gnements, l'éducation et l'art du courtisan, formé
« par ces seigneurs à la prudence et à la bonté, il sera
« très juste, très continent, très tempéré, très fort et
« très sage, plein de libéralité, de magnificence, de re-
« ligion et de clémence; enfin il se couvrira de gloire et
« se rendra très cher aux hommes et à Dieu, par la
« grâce duquel il acquerra cette vertu héroïque qui le
« fera dépasser les limites de l'humanité. On pourra
« l'appeler un demi-dieu, plutôt qu'un homme mor-
« tel; car Dieu aime et protége les princes qui cher-
« chent à l'imiter, non en étalant leur puissance ou
« en se faisant adorer des hommes, mais en s'effor-
« çant de se rendre semblables à lui par la bonté et la
« sagesse, de vouloir et de faire le bien, et d'être ses

« ministres, en distribuant, pour le bonheur des mor-
« tels, les biens et les dons qu'ils tiennent de Dieu.
« Ainsi, tandis que dans le ciel, le soleil, la lune et
« les étoiles montrent, comme dans un miroir, une
« certaine ressemblance de Dieu, de même, sur la
« terre, l'image de Dieu est bien plus semblable dans
« ces bons princes qui l'aiment et l'honorent... Dieu a
« donc confié les peuples à la garde des princes, qui
« doivent en avoir grand soin, afin de lui en rendre
« compte, comme de bons lieutenants à leur chef, les
« aimer et considérer comme propre le bien et le mal
« qui leur arrive, et veiller sur-tout à leur bonheur.
« Ainsi, le prince doit non seulement être bon, mais
« encore rendre les autres bons, comme l'équerre dont
« se servent les architectes, laquelle étant droite et
« juste, redresse encore et rend justes toutes les choses
« dont elle s'approche. C'est une grande preuve que
« le prince est bon, quand les peuples sont bons, parce
« que la vie du prince est la loi et la règle des citoyens.
« De ses mœurs dépendent nécessairement celles des
« autres. Ils ne convient pas à un ignorant d'enseigner,
« à un déréglé de régler, à celui qui tombe de relever.
« Si donc le prince doit bien remplir ses devoirs, il faut
« qu'il applique tous ses soins, tout son zèle à savoir,
« puis, qu'il forme au-dedans de lui et observe inva-
« riablement, en toute chose, la loi de la raison, non
« écrite sur le papier ou le métal, mais gravée dans
« son ame même, afin qu'elle lui soit non-seulement
« familière, mais qu'il l'ait au-dedans de lui, qu'elle
« vive en lui, et que, jour et nuit, en tout temps, en
« tout lieu, elle l'avertisse et lui parle dans le cœur. »

VIII.

Mais les principes monarchiques de Castiglione sont
éloignés de toute servilité. Il ne permet d'obéir au

prince que dans ce qui lui est utile et honorable. Si
l'on recevait l'ordre de commettre une trahison, non-
seulement on n'est pas obligé de la faire, mais il faut
s'en abstenir, et pour soi-même et pour ne pas devenir
l'instrument de la honte du maître. Les maximes suivantes, par leur modération, leur justesse et la vertueuse minutie de quelques pratiques gouvernemen-
tales, semblent empruntées au *Télémaque* :

« Quand le prince peut ce qu'il veut, il y a beau-
« coup de danger qu'il ne veuille ce qu'il ne doit pas.
« Bias avait donc raison de dire que le magistrat fait
« connaître l'homme. Car, comme l'on ne peut bien
« distinguer les fêlures d'un vase lorsqu'il est vide;
« mais, que si on le remplit de liqueur, on voit aussi-
« tôt de quel côté est le défaut, de même les hommes
« gâtés et corrompus, découvrent rarement leurs dé-
« fauts avant d'être remplis d'autorité. Alors ils ne
« suffisent pas à porter le lourd fardeau du pouvoir,
« ils s'abandonnent et versent de tout côté la cupidité,
« l'orgueil, la colère, l'insolence et ces penchants ty-
« ranniques qui sont en eux. Aussi, persécutent-ils
« sans égard les bons et les sages et exaltent-ils les
« méchants. Ils ne souffrent dans les villes ni amitiés,
« ni sociétés, ni intelligences entre les citoyens; ils
« soudoient des espions, des accusateurs, des meur-
« triers, afin d'épouvanter et de rendre pusillanimes;
« ils sèment les discordes, afin de désunir et d'affai-
« blir. De là, pour les misérables peuples, une in-
« finité de maux et de pertes, pour les tyrans une
« mort cruelle, ou du moins une continuelle frayeur;
« car les bons princes ne craignent pas pour eux-
« mêmes, mais pour ceux auxquels ils commandent,
« tandis que les tyrans craignent ceux-là mêmes
« à qui ils commandent. Ils craignent d'autant plus,
« ils ont d'autant plus d'ennemis, qu'ils sont plus
« puissants et commandent à plus de monde.... Il

« faut donc que la vie d'un bon prince soit tout-à-fait
« contraire à celle-ci, qu'elle soit libre, sûre, aussi
« chère aux citoyens que la leur même, et réglée de
« manière qu'elle participe à la vie active et contem-
« plative, autant qu'il convient au bonheur des peu-
« ples...... Il doit aimer la patrie et ses sujets, ne pas
« les retenir dans une trop grande servitude, de peur
« de se rendre odieux ; ce qui enfante les séditions,
« les conjurations et mille autres maux. Cependant il
« ne doit pas accorder trop de liberté, de peur d'être
« méprisé, ce qui produit la vie licencieuse et dissolue
« des peuples, les rapines, les vols, les meurtres, sans
« aucune crainte des lois, et souvent la perte et la
« ruine des villes et des royaumes.... Je voudrais que
« le prince eût soin de gouverner même les petites
« choses et qu'il eût quelque notion des particularités
« appartenant à ses peuples, autant qu'il serait possi-
« ble ; qu'il ne se fiât pas à un de ses ministres au
« point de lui remettre entièrement les rênes du gou-
« vernement ; car personne n'est habile en toutes cho-
« ses. La crédulité des maîtres produit plus de mal
« que l'incrédulité, qui non-seulement ne nuit pas
« toujours, mais devient souvent très utile ; il appar-
« tient donc au bon jugement du prince de connaître
« si l'on mérite ou non d'être cru. Le prince doit sur-
« vèiller les actions de ses ministres et être leur cen-
« seur, supprimer et abréger les procès entre ses su-
« jets, les réconcilier, et les allier par des parentés. Il
« doit faire en sorte que la cité soit unie par la concor-
« de et l'amitié, comme une famille, et qu'elle
« soit peuplée, à l'abri de la pauvreté, tranquille,
« remplie de bons ouvriers ; favoriser les marchands
« et les aider même avec de l'argent ; être libéral et
« magnifique dans son hospitalité aux étrangers et aux
« religieux ; modérer les superfluités, parce que sou-
« vent les erreurs que l'on commet dans ces choses,

« bien que petites en apparence, ruinent les villes. Il est
« donc raisonnable que le prince mette un frein à la
« somptuosité des édifices privés, aux festins, aux
« dots excessives des femmes, au luxe et à la pompe
« des joyaux et des vêtements qui ne sont autre chose
« qu'une preuve de leur folie; car, outre que par l'am-
« bition et l'envie qu'elles se portent l'une à l'autre,
« elles dissipent le bien des maris, quelquefois, pour
« un joyau ou tel autre colifichet, elles vendent leur
« pudeur à qui veut l'acheter. »

IX.

Castiglione peint avec indépendance et énergie les
funestes effets de la flatterie :

« Souvent les amis des princes, pour gagner grâce
« et faveur, ne s'appliquent qu'à leur proposer des
« choses qui les délectent et donnent du plaisir à leur
« esprit, bien qu'elles soient mauvaises et déshonnêtes;
« en sorte que d'amis ils deviennent flatteurs. Afin de
« tirer profit de cet étroit commerce, ils parlent, agis-
« sent toujours complaisamment et font le plus sou-
« vent leur chemin avec des mensonges qui, dans l'es-
« prit du prince, enfantent l'ignorance non-seulement
« des choses extérieures, mais encore de lui-même.
« On peut appeler ce mensonge le plus grand, le plus
« énorme, parce que l'esprit ignorant se trompe lui-
« même et ment intérieurement à soi-même. De là il
« arrive que les princes, loin d'entendre jamais la vérité
« sur rien, enivrés qu'ils sont par cette licence que la
« souveraineté porte avec elle et plongés dans l'abon-
« dance des délices, se trompent tant et ont l'esprit
« si corrompu. Se voyant toujours obéis et presque
« adorés, sans être jamais, je ne dis pas repris, mais
« même contredits, ils passent de cette ignorance à
« une extrême confiance en eux-mêmes, tellement

« que dans la suite ils n'admettent plus ni avis, ni
« conseil. Ils croient que savoir régner est chose très
« facile, que, pour l'acquérir, il ne faut d'autre art que
« la force ; ils tournent leur esprit, et toutes leurs pen-
« sées au maintien de leur puissance, s'imaginant que
« la vraie félicité est de pouvoir ce que l'on veut.
« Quelques-uns ont en haine la raison et la justice ; il
« leur semble qu'elles sont une sorte de frein et un
« moyen qui peuvent les réduire en servitude et di-
« minuer, s'ils voulaient les observer, le bonheur et
« la satisfaction qu'ils ont à régner ; il leur semble que
« la souveraineté ne serait ni parfaite, ni entière, s'ils
« étaient contraints d'obéir au devoir et à l'honnête ;
« il leur semble que celui qui obéit n'est pas vraiment
« maître. Marchant derrière ces principes, et se lais-
« sant emporter par la confiance en eux-mêmes, ils
« deviennent superbes, et avec un visage impérieux,
« des manières rudes, des habits pompeux, de l'or,
« des pierreries, et ne se laissant presque jamais voir
« en public, ils croient acquérir de l'autorité parmi
« les hommes et passer presque pour des dieux. À mon
« avis, ces princes sont comme les colosses qui furent
« faits à Rome, l'année passée, pendant le carnaval ;
« au dehors ils représentaient de grands hommes et
« des chevaux triomphants ; au-dedans ils étaient
« remplis d'étoupe et de chiffons. Mais les princes de
« cette espèce sont d'autant plus mauvais que les co-
« losses se tiennent debout par la force même de leur
« poids, tandis qu'eux, privés d'équilibre au dedans,
« et placés sans mesure sur des bases inégales, tom-
« bent d'eux-mêmes par leur propre poids. »

Ce grave passage sur la piété des rois montre de combien
de préjugés et de superstitions elle était alors entachée :

« Les princes, dit le seigneur Octavien Frégose,
« doivent aimer Dieu par dessus toute chose et lui rap-
« porter toutes les actions comme à leur vraie fin ; ils

« doivent, selon Xénophon, l'honorer et l'aimer tou-
« jours, mais sur-tout dans la prospérité, afin de pou-
« voir ensuite avec plus de confiance, lui demander
« quelque grâce dans l'adversité. Il est impossible de
« bien gouverner ni soi ni autrui, sans l'aide de Dieu,
« qui envoie aux bons tantôt la fortune prospère pour
« les relever dans de graves dangers, tantôt la fortune
« adverse, pour les empêcher de s'endormir dans la
« prospérité, au point d'oublier Dieu, ainsi que la
« prudence humaine qui souvent corrige la mauvaise
« fortune. Le prince doit être aussi sincèrement reli-
« gieux, non superstitieux, ni adonné aux vanités des
« enchantements et des prophéties, parce qu'en joi-
« gnant à la prudence humaine la piété divine et la
« vraie religion, il aura encore la bonne fortune et la
« protection de Dieu, qui augmentera toujours sa
« prospérité dans la paix et dans la guerre. »

Castiglione est partisan de la moyenne propriété,
comme garantie d'ordre, ainsi que de sécurité et de
puissance pour les princes :

« Il faudrait, remarque le seigneur Octavien Fré-
« gose, que la plus grande partie des citoyens ne fût
« ni trop riche, ni trop pauvre. Ceux qui sont trop ri-
« ches deviennent souvent orgueilleux et téméraires,
« et les pauvres, vils et fripons ; tandis que les mé-
« diocres ne tendent ni ne craignent aucune embûche.
« Plus le nombre des médiocres est grand, plus les
« princes sont puissants ; ainsi les pauvres et les riches
« ne pourront point conspirer contre les princes, ni
« faire de séditions. Pour éviter ce mal, il est donc fort
« salutaire de maintenir une médiocrité universelle. »

X.

La définition du vice et de la vertu, par Octavien
Frégose, est judicieuse et d'une morale bienveillante :

« Presque toutes les erreurs des hommes provien-
« nent des ténèbres de l'ignorance ; car si le bien et le
« mal étaient parfaitement connus et compris, châ-
« cun choisirait toujours le bien et fuirait le mal. On
« peut donc appeler la vertu une prudence et un art
« de choisir le bien , et le vice une imprudence et une
« ignorance qui induit à juger faussement. Les hom-
« mes ne choisissent jamais le mal avec l'idée que ce
« soit mal, mais ils se trompent par une certaine ap-
« parence du bien. »
Le même interlocuteur disserte ingénieusement sur
l'emploi des passions, comme aide à la vertu. Après
s'être défendu d'avoir dit que la tempérance les détruit, il ajoute qu'elle ne fait que les régler.

« Il ne faut pas, pour ôter le trouble, extir-
« per tout-à-fait les passions ; ce serait comme si,
« pour éviter l'ivresse, on faisait un édit qui prohibât
« le vin, ou si l'on défendait de courir, parce qu'on
« tombe quelquefois en courant. Ceux qui domptent les
« chevaux ne les empêchent pas de galoper et de sauter,
« mais ils veulent qu'ils le fassent à temps et à l'ordre
« du cavalier. De même les passions, modifiées par la
« tempérance, sont favorables à la vertu : ainsi la co-
« lère aide à la force, la haine contre les méchants aide
« à la justice , et les autres vertus sont aidées par les
« passions. Supprimez celles-ci, la raison faible , lan-
« guissante, ne pourra opérer que bien peu, comme
« un pilote abandonné des vents, dans un grand calme.
« Ne vous étonnez donc pas si je dis que de la tempé-
« rance naissent beaucoup d'autres vertus ; car, quand
« il y a dans une ame cet accord, cette harmonie, elle
« acquiert facilement, par le moyen de la raison , la
« vraie force, qui la rend intrépide, ferme dans tout
« danger, et l'élève presque au-dessus des passions hu-
« maines. »
Bembo trace le tableau des tourments de l'amour,

des maux de l'absence, etc., en homme qui les avait
ressentis [1]. Mais il est deux excès différents qui sur-
prennent dans ces mœurs religieuses et chevaleresques :
le suicide des amants et les coups donnés à l'objet aimé.

Il disserte ainsi platoniquement et avec éloquence
sur l'accord possible de l'amour avec la raison, et sur
la nécessité d'arrêter et de transformer les premières
impressions des sens.

« Quand un gracieux visage de belle femme se pré-
« sente accompagné d'agréables et nobles manières,
« tellement qu'en homme expert en amour, le courti-
« san connaisse que son sang a de la conformité avec
« celui-là, aussitôt qu'il s'aperçoit que ses yeux en-
« lèvent cette image et la portent au cœur ; que l'ame
« commence à la contempler avec plaisir, et à sentir
« en elle cette influence qui l'émeut et peu à peu la
« réchauffe, et que ces vifs esprits qui scintillent au-
« dehors, par les yeux, ajoutent au feu un nouvel ali-
« ment ; il doit, dès ce commencement, se pourvoir
« d'un prompt remède, réveiller la raison, en armer
« la forteresse de son cœur, et fermer tellement les
« passages aux sens et aux appétits, qu'il n'y puissent
« entrer, ni par force ni par ruse. La flamme s'éteint-
« elle, le danger finit aussi ; mais si elle persévère et
« croît, alors le courtisan se sentant pris, doit fuir
« toute souillure d'amour vulgaire ; il entrera ainsi
« dans le divin chemin d'amour, avec la raison pour
« guide. D'abord, il considérera que le corps où brille
« cette beauté n'est pas la source dont elle naît, que la
« beauté au contraire, étant une chose incorporelle et un
« rayon divin, perd beaucoup de sa dignité en se trou-
« vant unie à cet objet vil et corruptible ; car la beauté
« est d'autant plus parfaite qu'elle en participe moins,

[1] V. les *Curiosités et Anecdotes italiennes* art. XVI, *Lucrèce Borgia
et le cardinal Bembo.*

« et devient très parfaite quand elle en est tout-à-fait
« séparée. Ainsi, comme l'on ne peut entendre avec le
« palais, ni flairer avec les oreilles, de même l'on ne
« peut, en aucune manière, jouir de la beauté, ni sa-
« tisfaire au désir qu'elle excite dans nos ames, par le
« tact, mais avec ce sens dont la beauté est le véritable
« objet, c'est-à-dire, la vertu de la vue. Que le courti-
« san s'écarte donc de l'aveugle jugement des sens, et
« jouisse avec les yeux de cette splendeur, de cette
« grâce, de ces étincelles d'amour, du rire, des ma-
« nières et de tous les autres agréables ornements de
« la beauté ; qu'avec l'ouïe il jouisse de la suavité
« de la voix, du concert des paroles, de l'harmonie de
« la musique, si la dame aimée est musicienne. De
« cette manière, il alimentera son ame d'une très
« douce nourriture par la voie de ces deux sens, qui
« tiennent peu du corporel et sont les ministres de la
« raison, sans passer par le désir, vers le corps, à quel-
« que appétit qui ne soit honnête. Qu'ensuite le cour-
« tisan respecte sa dame, lui complaise et l'honore
« avec la plus grande réserve, qu'il la chérisse plus que
« lui-même ; qu'il préfère toutes ses aises et tous ses
« plaisirs aux siens propres, et aime en elle non moins
« la beauté de l'ame que celle du corps. Qu'il veille ce-
« pendant à ce qu'elle ne tombe en aucune faute, mais
« que, par des avertissements et de bons conseils, il
« ne cesse de l'engager à la modestie, à la tempérance et
« à la parfaite honnêteté ; qu'il fasse qu'en elle ne se
« trouvent jamais que des pensées pures, étrangères à
« toute souillure de vice. Semant ainsi des vertus dans
« le jardin de cette belle ame, il en recueillera de très
« beaux fruits, et les goûtera avec un merveilleux plai-
« sir. Cela sera vraiment engendrer la beauté dans la
« beauté ; ce qui, selon quelques-uns, est le but de
« l'amour. »

Cet amour, allié à la raison que professe Bembo, et

très différent de l'amour sensuel, n'est pas toutefois sans galanterie et sans quelques libertés, puisqu'il admet les sourires aimables, les entretiens familiers et secrets, la plaisanterie, la gaîté, le serrement de main, et jusqu'au baiser. Il est vrai que le courtisan, le sigisbée platonique dont il s'agit, est d'un âge mûr, et que malgré la chasteté de l'intention, cette gracieuse, cette élégante théorie du baiser ne serait pas sans péril, entre des amants plus jeunes et moins philosophes :

« *Per esser il bacio congiungimento e del corpo, e*
« *dell'anima, pericolo è che l'amante razionale conosce*
« *che ancora che la bocca sia parte del corpo, nientedi-*
« *meno per quella si dà esito alle parole, che sono inter-*
« *preti dell'anima, e a quello intrinseco anelito che si*
« *chiama pur esso ancor'anima ; e perciò si diletta d'unir*
« *la sua bocca con quella della donna amata col bacio, non*
« *per moversi a desiderio alcuno disonesto, ma perchè*
« *sente che quello legame è un aprir l'adito alle anime,*
« *che tratte dal desiderio l'una dell'altra si transfondono*
« *alternamente ancor l'una nel corpo dell'altra, e talmente*
« *si mescolino insieme, che ognun di loro abbia due anime,*
« *et una sola di quelle due cosi composta regga quasi due*
« *corpi; onde il bacio si può più presto dir congiungimento*
« *d'anima che di corpo; perchè in quella ha tanta forza,*
« *che la tira a sè, e quasi la separa dal corpo; per questo*
« *tutti gl'innamorati casti desiderano il bacio, comme con-*
« *giungimento d'anima : e però il divinamente innamo-*
« *rato Platone dice, che baciando vennegli l'anima ai*
« *labbri per uscir del corpo. E perchè il separarsi l'anima*
« *dalle cose sensibili, e totalmente unirsi alle intelligibili,*
« *si può denotar per lo bacio; dice Salomone nel suo divino*
« *libro della Cantica : Bacimi col bacio della sua bocca,*
« *per dimostrar desiderio che l'anima sua sia rapita dall'a-*
« *mor divino alla contemplazion della bellezza celeste di*
« *tal modo, che unendosi intimamente a quella, abbandoni*
« *il corpo.*

Castiglione semble peut-être trop exclusif et un peu chagrin, lorsque, dominé par ses souvenirs de Thésée et de Pirithoüs, d'Oreste et de Pylade, de Scipion et de Lélius, il n'admet la possibilité que d'un ami, et le regarde comme devant suffire. Montaigne a dit de même : « C'est un assez grand miracle de se dou- « bler ; et n'en cognoissent pas la haulteur ceulx qui « parlent de se tripler. » Il est surprenant que des esprits aussi nourris de l'antiquité que Castiglione et Montaigne, n'aient point songé à ce sublime testa- ment d'Eudamidas, chargeant l'un de ses deux amis de nourrir sa mère, et l'autre de doter sa fille. Sans arriver à la banalité où est tombé le titre d'ami, sur- tout dans nos mœurs politiques et littéraires, il sem- ble que le cœur peut s'élargir davantage : l'amitié n'est pas cet égoïsme à deux de l'amour qui ne se partage point.

Castiglione, pour un homme de cour, professe sur la chasteté des femmes l'austérité des principes floren- tins du sage Palmieri et du rigide Pandolfini, dont les maximes et les actes rappellent parfois l'Arnolphe de Molière[1]. Malgré l'enjouement qu'il aime dans les en- tretiens, il ne permet pas de plaisanterie sur ce point, et voici sa raison :

« Les femmes, dit le seigneur Bernard Bibbiena, « l'auteur de la comédie de la *Calandra,* et qui devint « cardinal, peuvent railler les hommes de mauvaises « mœurs avec plus de liberté que ceux-ci à l'égard des « femmes ; et cela, par cette loi que nous avons nous- « mêmes établie, qu'une vie dissolue n'est chez nous « ni défaut, ni vice, ni infamie, tandis qu'elle produit « chez les femmes tant de honte et d'opprobre, que la « femme dont on a une fois mal parlé, à tort ou à rai- « son, est à jamais déshonorée... Comme l'honneur

----

[1] V. les deux précédents articles.

« d'un gentilhomme qui porte les armes est à jamais
« flétri devant le monde et couvert d'ignominie, dès
« qu'il a été une fois dénigré en un seul point pour
« lâcheté ou autre action blâmable, de même l'hon-
« nêteté de la femme, tachée une fois, ne revient plus
« à son premier état... Puisqu'il est donc si dangereux
« d'offenser gravement les femmes en parlant de leur
« honnêteté, on doit les railler sur tout autre chose
« et s'abstenir en celle-là. »

Voici de sages remarques sur les effets de la première
éducation, et sur la manière de conduire à la raison
par l'habitude :

« On doit soigner le corps avant l'ame, dit Octavien
« Frégose, l'appétit avant la raison; mais les soins du
« corps doivent se rapporter à l'ame; ceux de l'appétit
« à la raison. Car, comme la force de l'intelligence se
« perfectionne par la science, ainsi l'habitude produit
« la moralité. Il faut donc instruire d'abord avec l'ha-
« bitude, qui peut gouverner les appétits non encore
« capables de raison, et les conduire au bien par ce
« bon usage. Il faut ensuite les établir par l'intelli-
« gence, qui, bien qu'elle ne montre que plus tard sa
« lumière, donne cependant le moyen de jouir plus
« parfaitement de ses forces à ceux qui ont bien réglé
« leur ame par les habitudes, dans lesquelles, selon
« moi, tout consiste. »

XI.

Castiglione exige que son courtisan soit dilettante.
Il parle de la noblesse, de l'importance de la peinture
et de la sculpture, de la prééminence à accorder à l'une
ou à l'autre, en homme que consultaient Michel-Ange
et Raphaël. L'ami, le correspondant de ce dernier est
bien loin de donner le pas à la seconde, comme Michel-Ange, qui, dans une lettre à Varchi, prétend que

la sculpture est à la peinture ce que le soleil est à la lune, et comme Benvenuto Cellini qui conclut de même, et ne fait de la peinture que l'aimable et gracieuse fille de la sculpture. Cette singulière et injuste préférence peut toutefois s'expliquer, chez Michel-Ange, par le caractère de sa peinture anatomique, confuse, agitée, terrible et privée de la touchante philosophie de Raphaël et du Poussin. Ce dialogue artistique est spécieux, agréable, érudit :

« Ne vous étonnez pas que je désire la peinture, qui
« aujourd'hui semble peut-être un métier, et peu con-
« venable à un gentilhomme ; car je me rappelle avoir
« lu que les anciens, et particulièrement les Grecs,
« voulaient que les enfants nobles s'appliquassent dans
« les écoles, à la peinture, comme à une chose hon-
« nête et nécessaire. La peinture fut reçue au premier
« rang des arts libéraux, et un décret public défendit
« qu'on l'enseignât aux esclaves. Chez les Romains,
« elle fut encore en grand honneur. C'est d'elle que
« tira son surnom la noble famille des Fabius, dont
« le premier fut surnommé *le Peintre*, parce qu'il était,
« en effet, peintre excellent, et si adonné à son art,
« qu'ayant peint les murs du temple de la Santé, il y
« inscrivit son nom. Bien que né dans une famille
« illustre et honorée de tant de titres de consulats, de
« triomphes et d'autres dignités ; bien que lettré, ju-
« risconsulte et mis au nombre des orateurs, il croyait
« pouvoir ajouter encore à la splendeur de sa renom-
« mée en rappelant qu'il avait été peintre. »

L'illusion de Castiglione sur la dignité des beaux-arts chez les Romains semble toutefois pouvoir être contredite. Selon Valère-Maxime, qui écrivait sous le successeur d'Auguste, Fabius-Pictor aurait dû son surnom à un genre de travail ignoble (*sordido studio*).

icéron, qui, dans ses lettres à Atticus, se montre un acquéreur si expert, si passionné de tableaux et de

statues, affecte, dans sa harangue *de Signis* contre Ver-
rès, de ne pas trop s'y connaître, comme s'il eût dé-
rogé par-là à la dignité sénatoriale et consulaire.

« En vérité, ceux qui n'estiment pas la peinture me
« paraissent fort déraisonnables : car la machine du
« monde, que nous voyons dans l'immensité du ciel
« si resplendissant de brillantes étoiles, et au milieu
« la terre ceinte de mers, variée par les montagnes,
« les vallées et les fleuves, ornée de tant d'espèces
« d'arbres, de fleurs et d'herbes, peut être appelée un
« grand et noble tableau composé par la main de la
« nature et de Dieu. Celui qui peut l'imiter me semble
« digne d'une grande louange ; car l'on n'y réussit que
« par la connaissance de beaucoup de choses, comme
« le savent bien ceux qui le tentent. Les anciens
« avaient en haute estime et l'art et les artistes ; aussi
« l'art parvint-il au faîte de l'excellence. On en trouve
« une preuve certaine dans les anciennes statues de
« marbre et de bronze. Quoique la peinture soit diffé-
« rente de la sculpture, l'une et l'autre cependant
« naissent d'une même source, le dessin. Comme les
« statues antiques sont divines, de même on peut
« croire que les peintures l'étaient aussi, et d'autant
« mieux qu'elles sont plus susceptibles d'art.

« Alors la dame Emilia se tournant vers l'habile
« sculpteur Cristoforo Romano, qui était assis avec
« les autres : Que pensez-vous, dit-elle, de ce juge-
« ment ?

« Moi, madame, répondit Cristoforo, je crois qu'il
« y a dans la sculpture plus de peine, plus d'art et
« plus de dignité que dans la peinture. Le comte de
« Canossa ajouta : De ce que les statues sont plus du-
« rables, on pourrait conclure peut-être qu'il y a en
« elles plus de dignité ; car, étant faites pour le sou-
« venir, elles atteignent ce but mieux que la peinture :
« mais, outre le souvenir, la peinture et la sculpture

« doivent encore orner, et en ceci la peinture est bien
« supérieure. Si elle dure moins que la statuaire, elle
« ne laisse pas de subsister long-temps, et tant qu'elle
« se conserve, elle est beaucoup plus agréable.

« Alors Cristoforo répondit : Je crois vraiment que
« vous avez parlé contre votre pensée, et que vous faites
« tout cela en faveur de notre Raphaël; peut-être vous
« semble-t-il que l'excellence que vous lui reconnaissez
« dans la peinture est si éminente, que la sculpture ne
« pourra jamais arriver à ce point; mais remarquez
« que c'est la gloire d'un artiste et non de l'art. Puis il
« ajouta : Il me semble bien qu'elles sont l'une et l'autre
« une imitation artificielle de la nature; mais je ne
« comprends pas que vous osiez dire que le vrai et le
« naturel ne soient pas mieux imités dans une figure
« de marbre et de bronze, où tous les membres sont
« en relief, formés et mesurés comme la nature les
« fait, que dans un tableau où l'on ne voit que la su-
« perficie et les couleurs qui trompent les yeux; vous
« ne me direz pas que la ressemblance approche plus
« du vrai que la réalité. Je crois ensuite que la sculpture
« est plus difficile, parce que si l'on commet une faute,
« on ne peut la corriger, car le marbre ne se rattache
« pas, mais il faut faire une autre figure; ce qui n'ar-
« rive pas dans la peinture, où l'on peut changer, ajou-
« ter, diminuer ou améliorer toujours.

« Le comte de Canossa reprit en riant : Je ne parle
« pas en faveur de Raphaël, et vous ne devez pas me
« réputer assez ignorant pour ne pas connaître l'excel-
« lence de Michel-Ange, la vôtre, et celle de plusieurs
« autres dans la sculpture ; je parle de l'art et non des
« artistes. Il est vrai que l'une et l'autre sont une imi-
« tation de la nature, mais il est faux de dire que la
« peinture est la ressemblance et la sculpture la réalité.
« La sculpture est en relief; la peinture ne montre que
« la superficie; cependant, il manque aux statues

« bien des choses qui ne manquent pas aux peintures,
« sur-tout la lumière et les ombres, parce que l'effet
« de la lumière sur la chair est autre que sur le mar-
« bre. C'est ce que le peintre imite naturellement avec
« le clair-obscur, plus ou moins, selon le besoin,
« chose impossible au sculpteur. Si le peintre ne fait
« pas le visage en relief, il accuse les muscles et les
« membres qui vont s'unir aux parties qu'on ne voit
« pas, de telle manière que l'on peut très bien com-
« prendre que le peintre les connaît. Le peintre a be-
« soin de plus d'art dans la représentation des mem-
« bres qui se raccourcissent et diminuent à proportion
« de la vue dans les règles de la perspective, qui, par
« la force de lignes mesurées, de couleurs, de lumières
« et d'ombres, vous montre encore sur la superficie
« d'un mur droit, le plan et le lointain, plus ou moins,
« comme il lui plaît. Vous semble-t-il que l'imitation
« des couleurs naturelles, dans la reproduction des
« chairs, des draperies et des autres choses soit de peu
« d'importance ? Le sculpteur ne peut le faire et moins
« encore rendre la gracieuse expression des yeux noirs
« ou bleus avec la splendeur amoureuse de leurs
« rayons. Il ne peut montrer ni la couleur des cheveux
« blonds, ni l'éclat des armes, ni une obscure nuit,
« ni une tempête de mer, ni les éclairs, ni la foudre,
« ni l'incendie d'une ville, ni le lever de l'aurore de
« couleur de roses, avec ses rayons d'or et de pourpre.
« Enfin, il ne peut montrer le ciel, la terre, la mer,
« les montagnes, les forêts, les prés, les jardins, les
« fleuves, les villes et les maisons ; toutes choses que
« fait le peintre. Voilà pourquoi la peinture me sem-
« ble plus noble et plus capable d'art que la sculpture.
« Je pense que, chez les anciens, elle avait, comme
« les autres choses, atteint le faîte de l'excellence.
« Cela se voit par le peu qui en reste, sur-tout dans
« les galeries souterraines de Rome. Mais on peut le

« comprendre bien plus clairement par les anciens
« écrits où se trouvent de si honorables, de si fré-
« quentes mentions et des œuvres et des maîtres, où
« l'on apprend combien ils furent toujours honorés
« des grands et des républiques. Ainsi, on lit qu'Alexan-
« dre aima souverainement Apelles, et tellement que
« lui ayant fait peindre une femme qu'il aimait beau-
« coup, et apprenant que le peintre en était devenu
« ardemment épris, à cause de sa merveilleuse beauté,
« il la lui donna, sans rien considérer ; libéralité
« vraiment digne d'Alexandre de donner non-seule-
« ment des trésors, des états, mais ses propres désirs
« et affections. Ce fut une grande marque d'amour
« envers Apelles de n'avoir pas craint, pour lui plaire,
« de déplaire à la femme qu'il aimait, laquelle, on
« peut le croire, se plaignit fort d'échanger un si grand
« roi contre un peintre. On raconte encore beaucoup
« d'autres traits de la bienveillance d'Alexandre envers
« Apelles ; mais il démontra très clairement combien
« il l'estimait, lorsqu'il fit publier la défense à tout
« autre peintre d'oser faire son portrait…. Je pourrais
« vous dire avec quelle solennité les anciens empereurs
« ornaient de peintures leurs triomphes et les lieux
« publics, et combien ils les payaient cher. Il s'est
« même trouvé des peintres qui donnaient leurs
« œuvres, parce qu'il leur semblait que ni or, ni ar-
« gent ne suffirait à les payer. Un tableau de Protogène
« était si estimé, que Démétrius étant campé devant
« Rhodes, et pouvant y entrer en mettant le feu du
« côté où il savait qu'était le tableau, de crainte de le
« brûler, il leva le siége. Métrodore, philosophe et
« peintre excellent, fut envoyé par les Athéniens à Paul-
« Émile, pour enseigner à ses enfants et orner le triom-
« phe qu'il préparait. Bien d'autres nobles écrivains
« ont traité de cet art, ce qui prouve combien on l'es-
« timait. »

XII.

La plaisanterie, ce premier élément de succès à la cour, est traitée amplement par Castiglione. Bernard Bibiena donne de sages, de prudentes règles sur l'art de la manier. Il l'interdit principalement contre ceux qui sont assez malheureux pour inspirer de la pitié ou assez coupables pour encourir quelque peine grave, ou généralement aimés et estimés, ou assez puissants pour nuire. Il parle agréablement du rire, et le regarde comme un attribut particulier à l'homme, qu'il définit spirituellement un animal qui rit. Il n'omet point ce rire du ventre (*fianchi*), produit par les grandes et sublimes farces de Molière, et qu'il est accordé à si peu d'auteurs d'exciter dans nos parterres.

Voici quelques exemples de bonne plaisanterie, cités dans le *Cortegiano*. On y sent percer une certaine liberté d'opinion et de raillerie contre les gens d'église, mais sans offense pour la religion. C'est à l'époque où celle-ci domine et règne avec sécurité que cette sorte d'indépendance et d'ironie se rencontre d'ordinaire ; elle vient à manquer, quand la religion a été outragée et persécutée. L'écrivain honnête homme craint alors, par de telles licences, de paraître son ennemi et de lui nuire. Aujourd'hui il semble permis, par des considérations différentes, et après tout ce qui a été dit pour et contre, de revenir à la liberté première, et de citer les faits sans mauvaises intentions, *sine irâ, sine studio*. Un pareil système paraît plus utile à la vérité que la servilité ou la peur, et nous plaignons le manque de lumières ou de charité qui pourrait le dénoncer. La Rome actuelle, épurée par l'infortune et par sa noble indigence, est convenue et a gémi des scandales passés, et elle n'a plus rien laissé à ses ennemis à accuser.

Castiglione ne permet point l'esprit contre Dieu. Il

regarde comme abominables (*abbominevoli*) ceux qui
en parlent avec irrévérence, et veut qu'on les chasse
de la bonne compagnie.

A la mort de l'indigne Alexandre VI et à l'élection
du frêle Pie III, Antoine Agnello de Mantoue, discou-
rant avec quelques-uns de ses amis dans une salle du
Vatican sur la mort du premier et sur l'avènement du
second, disait : au temps de Catulle, les portes commencèrent à parler sans langue et à entendre sans
oreilles, de façon à pouvoir révéler les galanteries des
dames romaines. Si les hommes de nos jours ne valent
pas ceux d'alors, peut-être que les portes, dont beaucoup à Rome sont de marbre antique, ont gardé la
même vertu ; et je pense que les deux que voici pour-
ront.là-dessus trancher nos doutes. Comme les gentilshommes qui l'écoutaient demeuraient en suspens
et attendaient où il voulait en venir, Antoine allant su-
bitement à l'une des portes, montra du doigt le nom
du pape Alexandre avec un V suivi d'un I, cette porte
dit : Alexandre pape plutôt par la force (*vi*) que par
la justice. Voyons si cette autre porte nous apprendra
quelque chose du nouveau pontife : alors se tournant
comme par hasard vers celle-là, il montra l'inscription
d'un N avec deux PP et un V qui rappelaient le grand
et savant pape Nicolas V (*Nicolaus papa quintus*). Ho !
pour le coup, ajouta-t-il aussitôt, cette porte ne nous
dit rien de bon, puisqu'elle annonce que le *pape se
porte mal (Nihil papa valet)*, et en effet, Pie III ne
survécut à cette plaisanterie que vingt-cinq jours.

L'archevêque de Florence disait au cardinal Alexan-
drin ; l'homme possède trois choses : le bien, le corps et
l'ame. Le bien est la proie des gens de loi, le corps des médecins, l'ame des théologiens. Là-dessus le magnifique
Julien rappela la remarque de Nicolotto, qui prétendait
qu'il était rare de voir un homme de loi plaider, un
médecin se droguer et un théologien être bon chrétien.

Deux cardinaux familiers (*domestici*) de Raphaël, s'avisèrent un jour, pour le faire parler, de critiquer comme trop rouges deux de ses figures de saint Pierre et de saint Paul. Seigneurs, reprit aussitôt Raphaël, que cela ne vous étonne point : je l'ai fait tout exprès; car on doit croire que saint Pierre et saint Paul, quoique dans le ciel, sont encore aussi rouges là que dans mon tableau, tant ils ressentent de honte de voir l'église gouvernée par des hommes tels que vous. Ce sarcasme dantesque semble bien moins appartenir à la douceur et à la grâce courtisanesque du peintre d'Urbin, qu'à l'âpre irrévérence de Michel-Ange, soit qu'il aveuglât de poudre de marbre le gonfalonier de Florence, pour sa critique, soit qu'il fît dire au pape, mécontent des nudités de la Sixtine, de corriger le monde, s'il voulait qu'il corrigeât ses peintures [1].

Le savant antiquaire et bibliographe Jean Cardona, évêque de Tortose, disait d'un quidam, qui annonçait l'intention de quitter Rome : celui-là à mon sens, se méprend; car il est si scélérat (*scellerato*), que demeurant à Rome, il peut avec le temps devenir cardinal.

Bernard Bibiena eût pu réclamer pour le trait suivant l'indulgence qu'on lui verra prescrire au sujet de l'affectation, lorsqu'il invite sa dame du palais à ne pas trop se gendarmer au récit de certaines histoires.

Les cinq religieuses d'un couvent de Padoue se trouvèrent un jour enceintes du fait de leur directeur. Comme il était savant et bonhomme, ses nombreux amis cherchaient à l'excuser auprès de l'évêque (*per la comodità del loco, per la fragilità umana*); le prélat irrité ne voulait rien entendre. « Que répondrai-je à Dieu, s'écria-t-il, lorsqu'au jour du jugement il me dira : *Redde rationem villicationis tuœ?* » Marc-Antoine

---

[1] V. les *Voyages*, liv. X, chap. 3, et liv. XV, chap. 2.

della Torre, le principal protecteur du coupable, répliqua aussitôt « Monseigneur, vous répondrez ce que dit aussi l'Évangile : *Domine, quinque talenta tradidisti mihi, ecce alia quinque superlucratus sum.* » L'évêque, désarmé, ne put s'empêcher de rire, et adoucit la punition.

La sortie du magnifique Julien de Médicis contre les *Frati*, qu'il regarde comme les plus grands ennemis, non-seulement de la religion, mais encore des bonnes mœurs, et qu'il accuse de cruauté et des plus énormes crimes, n'est pas sans exagération. Ils n'avaient pas été plus ménagés par Bembo qui, dans ses agréables lettres familières, se montre peu disposé à s'intéresser aux réclamations des moines de Sainte-Marie *dell'Orto*, dépouillés par le patriarche de Venise « parce que les *Frati* cachent souvent toutes les scélératesses humaines sous une hypocrisie diabolique (*per trovarvi sotto molte volte tutte le umane scelleratezze coperte di diabolica ipocrisia* [1]); » par l'Arioste qui les traite d'*ingorda e si crudel canaglia* [2]; par le Tasse [3] et Annibal Caro dans leurs lettres [4]. Les faits démontrent que ces moines, malgré leurs scandales, n'ont participé à aucune des grandes catastrophes ou persécutions, à aucun des massacres historiques. Il y a dans la violence de ce passage, peu habituelle à Castiglione, quelque chose de la rancune princière qui animait les cours contre le côté populaire des institutions monastiques, et qui contribua au succès de la réformation. On a peine à s'expliquer qu'avec le tact qu'annonce ailleurs le magnifique Julien, il se permette une si injurieuse véhé-

[1] *Let.* II.
[2] *Sat.* V,
[3] *Let.*, t. IV, p. 313.
[4] V. la *Lettre*, chef-d'œuvre de goût, de raison, d'éloquence, écrite par Caro à son ami Bernard Spina, seigneur assez libertin, qui avait la fantaisie de se faire *Frate.*

mence en présence du gros et joyeux frère Séraphin,
que son ami Pistoja comparait à une valise, et qui,
selon Frédéric Frégose, était ingénieux à trouver chaque jour de nouveaux jeux d'esprit. Si le frivole Séraphin avait lu Machiavel, il aurait pu repartir que le
peintre peu suspect du frère Timothée de la *Mandra-
gore*, avait approuvé l'institution des *Frati*, et prétendu même qu'elle avait ranimé le christianisme éteint
et qu'elle s'opposait encore à ce qu'il pérît par les
mauvais exemples des prélats et du clergé.

Les mystifications n'étaient pas inconnues à la
cour d'Urbin, mais on n'en abusait point, comme depuis, en les multipliant ou en les prolongeant. Un
seigneur qui s'en amusait, annonça à deux dames
l'arrivée d'un Espagnol au service du cardinal Borgia;
il s'appelait Castiglio, passait pour spirituel, musicien,
beau danseur; enfin c'était le plus accompli cavalier de
toutes les Espagnes. Ces dames, curieuses de le voir,
demandèrent qu'il leur fût présenté. Alors, le mysti-
ficateur amena un certain paysan, nouveau venu de
Bergame, où il gardait les vaches, et qui, après qu'on
l'eut nettoyé et paré, avait assez bonne mine. Parmi
les talents attribués à ce rustre, on citait sa facilité à
parler toutes les langues, et particulièrement le patois
lombard. Introduit en présence d'invités, la plupart
dans le secret, ces dames le firent asseoir et l'accueilli-
rent avec égard et distinction. Son jargon bergamas-
que eut le plus grand succès, jusqu'à ce que les éclats
de rire de la société avertirent de la mystification.

Les calembourgs paraissent à la mode parmi les
seigneurs italiens du XVI.ᵉ siècle. Castiglione les loue,
en donne les règles, comme Boileau n'a pas dédaigné
de le faire dans l'*Art* poétique :

> Ce n'est pas quelquefois qu'une muse un peu fine
> Sur un mot, en passant, ne joue et ne badine
> Et d'un sens détourné n'abuse avec succès.

Voici quelques échantillons : Le seigneur Annibal Paleotto cherchait un précepteur pour ses fils. Comme on lui recommandait un savant fort capable, mais qui voulait le logement et les meubles, car il manquait de lit (*letto*); eh! comment votre homme peut-il être si savant, reprit Annibal, s'il n'a rien lu (*se non ha letto*)?

On parlait chez la duchesse d'Urbin du pavé de briques (*mattonato*) à faire dans son cabinet. « La chose serait facile, dit le sculpteur Cristoforo Romano, si vous pouviez façonner l'évêque de Potenza, car il n'y a pas au monde de plus grand fou (*matto nato*). »

Castiglione recommande à plusieurs reprises de fuir l'affectation. Il la reprend dans la conversation. « L'af-« fectation médiocre, dit-il, n'est qu'ennuyeuse ; hors « de mesure, elle devient ridicule à l'excès. Telle est « celle des gens qui parlent de leur rang, de leur bra-« voure, de leur noblesse. » Il la blâme dans la toilette des femmes, mais il en veut sur-tout à l'affectation des prudes. Il ne permet pas que sa dame du palais, pour se faire estimer honnête, soit collet-monté (*ri-trosa*), qu'elle paraisse abhorrer la société, les propos même un peu lestes, ni qu'elle se lève quand on les risque, parce qu'on pourrait facilement croire qu'elle feint de paraître aussi austère pour cacher ce qu'elle craint qu'on apprenne : ces manières sauvages sont toujours désagréables. Ainsi, Fénelon invite une dame de la cour, faisant profession de piété, à se montrer, dans les divertissements, « gaie, complaisante, sans contrainte, sans affectation, sans sécheresse, et à ne pas être incommode aux autres. »

XIII.

Castiglione désire que son courtisan ait de la science, et que, soit en parlant, soit en écrivant, il se serve de

mots employés par le peuple, et cependant choisis et
recherchés : circonstance particulière à l'Italie, et qui
ailleurs semblerait inexplicable. Ces conseils sur l'ordre
à mettre dans les pensées, sur la conversation et le
style, d'une parfaite justesse, ont de l'analogie avec
les idées du Discours de Buffon :

« Ce qui est sur-tout nécessaire au courtisan pour
" bien parler et bien écrire, c'est le savoir ; car qui ne
« sait pas et n'a dans l'ame rien qui mérite d'être en-
« tendu, ne peut le dire ni l'écrire. Ensuite, il faut dis-
« poser avec ordre ce qu'on doit dire ou écrire, puis
« le bien exprimer avec les mots, qui, si je ne me
« trompe, doivent être propres, choisis, splendides et
« bien arrangés, mais sur-tout usités même par le
« peuple. Ces mots font la grandeur, la pompe du
« discours, si celui qui parle a bon jugement et sait
« prendre ceux qui expriment le mieux ce qu'il veut
« dire, les ennoblir, et, leur donnant la forme, comme
« à de la cire, les placer dans telle partie et avec tel
« ordre, qu'au premier aspect ils montrent et fassent
« connaître leur dignité et leur éclat, ainsi que des ta-
« bleaux mis à leur jour vrai et naturel. La même
« règle s'applique aussi bien à l'art d'écrire qu'à l'art
« de parler ; mais celui-ci exige, en outre, certaines
« choses qui ne sont pas nécessaires dans l'art d'écrire,
« telles qu'une bonne voix, ni trop faible, ni trop
« douce, comme celle des femmes, ni si rude et hor-
« rible qu'elle tienne du rustique ; mais sonore, claire,
« suave et bien composée, avec la prononciation nette
« et une action convenable, laquelle, à mon avis,
« consiste dans certains mouvements de tout le corps,
« ni affectés, ni violents, mais tempérés par la phy-
« sionomie et le regard, qui donne de la grâce, s'ac-
« corde avec les mots, et s'efforce de rendre aussi par
« les gestes l'intention et la passion de celui qui parle.
« Tout cela serait vain et de peu d'importance si les

« pensées n'étaient belles, élégantes, ingénieuses,
« fines ou graves, selon le besoin. »

Castiglione conseille judicieusement aux Toscans de
renouveler leur langue, qu'ils laissaient périr par délicatesse, de reprendre les vieilles expressions de Pétrarque et de Boccace, conservées chez le peuple et les
gens de la campagne ; conseil suivi avec tant d'ardeur
par Alfieri après plus de deux siècles. Enfin, comme
Dante et Manzoni, Castiglione est d'avis que les écrivains italiens admettent les mots des divers dialectes,
pourvu qu'ils soient harmonieux, expressifs ; et il re-
jette la prétention des Toscans d'imposer leur idiome
au reste de l'Italie. Il s'est lui-même affranchi de
cette servitude, et, Lombard, il se glorifie d'avoir
écrit la langue qu'il parle, au lieu de s'exposer à l'affront que reçut Théophraste de la marchande d'herbes
d'Athènes, et de paraître étranger à la Toscane en
usant du toscan.

XIV.

L'article des vêtements et du jeu, qui rentrait dans
le sujet d'un livre sur la cour, est curieux. Castiglione
rappelle l'invasion des costumes étrangers et ses funestes effets. Cet élégant courtisan, ce chevalier regrette patriotiquement l'ancien costume, ainsi qu'aurait pu le faire un vieux citoyen de Florence ou de
Sienne ; et il s'indigne, comme Machiavel, contre le
pillage perpétuel de l'Italie.

« Bien que l'usage des nouveaux habits fasse paraître
« ridicules (*goffissimi*) ceux d'autrefois, cependant ils
« étaient une marque de liberté, comme ceux-là un
« augure de servitude, augure qui me semble désormais
« avoir été trop clairement accompli. Darius, une année
« avant la guerre contre Alexandre, ayant fait donner
« la forme macédonienne à son épée persane, les de-

« vins annoncèrent que ceux dont Darius avait adopté
« l'épée, viendraient dominer la Perse. Ainsi, le chan-
« gement de nos habits italiens pour ceux des étran-
« gers, me paraît signifier que tous ceux dans le cos-
« tume desquels le nôtre a été transformé, doivent
« venir nous subjuguer. Cela n'a été que trop vrai, car
« il n'est pas de nation dont nous n'ayons été la proie;
« il ne reste presque plus rien à nous enlever, et ce-
« pendant l'on ne cesse de nous dépouiller. »

Cette question du costume était alors fort compli-
quée, et les modes paraissent singulièrement variées.
Les uns se mettaient à la française, les autres à l'espagnole, à l'allemande et même à la turque; les uns,
comme de nos jours, portaient la barbe, les autres non.
La barbe était en usage parmi les ecclésiastiques, qui
pourraient bien maintenant la reprendre, et auxquels,
avec l'ancienne et immuable gravité de leurs habits,
elle irait mieux qu'aux gens du monde, accoutrés d'une
façon si mince et si étriquée. Castiglione incline avec
raison à suivre l'exemple du plus grand nombre et à
éviter les extrêmes. Il aurait volontiers signé la maxime
de La Bruyère : « Un philosophe se laisse habiller par
« son tailleur. Il y a autant de faiblesse à fuir la mode
« qu'à l'affecter. » Et il se moque des petits-maîtres de
son temps, qui portaient un miroir au fond de leur
bonnet, des peignes dans la manche et se faisaient
suivre, par les rues, d'un page muni d'une brosse et
d'une éponge.

Frédéric Frégose, quoiqu'il reconnaisse la noblesse
et l'agrément des échecs, les réprouve à cause du
temps et de la peine qu'il faut consacrer pour apprendre
ce qui n'est qu'un jeu; il remarque, avec esprit et
justesse, qu'en ce point, chose rare, la médiocrité est
plus louable que l'excellence.

XV.

Le *Cortegiano* est un des livres qui font pénétrer le plus avant dans l'esprit et les mœurs de ces inépuisables XV.ᶜ et XVI.ᵉ siècles. Le noble auteur, à la fois homme de cour et de guerre, diplomate et dilettante, en retrace fidèlement, dramatiquement, les opinions, les préjugés, les pratiques, les habitudes, la licence, le sensualisme, mêlé d'une spiritualité si haute et si raffinée, et il n'en oublie pas même les ridicules, car leur frivolité apparente complète l'histoire.

VI.

MONSIGNOR JEAN DELLA CASA, SON GALATEO, SON TRAITÉ DES DEVOIRS, SES POÉSIES, SES LETTRES.

I.

Si Castiglione est le parfait modèle du gentilhomme, du chevalier italien du XVI.ᵉ siècle, monsignor della Casa, ce nonce, ce ministre du Saint-Siége, peut être considéré comme un des plus brillants, des plus fidèles représentants des prélats, par son beau génie, sa science, son goût, son intelligence des arts, sa magnificence, ses grandes manières, et, il faut bien l'avouer, par la licence de quelques-uns de ses écrits et la fragilité de ses mœurs, avant qu'il fût entré dans l'Église. Alors l'Eglise se recrutait principalement parmi les plus illustres noms de la science, des lettres et même de la politique; elle marchait à la tête de la civilisation. Comment n'eût-elle pas succombé parfois, malgré l'esprit de l'Evangile, au vertige causé par la souveraineté de la pensée? Le prélat romain du XVI.ᵉ siècle semble moins prêtre qu'homme d'affaires et diplomate; le sacerdoce n'est qu'à la superficie. Le mot du nonce Roberti, rapporté par Racine dans les *Fragments historiques,* résume plaisamment et avec justesse ce caractère : *Bisogna infarinarsi di teologia, e far un fondo di politica.*

Jean della Casa naquit le 28 juin 1503 dans la vallée du Mugello, une des plus délicieuses parties de la Toscane, à huit milles de Florence, et qui fut aussi le berceau des Médicis. Allié à cette maison et aux autres premières familles, il était cousin du grand poëte Louis Alamanni, si cher à notre roi François I.[1]

Il fit ses premières études à Bologne, où son père s'était momentanément réfugié par suite d'un de ces fréquents orages de la république florentine, qui bannissaient ou faisaient fuir les plus illustres citoyens. Si les talents de Casa peuvent faire honneur à ses maîtres, on ne saurait les louer de l'éducation morale qu'il en reçut; puisqu'il a cru plus tard, dans ses *Iambes aux Allemands,* en réponse aux attaques de l'apostat Vergerio[2], se justifier de son scandaleux *Capitolo* bernesque du *Forno,* adressé à un noble vénitien, Antoine Sorenzo, en déclarant qu'il l'avait composé à l'âge de quinze ou seize ans :

> *Annis ab hinc triginta et ampliùs, scio*
> *Nonnulla me fortasse non castissimis*
> *Lusisse versibus. . . . .*
> *Sed quod puer peccavit, accusant senem.*

Cette immoralité des savantes écoles du XVI.ᵉ siècle est énergiquement confirmée par l'Arioste, dans la satire qu'il adresse à Bembo au sujet des difficultés et même des périls de l'éducation de Virginio, le fils préféré de ses deux enfants naturels, qu'il envoyait à Padoue :

« Que son maître ait science et vertu, mais que la « vertu domine, car sans celle-ci, je n'ai guère d'estime pour celle-là. Je sais bien que l'on trouve plus « vite la science que la vertu, tant aujourd'hui elles « s'entent difficilement l'une sur l'autre. »

---

[1] V. l'article précédent, p. 146.
[2] V. ci-après, p. 209.

Dottrina abbia e bontà, ma principale
Sia la bontà; che non v'essendo questa,
Nè molto quella a la mia estima vale.
So ben che la dottrina fia più presta
A lasciarsi trovar che la bontade;
Sì mal l'una nell'altra oggi s'innesta.

Le père de Casa, Pandolphe, le laissa à Bologne et
alla se fixer à Rome, où il perdit sa femme, Elisabeth
Tornabuoni, le 19 juin 1510. L'épitaphe de celle-ci,
à l'église Saint-Grégoire, offre un trait de mœurs florentines, puisqu'à la suite de l'éloge de sa noblesse et
de ses vertus, on loue son habileté dans les soins du
ménage : *Domesticarumque rerum peritissimæ.*

Vers 1524, Pandolphe della Casa revint avec son fils
à Florence, et se fit inscrire (*squittinare*) au quartier
Saint-Jean, sous le gonfalon du Lion-d'Or. Cette for-
malité était indispensable pour être éligible aux emplois. Jean la remplit, avec son frère François, en 1531.
Il s'était, en attendant, adonné à la poésie sous
Ubaldino Bandinelli, depuis évêque de Montefiascone,
alors célèbre, qu'il a vanté comme l'honneur de l'Italie, et dont l'unique gloire aujourd'hui est d'avoir produit un tel élève.

Cette même année 1531, Charles-Quint, impatient
d'en finir avec les vieux levains de liberté qui fermen-
taient encore à Florence, imposa à cette république le
joug du vil et scandaleux Alexandre de Médicis, son
premier duc, bâtard de Laurent, duc d'Urbin, et qu'il
avait marié à sa bâtarde Marguerite. Casa, soit qu'il
s'accommodât peu de ce passage violent à l'état mo-
narchique, soit ambition, partit pour Rome. Cette ville
était alors un séjour fort dangereux pour les mœurs
d'un jeune homme ardent, répandu et qui avait déjà
montré une si inquiétante précocité. Il a rappelé lui-
même, avec charme et repentir, les séductions auxquelles il succomba, dans la belle Canzone, regardée

comme son chef-d'œuvre, qui témoigne de la nature
complexe et mobile des poètes italiens, à la fois voluptueux et mystiques, mais toujours sincères :

« J'errai long-temps, et malheureux pélerin, incer-
« tain de la route, je marchai un grand nombre d'an-
« nées, avec un pied douteux et changeant souvent de
« sentier. Je cherchai terre et mer au loin et près de moi,
« sans jamais trouver de repos, soit que le chemin fût
« uni, ou raide et montagneux. Aussi me pris-je moi-
« même en haine et mépris; toutes mes pensées me
« déplurent, dès que je ne pus trouver ni soutien ni
« conseil. Ah! monde aveugle, je vois maintenant com-
« bien tes fruits naissent différents de la fleur. Ce serait
« une touchante histoire que celle de mes souffrances
« pendant mon long exil et mon lointain pèlerinage;
« non que j'aperçoive déjà la douce demeure, mais
« mon divin seigneur me montre la vie avec un nou-
« veau rayon, et c'est ma faute si je tombe.

« Il me naquit d'abord au cœur un nouveau désir,
« si doux dans le printemps de l'âge; il enivra bientôt
« tous mes sens. On ne cherche pas la liberté ou la vie,
« ou telle autre chose, s'il en est que le sage apprécie
« plus, avec autant d'ardeur que je cherchais tes dou-
« ceurs, ô amour! Je suivais tantôt le regard de deux
« beaux yeux, tantôt la neige d'une blanche main, et
« si je voyais deux tresses d'or flamboyer au loin sous
« un beau voile, ou si une robe élégante découvrait le
« pied mignon d'une jeune femme (maintenant j'en
« soupire et j'en pleure), je courais, comme l'oiseau
« qui descend d'en haut et vole à sa nourriture. Telles
« furent hélas! dans mes premiers temps les voies de
« mes pensées; je fis un chemin tortueux.

« Afin de rendre mon repentir encore plus amer,
« souvent je demandai avec larmes le terme de mes
« chères et volontaires peines; j'appris à pleurer en de
« douces manières, je veillai les nuits fraîches et se-

« reines à implorer un cœur avare de pitié, et parfois je
« le fléchis. Maintenant, il faut bien que la pénitence
« et la douleur lavent mon ame des sombres couleurs
« et du limon terrestre dont elle a été, par ma faute, im-
« prégnée et appesantie. Car, si le ciel me l'a donnée
« blanche et légère, elle ne doit pas y monter terrestre
« et noircie. Elle ne peut, si je ne me trompe, repren-
« dre jamais sa forme première, à moins que la misé-
« ricorde divine ne lui marque d'abord la trace dans
« le vrai chemin, qu'elle ne l'arrache à la guerre et ne
« la mette en paix.

« Que ce vrai amour, qui de rien daigna me faire si
« noble, me guide et m'accompagne, car, livré à lui-
« même, le cœur tourne au mal. Ni les conseils d'au-
« trui, ni les miens ne peuvent m'aider, tant le désir
« aveugle change en ténèbres tout ce qui apporte de la
« lumière à l'ame. Comme une bête sauvage, fatiguée
« de ses liens, les secoue à la fin, les brise et s'enfuit;
« tel, tardif, lassé, je m'éloignai à vol lent de celui
« qui m'avait pris à son venin, avec le doux appât par
« lequel il détruit en nourrissant. Ensuite, chantant la
« douleur passée, mon ame se recueillit en elle-même,
« brûla d'un nouveau désir, et crut s'élever fort au-
« dessus de la terre. Je vis l'Hélicon et gravis les col-
« lines sacrées où il est aujourd'hui rarement imprimé
« de traces.

« Tel qu'un pèlerin, si le souvenir de sa douce mai-
« son l'oppresse, s'achemine soudain à travers des fo-
« rêts et de sauvages montagnes, tel je marchai par
« le chemin inégal, mais à la suite de quelques-uns,
« que j'aperçus au loin et que leurs chants ont rendus
« parmi nous célèbres. Mes pieds étaient moins prompts
« que mes désirs; aussi, diminuant les douces heures
« du repos et du sommeil, j'ajoutai au jour une partie
« de mes nuits, pour approcher de leur troupe hono-
« rée. Même en ceci, nouvelle erreur; car, il m'était

« donné de m'élever peu sur les nobles et sublimes
« routes où mon bon compatriote (Pétrarque) fit le
« long du Permesse un nouveau chemin. Oh! comme
« mes pieds désiraient vous suivre ; il ne me semble
« pas encore que l'ame puisse se satisfaire ailleurs.

« Puis une folle croyance tourna ma pensée à suivre
« la fausse enseigne de l'honneur ; et je désirai me
« rendre, au dehors, semblable aux bons : comme s'il
« n'y avait pas de valeur qu'elle ne soit signalée par
« des pierreries et de la pourpre, ou comme si la vertu,
« sans ornement, était par elle-même imparfaite et
« vile. Combien j'ai pleuré, ô doux et humble état,
« tes repos et tes jours sereins, changés en nuits som-
« bres et cruelles, depuis que j'ai reconnu qu'au lieu
« de la gloire qu'il promet, le monde donne angoisses
« et affronts ! J'ai vu quelles pensées et quelles œuvres
« il revêt parfois ou recouvre de joie. Telles sont les
« tortueuses voies que j'ai battues ; maintenant, fati-
« gué, vaincu, la chevelure changée et le flanc ma-
« lade, je tourne, bien que paresseux, mes pas en
« arrière, car, par les premiers sentiers, on va à la
« mort.

« O ma triste chanson, une petite flamme brille
« dans le lointain ; quelquefois un chemin étroit con-
« duit à une noble terre. Qui sait si cette pensée in-
« firme et lente que je sens se mouvoir en mon ame
« affligée, pourra dissiper l'épais nuage qui a fait ter-
« miner ma course dans les ténèbres, et me servir de
« lumière et de guide dans une route sûre, si, comme
« je l'espère, le ciel la protége. »

Errai gran tempo ; e del cammino incerto,
  Misero peregrin, molti anni andai
  Con dubbio piè, sentier cangiando spesso ;
  Nè posa seppi ritrovar già mai
  Per piano calle, o per alpestro ed erto,
  Terra cercando e mar lungi e dappresso :

Tal che'n ira e 'n dispregio ebbi me stesso;
E tutti i miei pensier mi spiacquer poi
Ch' i' non potea trovar scorta o consiglio.
Ahi cieco Mondo, or veggio i frutti tuoi
Come in tutto dal fior nascon diversi.
Pietosa istoria a dir quel ch'io soffersi
In così lungo esiglio
Peregninando fora;
Non già ch'io scorga il dolce albergo ancora;
Ma 'l mio santo Signor con novo raggio
La vita mi mostra; e mia colpa è s'io caggio.
Nova mi nacque in prima al cor vaghezza,
Sì dolce al gusto in sull' età fiorita,
Che tosto ogni mio senso ebro ne fue,
E non si cerca o libertate o vita,
O s' altro più di queste uom saggio prezza,
Con sì fatto desio, comm' i' le tue
Dolcezze, Amor, cercava; ed or di due
Begli occhi un guardo, or d'una bianca mano
Seguìa le nevi; e se due trecce d'oro
Sotto un bel velo fiammeggiar lontano,
O se talor di giovenetta donna
Candido piè scoprio leggiadra gonna;
(Or ne sospiro e ploro)
Corsi, come augel sole,
Che d'alto scenda, ed a suo cibo vole:
Tal fur, lasso, le vie de' pensier miei
Ne' primi tempi, e cammin torto fei.
E per far anco il mio pentir più amaro
Spesso piangendo altrui termine chiesi
Delle mie care e volontarie pene,
E'n dolci modi lacrimare appresi;
E'n cor piegando di pietate avaro
Vegghiai le notti gelide e serene;
E talor fn ch' io 'l torsi; e ben convene
Or penitenzia e duol l' Anima lave
De' color atri e del terrestre limo,
Ond' ella è per mia colpa infusa e grave:
Che se 'l Ciel me la diè candida e leve;
Terrena e fosca a lui salir non deve.
Ne può, s' io dritto estimo,
Nelle sue prime forme
Tornar già mai, che pria non segni l'orme
Pietà superna nel cammin verace,
E la tragga di guerra, e ponga in pace.
Quel vero Amor dunque mi guidi e scorga,
Che di nulla degnò sì nobil farmi;
Poi per se'l cor pure a sinistra volge;

Nè l' altrui può nè 'l mio consiglio aitarmi;
Sì tutto quel che luce all' Alma porga,
Il desir cieco in tenebre rivolge.
Come scotendo pure al fin si svolge
Stanca talor fera da i lacci, e fugge;
Tal io da lui, ch'al suo venen mi colse
Con la dolce esca, ond' ei pascendo strugge,
Tardo partimmi, e lasso, a lento volo :
Indi cantando il mio passato duolo,
In sè l'Alma s' accolse,
E di desir nova arse,
Credendo assai da terra alto levarse :
Ond' io vidi Elicona, e i sacri poggi
Salii, dove rado orma è segnata oggi.
Qual peregrin, se rimembranza il punge
Di sua dolce magion, talor se'nvia
Ratto per selve e per alpestri monti;
Tal men giv' io per la non piana via,
Seguendo pur alcun, ch' io scorsi lunge,
E fur tra noi cantando illustri e conti.
Erano i piè men del desir mio pronti;
Ond' io del sonno e del riposo l'ore
Dolci scemando, parte aggiunsi al die
Delle mie notti, anco in quest' altro errore,
Per appressar quella onorata schiera :
Ma poco alto salir concesso m' era
Sublimi elette vie.
Onde 'l mio buon vicino
Lungo Permesso feo novo cammino.
Deh come seguir voi miei piè fur vaghi !
Nè par ch' altrove ancor l'Alma s'appaghi.
Ma volse il pensier mio folle credenza
A seguir poi falsa d'onore insegna;
E bramai farmi a i buon di fuor simìle;
Come non sia valor, s'altri nol segna
Di gemme e d'ostro; o come virtù, senza
Alcun fregio, per sè sia manca e vile :
Quanto piansi io, dolce mio stato umìle,
I tuoi riposi e i tuoi sereni giorni
Volti in notti atre e rie, poich' i' m'accorsi,
Che gloria promettendo, angoscia e scorni
Da il Mondo, e vidi quai pensieri ed opre
Di letizia talor veste o ricopre.
Ecco le vie ch'io corsi
Distorte : or vinto e stanco,
Poichè varia ho la chioma, infermo il fianco,
Volgo, quantunque pigro, indietro i passi;
Che per quei sentier primi a morte vassi.

Picciola fiamma assai lunge riluce,
Canzon mia mesta; ed anco alcuna volta
Angustò calle a nobil Terra adduce.
Che sai, se quel pensiero infermo e lento,
Ch'io mover dentro all' Alma afflitta sento,
Ancor potrà la folta
Nebbia cacciare, ond' io
In tenebre finito ho il corso mio,
E per sicura via, se 'l Ciel l'affida,
Sì come io spero, esser mia luce e guida [1] ?

Malgré quelques réminiscences, ce n'est guère là cette ardeur de conversion qui trouble et agite saint Augustin ; on sent toute la distance qu'il y a entre un élégant prélat de la Renaissance et un saint, un docteur, un confesseur des premiers siècles de l'église. Casa convient lui-même à quel point sa vie alors était égarée à la suite des syrènes du monde (*torta dietro alle sirene del mondo*), dans sa lettre du 7 août 1534, écrite à Louis Beccatello, qui devait lui succéder comme nonce à Venise, et dont Titien, âgé de soixante-quinze ans, fit le portrait qui s'admire encore à la tribune de Florence, chef-d'œuvre plein de vie et qui exprime si bien ce mélange de finesse et de dignité d'un diplomate romain. Ces lettres de Casa, modèle de style et intéressantes pour l'histoire du temps et de sa propre vie, ont toutefois le défaut d'être trop travaillées, d'être hérissées de pointes et de manquer d'abandon et de familiarité.

Casa, malgré sa dissipation, n'avait point perdu l'habitude du travail. On en peut juger par les vers flatteurs du Mauro, ce satirique bouffon des femmes, des moines, de la Rome pontificale, mais sans irréligion. Le poète était compagnon de plaisirs de Casa, et comme lui et ses deux célèbres compatriotes, le burlesque Berni et l'élégant Firenzuola, l'habile faiseur de centons Capilupi et d'autres, membres de cette ba-

[1] Canz. IV.

chique société ou académie des Vignerons (*Vignajuoli*)
composée d'ecclésiastiques un peu trop épicuriens,
sorte de *Caveau* érudit et lettré du XVI.ᵉ siècle. Le
concile de Trente n'avait point encore arrêté toutes
ces joyeusetés, dans les mœurs et les écrits, passées
trop long-temps au clergé.

Voici les vers du Mauro : « Messer Jean et messer
« Augustin, vous êtes, dans nos temps, un vrai couple
« d'amis qui faites parler de vous. En hommes prudents,
« pour vous immortaliser, comme le grand Mantouan
« et celui d'Arpinum, vous consumez plus d'huile que
« de vin. Je voudrais vous louer autant qu'il convient,
« mais je ne crois pas que l'on puisse vous donner
« plus de louange que vous ne vous en donnez vous-
« mêmes. »

> *Vera coppia d' amici a' tempi nostri*
>   *Messer Giovanni e messer Agostino*
>   *Che fate ragionar de' fatti vostri ;*
> *E consumate più olio che vino*
>   *Come prudenti per immortalarvi ,*
>   *Come il gran Mantoano e quel d'Arpino;*
> *Io , quanto si convien, vorrei lodarvi ;*
>   *Ma più lode di quella che voi stessi*
>   *Vi date, non cred' io, ch' uom possa darvi*[1].

Casa a loué l'ambition. Le désir de s'avancer lui fit
joindre à l'étude des lettres humaines celle de la théologie, mais les premières obtinrent toujours la préférence, et ne lui furent pas moins utiles. Car, dès son
arrivée à Rome, il écrivait qu'un homme éloquent était
là plus estimé qu'un savant[2]. C'était cependant de docteurs dont il fallait s'armer alors pour argumenter contre
Luther. Les élégants discoureurs de la cour pontificale,
à commencer par Casa, devaient être moins puissants
contre un tel adversaire que de rudes joûteurs, hérissés

---

[1] *Capitolo delle donne di Montagna*, II.
[2] Let. à L. Beccatello, du 10 mai 1531.

de grec, de chaldéen et d'hébreu, et la nouvelle, l'en-
vahissante doctrine du libre examen, pleine de jeunesse
et de force, ne pouvait être réprimée par leurs vides et
sonores paroles.

Devenu prêtre, Casa se lia avec les principaux dignitaires de la cour romaine, particulièrement avec les
deux cardinaux Alexandre Farnèse, dont le premier
fut le pape Paul III. Client de cette illustre maison, il
la servit même en des choses fort en dehors de son
nouvel état ; c'est ainsi qu'il composa, au nom d'un
Farnèse, plusieurs sonnets érotiques à des dames Li-
via et Girolama Colonne.

La capitale du monde chrétien n'était point encore
remise de l'épouvantable sac de 1527, qui dispersa ses
lettrés et ses artistes, réduisit la population de 90,000
à 32,000 habitants ; grande catastrophe qui, au milieu
des beaux jours de la Renaissance, est comme une
journée de l'invasion des barbares. « Les temps, écrivait
« Casa, sont misérables et secs (*asciutti e secchi*), non-
« seulement parce que le prince (Clément VII) n'est
« point libéral, mais encore parce qu'il n'a rien à
« donner [1]. »

L'année 1540, Paul III envoya Casa, commissaire
apostolique, à Florence, pour la perception des décimes
nouvellement imposées en Toscane. C'est alors qu'il
fut élu de l'académie florentine, à laquelle il fit quitter
son ridicule nom *degli Umidi*, dont les membres pre-
naient des noms de poissons ou d'animaux aquatiques,
académie qui a précédé celle de la Crusca. Il y avait
été reçu, le premier, dans une fournée de quarante-
deux académiciens, parmi lesquels étaient le poète
platonicien, si pur et si élégant, Jérôme Benivieni,
l'ami de Savonarole ; le sage et véridique historien
Bernard Segni ; le philosophe péripatéticien Chirico

[1] Let. à L. Beccatello, du 7 août 1534.

Strozzi, qui remplaça heureusement deux livres perdus
d'Aristote, et le docte, l'éloquent Pierre Vettori, sénateur et professeur de grec à Florence, dont Balzac, en
gentilhomme semi-castillan du règne de Louis XIII,
écrivait à Chapelain : « C'était au reste un homme
« de fort bonne naissance et qui a anobli la pédan-
« terie [1]. »

II.

Monsignor della Casa, revenu à Rome, fut créé,
en 1542, clerc de la chambre apostolique, promu le
2 avril 1544 à l'archevêché de Bénévent, et destiné
trois mois après à la nonciature de Venise.

Il s'était lié avec Bembo, alors plus que septuagénaire, et au comble des honneurs. Mais l'élévation, le
crédit du cardinal étaient bien loin d'être de l'opulence,
tant le siècle des lettres et des arts, qui n'avait point
trouvé la théorie de l'impôt, paraît inférieur en administration financière à notre prosaïque époque de bud-
gets. Ce prince de l'église écrivait à son neveu, le 19
novembre 1540, une année après avoir reçu le chapeau,
qu'il n'avait de sa vie été aussi pauvre, et le 29 mai
1546, qu'il vivait d'emprunts ; que depuis plus de deux
mois, il ne touchait pas un sou de son évêché de Bergame, et que le commis de la chancellerie papale,
Charles Gualteruzzi, sa créature, était plus riche que
lui [2]. Le génie brillant et facile de Bembo était très

[1] Let. du 29 juin 1638.

[2] Charles Gualteruzzi, qui a donné la belle édition des *Prose* de *Bembo*
(Florence, 1549, in-4.°), celle des *Lettere*, des *Rime* (Rome, 1548 in-4.°),
éditions rares, et auteur de nouvelles insérées dans les *Novelle antiche
cento*, ou le *Novellino*, publiées par lui, à Bologne, en 1525, très rare
édition, la première de ce recueil. Un grand nombre de lettres de Casa,
pendant sa nonciature, sont adressées à Gualteruzzi. On y voit les obstacles qu'apportait à l'impression de l'*Histoire de Venise*, de Bembo, la
politique vénitienne. Les fades *Asolani* mêmes avaient été défendus. Un
usage littéraire paraît singulier chez de tels écrivains ; c'est la révision des
manuscrits par un grammairien avant l'impression ; il montre l'excès de

analogue à celui de Casa, ce qui a fait donner au dernier, par Varchi, son compatriote et son ami, le surnom
médiocrement flatteur aujourd'hui, et au-dessous de
lui, de *Bembo Toscan.*

La mission de Casa est annoncée dans une agréable lettre, écrite de Rome, le 3 août 1544, par le cardinal à son
ami le patricien Jérôme Quirini, homme peu lettré, mais
qui avait la manie des gens d'esprit, et qui consacra
à Bembo le fastueux cénotaphe du santo de Padoue.
Cette lettre peint l'intimité du cardinal et de Casa, la
circonspection, la réserve diplomatique des agents de
la cour pontificale vis-à-vis de l'ombrageux gouvernement de Venise, ainsi que le goût des arts et la magnificence du prélat florentin.

« Notre saint-père envoie à Venise, comme nonce,
« monsignor della Casa, qui est mon ami autant que
« tout autre que j'aie à Rome, en dehors de M. Charles
« (Gualteruzzi). Et que ce soit mon ami, vous pourrez
« vous en apercevoir vous-même; mais apprenez d'a-
« bord qu'ayant ici pour demeure une très belle mai-
« son, dont il paie environ 300 écus de loyer par an, il
« me la laisse courtoisement afin que je l'habite jusqu'à
« son retour, sans vouloir que je paie un denier. Elle a
« beaucoup de meubles, un très beau cabinet, orné
« de riches tapisseries, avec un lit de velours, des sta-
« tues antiques, de beaux tableaux, parmi lesquels est

leur scrupule pour la langue. « Quant à faire revoir l'histoire par un
« grammairien, écrit Casa, le cinq novembre 1547, je croyais qu'elle n'en
« avait pas besoin, mais le souvenir du cardinal Sadolet me faire croire
« que oui. » Bembo, quand il travaillait à son histoire, affectait un singulier genre d'indépendance : il refusait, comme du superflu, les présents de la Seigneurie, mais comme ses affaires l'appelaient souvent à
Venise, il aurait accepté une maison. *Let. à Rannusio, du 21 juin 1529.*
Quarante-trois nouvelles lettres de Casa à Gualteruzzi, écrites de 1534
à 1549, datées la première de Florence et les autres de Venise, ont paru
à Imola en 1824, in-8.° Elles sont tirées d'un manuscrit de la Barberina,
et l'on en doit la publication à l'ancien et intelligent bibliothécaire M. Rezzi,
aujourd'hui à la bibliothèque Corsini.

« le portrait de notre madone Elisabeth[1], que Sa Sei-
« gneurie a pris à messer Charles. Je pense que cette
« demeure me sera fort commode. C'est la maison la
« plus belle et la mieux bâtie qu'il y ait dans tout
« Rome. Monseigneur aurait trouvé une infinité de per-
« sonnes qui lui en auraient payé un loyer considéra-
« ble ; il a préféré me la donner sans que je la lui de-
« mandasse. Il m'a aussi donné et me laisse pendant
« le même temps une très belle *vigna,* peu distante de
« la plus belle porte de Rome, celle du peuple, sans
« que j'aie à faire aucune dépense. Voyez si je dois
« lui en avoir obligation. Cet aimable seigneur, sa-
« chant ce que vous m'êtes, aura votre personne en
« grande estime ; ce qui me sera très agréable. J'aime-
« rais qu'en retour vous fissiez à Sa Seigneurie toute dé-
« monstration d'amour et d'honneur, mais non de ma-
« nière à vous faire remarquer ; précaution que je veux
« (votre prudence m'est connue) que vous observiez
« toujours à mon égard. »

Casa fut très bien accueilli à Venise : « Je suis arri-
« vé, grâce à Dieu, en bonne santé, et je me suis
« débarrassé des cérémonies publiques, selon mon
« habitude aride et sauvage, bien que notre monsi-
« gnor Carnesecchi m'ait beaucoup admonesté et averti
« en vain[2]. »

Cet obligeant Carnesecchi, compatriote de Casa,
son ami, celui de Sadolet, de Flaminio, de Bonfadio
et des premiers lettrés de ce siècle qui ont loué son
esprit et son caractère, avait été secrétaire de Clément VII, et protonotaire apostolique. Accusé une
première fois d'hérésie et acquitté en 1546, il fut brûlé
sous l'inflexible Pie V, auquel Côme Ier le livra, et
toujours noble et de grand air, il voulut monter paré

---

[1] V. ci-après, p. 210.
[2] Let. à Gualteruzzi, du 20 septembre 1544.

sur le bûcher (*affettando di aver biancheria e guanti nuovi ed eleganti* [1]). Casa en parle fréquemment avec intérêt dans ses lettres; il écrivait à Gualteruzzi, le 28 mai 1547 : « J'ai deux grands patrons, mais il vaut « mieux dire amis. L'un monsignor Carnesecchi et « l'autre Ubaldino, lesquels sont doctes et sages; ce- « pendant je puis me glorifier de leur avoir enseigné « à ne parler jamais en personne ni à Dieu ni à ses « saints. » Conseil bizarre, et qui montre la nécessité de recourir à des voies détournées, et l'ancienne influence des subalternes dans le gouvernement ro- main.

Casa peint spirituellement, dans une autre lettre du 4 octobre 1544, l'embarras des honneurs qu'il rece- vait, les importunités intéressées de la vive population, et pour un nonce, un archevêque, il rapproche assez lestement les bénédictions qu'il prodiguait pour se tirer d'affaire, de la burlesque et effrontée prédication du frère Cipolla de la nouvelle de Boccace :

« Je suis toujours entouré d'une telle foule de per- « sonnes, remplies des plus douces, des plus affec- « tueuses paroles que j'aie jamais entendues, outre « que chaque fois elles se jettent à mes genoux, quel- « ques-unes même à mes pieds, avec tant de révéren- « ces et de coups de bonnets, que c'est beau à voir. Je « vais vous dire que si une petite bourse que je porte « plutôt pour des papiers que pour autre usage, n'était « pas toujours fort légère d'argent, j'aurais souvent « craint pour son sort, me voyant enveloppé de tant « de monde, sur-tout après avoir beaucoup ouï parler de « ces filous de Rialto qui savent tant de choses. Je ne « sais guère répondre à l'éloquence de ces messieurs, « mais je m'aide avec les mains, et je leur fais les plus « grands signes de croix que je puis, sans rire du tout,

---

[1] Galluzzi. *Istoria del Granducato di Toscana.* Lib. III, Cap. 5.

« bien que je me rappelle Fra Cipolla et les paysans de
« Certaldo. »

Cette dernière lettre se termine par la mention d'un
messer Buonaparte qui peut être ajouté aux divers
Buonaparte que la Corse et l'Italie nous ont offerts,
depuis le messer Buonaparte corse de 947, le saint
dont la relique se vénère à Bologne, l'historien et le
témoin du sac de Rome de 1527, le poète comique de
la *Vedova*, le chanoine et professeur d'Ajaccio, Ga-
briel, de la fin du XVI.ᵉ siècle, jusqu'au Charles Buonaparte, le frivole père du héros [1]. Le Buonaparte
cité par Casa paraît toscan et homme de quelque importance, puisque le prélat désire qu'une certaine affaire se termine à son gré.

La facilité avec laquelle le nouveau nonce était en
peu de temps parvenu à bien parler en public est attestée par une lettre de Bembo à Jérôme Quirini, du
30 octobre 1544. Il prononça plus tard, en présence
du doge et du sénat la belle harangue *per la lega*, afin
de les engager à s'unir au pape, à la France et aux
Suisses, philippique harmonieuse, mais un peu re-
dondante, contre la monarchie universelle à laquelle
tendait Charles-Quint, et qui ne put entraîner les chefs
prudents de la République.

Il paraît que Casa faisait lui-même ses dépêches, car
voici les étranges et burlesques conditions qu'il indique
dans la recherche d'un secrétaire dont il avait besoin
en mars 1545 :

« J'ai écrit plusieurs fois pour un secrétaire ; main-
« tenant je me décide à ne pas le vouloir trop vite,
« mais à en chercher un qui, *in primis et ante omnia,*
« soit prêt à supporter tous mes défauts, que je ne
« veux pas contrarier plus que je ne puis. Ensuite,

[1] V. les *Voyages en Corse, à l'île d'Elbe et en Sardaigne*, liv. I,
chap. 49; et les *Voyages en Italie*, liv. VIII, chap. 7, et liv. XIX,
chap. 7.

« que ce soit un homme vif, actif, quand même il ne
« saurait ni lire ni écrire... Je lui donnerai un traite-
« ment et lui serai, par le fait, bon compagnon.
« Mais je veux pouvoir lui faire quelquefois dans la
« semaine la grimace et des rebuffades. [1] » Il regrette
ainsi de n'avoir point rencontré l'intelligence subal-
terne qu'il désirait : « J'ai pris pour secrétaire M. Marc-
« Antoine della Volta ; il m'écrit qu'il sera ici cette
« semaine. Il me semble trop grand homme pour moi,
« mais je n'ai pu jusqu'ici trouver de personne plus
« apte ni plus vive. *Dii benè vertant* [2] »

Au défaut du Concile de Trente, qui s'était récusé,
Casa fut, en mars 1546, chargé, conjointement avec
le patriarche de Venise, de faire le procès au fameux
Pierre-Paul Vergerio, évêque de Capo-d'Istria, accusé
d'hérésie, et de lui interdire, au nom du Pape, de
rentrer dans son diocèse. Vergerio, à la fois effrayé et
indigné, quitta l'Italie en 1540 et s'enfuit en Allemagne. Mais son historien et compatriote, le savant
comte Carli, l'a chaleureusement défendu d'y avoir
embrassé les doctrines de Luther, contre lequel il
avait été envoyé en 1535, comme nonce, mission
remplie par lui avec tant de zèle, qu'il obtint au retour l'évêché de Capo-d'Istria, sa ville natale. Il
paraît que dans son apostasie, Vergerio alla plus loin
que la réforme, et que, franchissant le christianisme,
il tomba au naturalisme. Bembo, dans une lettre du
6 mai 1539, au cardinal Hercule Gonzaga, le cite
pour son éloquence ; et dans une autre à son neveu,
du 20 août 1541, il le déclare son ami ; mais, par sa
lettre du 1.er février de l'année suivante, où il parle
des portraits de luthériens placés dans la maison de
Vergerio, et de quelques-unes de ses menées, il sem-

---

[1] Let. à Gualteruzzi, du 19 mars.
[2] Let. à Côme Gerio, évêque de Fano, du 17 juin 1545.

ble se rétracter, et déclare qu'il ne l'aime qu'autant qu'il le croit homme de bien. Au milieu de la tourmente religieuse du XVI.ᵉ siècle, les opinions varient rapidement et semblent tournoyer avec violence ; des juges deviennent à leur tour accusés. Sans rappeler les exemples de l'infortuné Carnesecchi, du fameux dominicain Giordano Bruno, on voit, en France, en 1538, l'inquisiteur de Toulouse, le frère Louis de Rochele, jacobin, passer en peu de mois de son tribunal sur le bûcher. La réformation n'était pas moins inflexible envers ses propres sectaires : Calvin décapitait Gruet, brûlait Servet, en joignant l'ironie au supplice ; et Gentilis, condamné à mort, était contraint, après sa rétractation, à faire amende honorable en chemise, pieds-nus, une torche à la main, à genoux devant le Consistoire, à jeter au feu ses écrits, et, banni de Genève, finissait, condamné de nouveau, par périr à Berne sous une hache hérétique.

Mais ni les affaires, ni la goutte même dont Casa était fréquemment tourmenté, ne lui firent jamais abandonner la culture des lettres. Outre la harangue pour la Ligue, et une autre à la louange de la république de Venise, il composa son chef-d'œuvre, le célèbre discours pour la restitution de Plaisance, adressé à Charles-Quint au nom du duc Octave Farnèse, et un grand nombre de poésies latines et italiennes. Bembo, auquel une canzone était alors parvenue, la trouve très belle, très ingénieuse et pleine de hautes pensées. Il charge Quirini de consoler Casa de ses souffrances par l'exemple d'un sien coadjuteur à Padoue, qui, après avoir été long-temps pris de la goutte, n'en avait plus entendu parler, et de l'inviter à se récréer par des promenades en gondole et des visites à la sœur de Quirini, Elisabeth, femme très célébrée par Bembo et Casa pour son mérite et sa beauté¹.

¹ V. sa lettre écrite de Rome le 8 mars 1545.

Plusieurs des sonnets que Casa fit en l'honneur de
dames vénitiennes montrent chez un nonce du Saint-
Siége une galanterie sentimentale et musquée, commune alors, et qui peint le siècle. Un exemple suffira.
C'est un des trois sonnets sur Camilletta :

« Certes, ces deux beaux yeux sont bien dignes que
« le cœur ne repousse pas une plaie profonde, et cette
« tresse blonde et bouclée, que l'ame ne dédaigne pas
« de tomber dans le lacs. Qù'Amour règne dans mon
« cœur deux autres lustres et plus, qu'il me conduise à
« l'heureuse prison, lui qui environne tous mes pas de
« ses piéges les plus dangereux, puisque le coup qui
« me fait languir est si doux, si agréable le filet où je
« suis pris, et que ma nouvelle prison est pour moi
« fête et jouissance ! Bénie soit celle qui m'a blessé !
« bénies soient la mer et l'onde où naquit mon péril
« sans danger et ma tranquille tempête ! »

> *Certo ben son quei due begli occhi degni,*
> *Onde non schifi il cor piaga profonda;*
> *E quella treccia inanellata e bionda,*
> *Ove al laccio cader l'alma non sdegni.*
> *Altri due lustri e più nel mio cor regni,*
> *E mi conduca alla prigion seconda*
> *Amor, che i passi miei sempre circonda,*
> *Coi più pericolosi suoi ritegni;*
> *Poichè si dolce è'l colpo, ond' i' languisco;*
> *Sì leggiadra la rete, on d'i 'son preso;*
> *Sì 'l novo carcer mio diporto e festa :*
> *Benedetta colei che m'ave offeso,*
> *E'l mare e l'onda, in cui nacque il mio risco*
> *Securo e la tranquilla mia tempesta* [1] *!*

Les deux sonnets adressés au perroquet d'Elisabeth
Quirini offrent à peu près les mêmes images sur les ravages des beaux yeux d'Elisabeth, et la préférence

____

[1] Son. XXVIII.

donnée par le poète à la captivité du perroquet sur la
sienne [1]. Ménage, remarquant que presque toutes les
poésies amoureuses de Casa furent composées dans
l'âge mûr, le rapproche sur ce point d'autres anciens
et illustres poètes italiens, Dante, Pétrarque, Boccace, Guido Cavalcanti, Cino da Pistoja et Bembo [2].
Malgré la grandeur des trois premiers noms et le pres-
tige qui enveloppe leurs flammes, malgré mes préven-
tions pour l'Italie, il m'a toujours été impossible d'excuser le vice et le ridicule de ces amours tardifs passés
dans les mœurs du pays, et que de tels exemples ont
dû répandre et perpétuer.

Casa avait plu à cette aimable société vénitienne,
dont le charme s'était continué jusqu'à nos jours [3]. On
voit, par ses lettres, que les seigneurs lui demandaient
des vers; Elisabeth Quirini lui ménageait la surprise
de meubler sa chambre, et lui envoyait ensuite un lit
superbe; une dame Hélène lui donnait : « une admi-
« rable taie d'oreiller, la plus belle qui se puisse voir
« ou imaginer, et qui lui aurait fait jeter au feu tous
« les ouvrages de Minerve et d'Arachné [4]. »

Il connut Titien. Le désir d'avoir un ouvrage de la
main du grand-maître lui fit commander le portrait
d'Elisabeth Quirini, portrait dont il loue la ressemblance, et qu'il a chanté dans deux sonnets avec une
sorte de passion plus vive que la galanterie d'usage [5].
Ces sonnets, ainsi que plusieurs autres, à cette noble
vénitienne, la placent à la suite de la Béatrix de
Dante, de la Laure de Pétrarque, de la Fiammetta
de Boccace, de la Mandetta de Guido Cavalcanti, de

----

[1] Son. XXXVII et XXXVIII.

[2] *Annotazioni alle rime di M. Gio. della Casa, alla Canzone* I.

[3] V. les *Curiosités et Anecdotes italiennes.*—Art. XXXIV. *M.*ᵐᵉ *Al-
brizzi. Fin des vieilles mœurs vénitiennes.*

[4] Let. à Gualteruzzi, du 30 octobre 1544, du 17 juin 1545, et à Gan-
dolfo Perrino, du 23 mai 1545, et du 21 juillet 1548.

[5] Son. XXXII et XXXIII.

la Selvaggia de Cino da Pistoja et de la Lucrèce de
Bembo.

III.

De retour à Rome en 1550, Casa comptait recevoir
du nouveau pape Jules III la récompense que méri-
taient ses services et ceux qu'il pouvait rendre encore.
Dès l'année 1547, il avait écrit au cardinal Alexandre
Farnèse pour réclamer le chapeau ; il avouait ingénu-
ment dans sa lettre : « Que l'ambition est la passion
« propre aux hommes et à l'âge mûr. » Mais son espoir
fut trompé. Alors il résolut de retourner à Venise, afin
d'y vivre libre de toute fonction, au milieu de ses amis
et de ses livres. La pièce intitulée : *Cum ab Urbe pro-
fectus, Venetias iret*, expose les motifs de cette déter-
mination, et contient un éloquent éloge du climat,
des habitants et de la sagesse du gouvernement de
cette république :

« Fuyant le souffle humide du vent tyrrhénien, et
« l'air empesté du Latium, les doux rivages de Venise
« me recevront. Ses brises, salutaires à des membres
« enflés par la goutte cruelle et perclus par l'âge, n'ap-
« portent pas la toux malfaisante, et même au milieu
« des flots, le croirez-vous, Farnèse, elles ne sont
« point humides . . . .
« . . . .
« Je trouverai des hommes affables, faisant partager
« aux étrangers les douceurs de la paix, et une ville
« riche de citoyens qui ne souffrent rien d'inégal. Je
« verrai la dure cuirasse et l'épée superbe réprimés
« par des votes sans armes, et l'exécrable, le féroce
« amour du carnage, exilé au loin. C'est là que com-
« mande et obéit tour à tour la Prudence tardive, avec
« ses cheveux blancs. La compagne de la Concorde,
« la Justice, qui ne penche d'aucun côté, s'y est réfugiée,

« depuis que les Fraudes l'ont chassée de l'Hespérie,
« et qu'elle a craint les mains crochues de la rapace
« Licence. »

Humida Tyrrheni fugientem flamina venti,
    Cœlumque pestilens Lati,
Me Venetum excipient mitissima littora, et aurœ
    Salubriores, putribus
Jam membris senio, et podagrâ turbentibus acri ;
    Quæ flare suerunt nec malâ
Imbutæ tussi, neque in ipsis fluctibus udæ,
    Faërne, mireris licet.

. . . .
Ast idem hospitibus placidos, et dulcia pacis
    Impertientes commoda
Mortales cernam, et locupletem civibus urbem
    Dispar probantibus nihil :
Cernam loricam violentam, ensemque superbum
    Inermibus suffragiis
Constrictum, et diræ exsecratum cœdis amorem
    Longè exsulantem gentium :
Illic cum cano Prudentia sera capillo
    Paret vicissim, et imperat :
Illo se nusquàm propendens contulit Æquum,
    Bonæ comes Concordiæ,
Fraudibus Hesperiâ, ut pulsum est, timuitque rapacis
    Uncas licentiæ manus.

Déjà Casa avait vendu sa charge de clerc de la
chambre apostolique à Christophe Cenci, moyennant
19,000 écus d'or. Il fit son testament, qui témoigne de
son opulence, puisqu'il y dispose d'au-delà de 50,000
écus d'or. Il institua héritier universel son neveu Annibal Ruccellai, lui substitua son frère Horace, et légua
ses biens de Toscane à son fils légitimé Quirino, fruit
de ses amours de Rome.

Cet Annibal Ruccellai, qui fut envoyé en France par
Paul IV, pour traiter de l'alliance avec Henri II, et qui
devint évêque de Carcassonne, avait été l'objet des soins
paternels de Casa. Pendant sa nonciature, il lui adressa
plusieurs lettres qui rappellent, par les enseignements,

la morale que l'on retrouvera dans le *Galateo*. Une
lettre du 30 mars 1549 lui donne de sages conseils sur
sa conduite et ses études, et le réprimande avec douceur
de quelques écarts. Cette lettre montre par quelles fortes
études, par quelle haute et belle littérature, des jeunes
gens que distinguaient le plus la naissance et la fortune se préparaient au service de l'église et à la pratique des affaires ; quelques-uns des exemples choisis
indiquent les premiers principes et les habitudes d'économie inculquées par l'éducation florentine.

« N'oublie pas d'avoir honte quelquefois, mainte-
« nant que tu commences à être homme. Tu sais
« combien de fois je t'ai dit que s'égarer est la plus
« facile chose, celle que l'on fait avec le moins de
« réflexion ; mais il est ensuite fort difficile de re-
« prendre le droit chemin : toute excuse légère et
« frivole suffit pour en empêcher. Tu sais aussi que
« ce que je t'avais dit, t'est bien des fois arrivé. En
« outre, tu peux savoir de même combien t'a fait de
« tort cette prompte facilité à laisser l'étude. Si tu
« avais continué à travailler avec diligence jusqu'ici,
« comme tu me l'avais annoncé et juré, tu serais main-
« tenant, selon mes promesses, le gentilhomme le plus
« lettré de ton âge. Il n'est pas nécessaire que je t'écrive
« combien cela importait à tes desseins, à ton conten-
« tement et au mien. Si, au lieu de l'étude, tu avais eu
« des préoccupations, des affaires, ou au moins des plai-
« sirs qui en valussent la peine, on pourrait t'excuser,
« mais tu sais qu'un peu d'amusement a pris la place et
« le temps d'un travail si fructueux, avec honte, dé-
« pense et mécontentement de ton père et de tous. C'est
« pourquoi je te prie d'apprendre à demeurer ferme
« dans tes bonnes opérations et résolutions, et quand
« il te vient dans la tête de ces fantaisies ainsi à l'im-
« proviste, laisse-les s'envoler ; car tu es encore à
« temps de te rendre savant avec facilité, ayant prin-

« cipes, maîtres, loisir et esprit suffisants pour réussir.
« Ne reste pas à la montagne dans une telle solitude ,
« sans nul fruit ni profit, comme parfois à Murano.
« Abandonne ces futilités pendant tout cet été, étudie
« à force, et tu connaîtras en septembre ce que valent
« quatre mois de diligence et d'assiduité. Tu pourras
« conjecturer de toi-même et de ton bon esprit, ce qui
« t'animera à continuer, te rendra content, honoré,
« et me fera le plus grand plaisir que je puisse attendre
« de toi. Tu auras ainsi ce que tu m'écris désirer de
« moi, c'est-à-dire que je ne t'oublie point. Si tu me
« donnes occasion de t'estimer plus que mes autres ne-
« veux, je pourrai le faire en bonne conscience, avec
« honneur, et je le ferai ; car je ne cherche qu'une
« juste couleur pour pouvoir le faire. Je te prie donc,
« je te commande aussi ; mais il suffit que je te prie,
« ce doit être même plus que de commander, de n'al-
« ler, pour aucun motif, à Bologne ni ailleurs jusqu'à
« la fin de septembre, de lire ou de te faire lire chaque
« jour les leçons qu'il te semble pouvoir apprendre ,
« sans en laisser jamais aucune. Il faut le faire avec
« diligence et patience, en avalant ce peu d'amertume
« sans lequel on ne peut parvenir à la douceur de com-
« prendre et de savoir. Personne n'y arriva jamais que
« par un raide et rude chemin, car la science ne serait
« pas à si haut prix si elle était chose facile. Je te rap-
« pelle donc d'apprendre les langues ; elles consistent
« dans les mots, car savoir les langues n'est autre chose
« que savoir les mots de ces langues et leurs combinai-
« sons. Ainsi, pour apprendre les langues grecque et
« latine, il faut apprendre les mots et les manières de
« les arranger ensemble, selon l'usage de la langue
« que l'on étudie. Il est donc nécessaire de tâcher d'a-
« voir en mémoire les tours et les figures qu'on lit dans
« les auteurs, ce qu'on ne peut faire sans un long exer-
« cice, de la diligence et de l'application. Qu'il ne te

« suffise pas ¸ mon cher fils, de savoir réciter la leçon
« aussitôt que tu l'as entendue. N'imite pas celui qui
« paye une dette, lequel, dès qu'il a compté les pièces
« au créancier, ne s'occupe plus de cette somme ou de
« cet argent, comme ne lui appartenant plus ; mais
« imite celui qui garde ses trésors et ses richesses, qui
« les revoit, les visite souvent et les a dans l'esprit à
« toute heure : j'ai tant dans tel lieu et tant dans tel
« autre. Ainsi tu conserveras ce que tu as acquis, qui
« peut-être te semble peu, et n'est pas en effet beau-
« coup. Il y a plus de peine à gagner le premier mil-
« lier qu'ensuite le dixième et le vingtième avec le
« premier, et sous ce rapport tu peux dire que c'est
« beaucoup. En outre, tu multiplieras ta richesse et tu
« seras tel en octobre, que je pourrai te faire lire les
« auteurs dans leurs propres langues ; tu comprendras
« alors combien mon conseil était fidèle et bon.

« Je t'écris au long, afin que tu aies matière à ré-
« pondre, et bien que je t'écrive en courant à cause de
« mes occupations, soigne le style de ta réponse pour
« ton exercice, et efforce-toi de composer tes lettres
« avec des mots choisis et non plébéiens. Tu verras
« quelle est la disette de ce qu'on croit être fort abon-
« dant, c'est-à-dire des mots, car le proverbe dit qu'il
« ne manque jamais de mots. Aie en main Virgile et
« Térence ; lis-les par récréation, car tu les comprends
« suffisamment. Il faut te les rendre familiers, les ci-
« ter à propos et hors de propos, les chanter, les ré-
« citer, les traduire, les apprendre par cœur et ne les
« quitter jamais. Ecris-moi donc en italien ou en latin,
« en y mêlant toujours des vers, ou des sentences grec-
« ques ou autres ; ne crains pas de faire mal ni que
« j'en rie. Tout commençant fait ainsi, et Michel-
« Ange peignit d'abord des marionnettes. »

Malgré les occupations de sa nonciature et sa goutte,
les admonitions de Casa à son neveu étaient fréquentes.

Il lui écrit le mois suivant cette lettre ingénieuse sur la
manière de discerner l'ambition légitime, et sur l'utilité de la lecture approfondie des anciens :

« L'ambition est un nom donné à un vice, et l'on
« appelle ambitieux celui qui est vain et qui dépasse
« les bornes dans ses désirs d'honneurs, de louange
« ou de dignités. Comme il est bien rare que l'on re-
« cherche modérément les honneurs ou la gloire, il
« paraît que, par une certaine négligence, on n'a point
« pensé à trouver un nom à ce qui se voit rarement et
« peut-être jamais parfaitement, c'est-à-dire, le soin
« et le désir convenables des dignités et de la louange,
« en sorte que ce qui serait une vertu porte le nom
« d'un vice, et l'on appelle ambition le juste soin d'ac-
« quérir de la gloire. Mais les noms ne changent pas les
« choses, bien qu'ils produisent de la confusion dans
« les paroles et dans l'esprit de qui ne comprend pas
« au-delà. Pour éviter cette confusion, tu appelleras
« μεγαλοψυχία magnanimité, l'ambition bonne, droite
« et vertueuse, et φιλοτιμία vaine gloire cette autre
« qui est vicieuse, vaine et légère. Sache que la beauté
« et la majesté de la bonne ambition ressemble à cer-
« taines étoffes d'or qui brillent même à l'envers. Ainsi,
« la magnanimité est si lumineuse qu'elle fait resplen-
« dir même sa partie opposée. C'est pourquoi la vaine
« gloire paraît louable au grand nombre, et certes, ce
« vice est moins désagréable que tout autre; toutefois
« c'est un vice, et il a, plus que les autres vices plus
« difformes, l'inconvénient de pouvoir, comme j'ai
« dit, par son apparence de vertu, tromper plus faci-
« lement les hommes, et sur-tout les jeunes gens.
« Pour distinguer ces deux ambitions, il faut tâcher
« d'avoir une pierre qui, comme la pierre de touche
« des orfévres, enseigne à connaître l'or grossier du
« fin, nous montre de même quelle est la vraie, quelle
« est la fausse ambition. Certes, il ne fut jamais de

« perle, de joyau oriental d'un aussi grand prix que
« serait la pierre qui servirait à cette touche, si l'on
« pouvait se la procurer; mais elle se trouve rarement,
« avec peine, et l'on ne peut, à aucun prix, la vendre
« ni l'acheter. Tu dois cependant l'acquérir et la pos-
« séder avec beaucoup d'autres bijoux très chers et
« très précieux; pour cela, il te faut apprendre les
« langues grecque et latine, de manière à pouvoir parler
« avec les anciens maîtres, qui ne ressemblent point à
« nos modernes orfévres. Ils te la donneront volontiers
« et te découvriront les merveilleux trésors de leur
« science. C'est là que tu apprendras non-seulement
« à parler comme il convient à un homme, mais en-
« core à agir. Dès que tu leur seras familier, ils te
« donneront non-seulement la pierre de touche, mais,
« raffiné et parfait, l'or de la magnanimité et de
« toutes les autres vertus. Etudie-toi donc, mon fils,
« à apprendre leur langage beau, abondant, agréable,
« au-dessus de toutes les harmonies et de tous les
« concerts que l'on ait jamais entendus sur la terre;
« fie-t'en à moi, qui ne puis te tromper. Si tu entends
« jamais les voix de Platon, d'Aristote et de bien d'au-
« tres, avec des oreilles purifiées, ce qui pourra être
« bientôt s'il n'y a de ta faute, tu comprendras que,
« hors la science, la bonté et la vertu, toutes les gloires
« sont vaines, caduques, légères et puériles. Tu ap-
« prendras à mépriser les louanges, les honneurs et
« les dignités que le monde accorde et retire suivant
« son caprice et non d'après la droite raison; tu te
« contenteras et te réjouiras de tes louanges intérieures
« connues et approuvées par ta propre et infaillible
« conscience. Ne crois donc pas que je t'aie dit une
« vilenie pour t'avoir écrit que l'ambition te trans-
« porte; j'ai voulu dire que tu n'es pas encore bien
« modéré dans ce penchant à désirer les honneurs,
« et que tu fais trop de cas de certaines glorioles mes-

« quines et enfantines. Pour moi, j'estime assurément
« qu'il y a plus de vertu à désirer les honneurs mérités
« et justes, qu'il n'y a de vice à les désirer immodéré-
« ment, sur-tout dans un jeune homme comme toi.
« C'est pourquoi je ne te blâme pas d'aimer la gloire,
« mais je t'exhorte à t'efforcer de la mériter. Elle suit
« d'ordinaire les belles actions, comme le son suit les
« coups, et l'ombre les corps. »

Dans une lettre du 25 mai, Casa donne de bonnes
règles de morale pratique, et tance Annibal de ses
déréglements :

« Pour l'amour de Dieu, tâche d'être un peu plus
« réfléchi, moins impétueux, et quand il te prend des
« envies aussi ardentes, habitue-toi à les retenir et à
« les vaincre. Tu apprendras ainsi à être supérieur à toi-
« même, et outre les inconvénients que tu éviteras, tu
« deviendras tempéré et modeste, vertu qui est comme
« un accord et une harmonie de l'ame. De même
« qu'un instrument discordant ne peut être employé
« dans aucune musique, ainsi les esprits en désaccord
« avec la raison et eux-mêmes, ne sont bons à aucune
« action... Je te prie donc de nouveau de t'abstenir
« d'exercice violent, et de manger, selon ton habitude,
« les fèves à boisseaux, les cerises à paniers, considé-
« rant combien tu éprouverais de dommage et de dé-
« rangement, si tu tombais malade. Tiens pour certain
« qu'une grande partie de la condition de ta vie, que
« l'on peut dire commencer maintenant, dépend du
« travail que tu feras cet été. S'il est fructueux, et
« certes il le sera, à moins qu'il n'y ait de ta faute, il
« dirigera tout le cours de ta vie; s'il en est autrement,
« il l'entraînera par une route peu louable; et Dieu
« sait quand vous aurez le loisir et la commodité d'é-
« tudier fermement pendant six mois! Ne perdez donc
« pas, ne consumez pas en cerises et en prunes, ou
« en fêtes et en amours de montagne une occasion et

« un hasard si chers et si beaux. Etudie avec diligence
« et patience, et sois sûr que si tu t'appliques, même
« médiocrement, tu écriras en prose mieux que bien
« et bien d'autres, tant je vois que tu as gagné, seule-
« ment à copier mes bagatelles, et par le peu d'exer-
« cice que tu as fait... Si tu veux, toi aussi, faire quel-
« que chose pour ton bien et ton honneur, donne-toi
« de la peine et ne souffre pas que le soir arrive sans
« avoir fait ton ouvrage du jour, et comme disait cet
« ancien : qu'aucun jour ne passe sans sa ligne...

« Aucun vice ne m'a jamais autant déplu que l'ava-
« rice ; je ne crois point là-dessus avoir besoin de preu-
« ves ou de serment, avec toi ni avec ceux qui me
« connaissent ; mais la vanité, la dépense par ostenta-
« tion, sans fin et sans sujet, être dupe, marquent
« peu de cervelle, peu de jugement, et produisent
« par conséquent l'effet contraire à la libéralité. Les
« libéraux passent pour avoir et ont une grande ame.
« Les vains sont réputés et sont de petit cœur ; ils
« montrent d'estimer la louange que leur donnent les
« paysans et le menu peuple, chose que les vrais ma-
« gnanimes doivent mépriser, car il est fort contraire à
« la grandeur d'ame de faire cas de semblables témoi-
« gnages. C'est pourquoi, où la magnanimité excite
« l'admiration, la vanité fait rire... Si tu es vraiment
« libéral (mettons de côté que tu as des dettes, et que
« la plus noble œuvre de libéralité, c'est de payer), ne
« voulant pas faire d'épargnes sur tes appointements,
« dépense-les bien. Que ne les donnes-tu à Marc-Antoine,
« ton serviteur, à M. Etienne, ton précepteur, à Grillo
« qui est mendiant, et qui avec 50 écus placés à un
« gain honnête pourrait, dans dix ou quinze ans, en
« retirer un capital pour vivre ? Mais la vanité t'em-
« porte, et tu veux que la déesse apprenne que le sei-
« gneur Annibal fait le diable à la montagne. »

Les remontrances de Casa à ce fragile neveu paraissent avoir assez peu profité, car il les renouvelle avec plus d'instance dans une lettre du mois d'octobre : il lui recommande l'étude comme le meilleur spécifique contre ses désordres, comme un moyen d'arriver aux honneurs et aux dignités qu'il désire et d'obtenir la gloire des lettres qu'on ne doit qu'à soi-même.

IV.

Casa aimait Venise, qu'il appelait « la ville heureuse (*città beata*), » titre certes bien au-dessus de celui de « ville d'or (*città d'oro*), » que lui avait décerné Pétrarque. Il préférait, comme on l'a vu, son climat tempéré à l'humidité de Florence et à la *malaria* de Rome, et il y était revenu dès la première moitié de l'année 1551. Pendant sa nonciature, il avait eu une villa à l'île de Murano ; cette fois, il passait l'été à l'abbaye de Narvèse, agréablement située au milieu de bois et de collines, dans la marche de Trévise. Il occupait, du consentement de l'abbé, un vaste appartement, recevait la bonne compagnie, les jeunes gens studieux, sans négliger les pauvres. La seule incommodité qu'il éprouvât dans cette solitude était le bruit des cloches qui parfois ne lui permettait point de penser [1]. Ambitieux déçu, il a malicieusement exprimé dans ces jolis vers les causes de sa subite retraite :

« Je fuis mendiant et seul des lieux où pour de la
« pourpre, de la pompe et de l'or, il se fait une guerre
« dangereuse entre des gens sans armes. Dégoûté de
« cet appât qui m'a tant attiré, je reviens à ces chênes,
« désireux désormais d'une meilleure nourriture, afin
« d'avoir du repos au moins ces dernières années. »

> *Di là, dove per ostro e pompa ed oro,*
> *Fra genti inermi ha perigliosa guerra,*

[1] Let. à P. Vettori, du 23 janvier 1555.

Fuggo io mendico e solo, e di quella esca,
Ch'i bramai tanto, sazio, a queste querce
Ricorro, vago omai di miglior cibo,
Per aver posa almen questi ultimi anni [1].

La lettre suivante, écrite en 1553 à Pierre Vettori, son confident littéraire, dont il partageait l'opposition généreuse au joug des Médicis, et avec lequel il correspondait alors fréquemment, peint d'une manière aimable et avec modestie son goût pour les lettres et sa sage lenteur à faire les vers, attestée, selon son laborieux annotateur Salvini, par les innombrables ratures de ses manuscrits, ainsi que la prévention qui existait déjà contre les poètes d'un rang élevé. On voit, par le début de la lettre et par les affectueuses instances de Casa. quelle était à Florence la dignité de l'enseignement, où, comme on l'a vu, Vettori, sénateur, professait le grec :

« Comme j'ai été plusieurs semaines à la campagne, « je n'ai pas encore vu les gentilshommes dont Votre « Seigneurie m'écrit. Je suis revenu aujourd'hui à Ve- « nise, et j'ai ordonné qu'on leur dise que j'y suis et « que je les verrai très volontiers comme des amis de « Votre Seigneurie et comme mes concitoyens, d'au- « tant plus qu'ils aiment les lettres, que j'aime aussi, « bien qu'avec peu de fruit. Je prie Votre Seigneurie « d'avoir soin de se conserver, car en vous conservant, « vous conservez à la fois l'honneur et la gloire de la « nation par vos études, et cette même profession de « l'enseignement dans notre patrie, qui, sans vous, « perdrait beaucoup, je crois, de sa vigueur. Je désire « bien de voir et d'étudier votre livre, mais beaucoup plus « de vous savoir en bonne santé, car je ne puis guère « espérer de vous voir, mais je vous vois fort souvent « en esprit dans vos très savants écrits. Je me suis jeté

[1] Canz. V.

« dans un embarras qui n'était pas nécessaire, c'est-
« à-dire de faire des vers latins, et je croyais pouvoir
« m'en délivrer à volonté ; le contraire arrive, non-
« seulement parce que je ne m'en abstiens pas moi-
« même si facilement, mais encore parce que je suis
« quelquefois requis d'en faire par des personnes aux-
« quelles je n'ose refuser, telles que le cardinal Far-
« nèse et quelques autres. Puis je vois que ma com-
« plaisance pour eux est ma honte de deux manières :
« d'abord, parce qu'il n'est peut-être pas tolérable à
« mon rang d'être poète, ensuite parce qu'il n'est to-
« lérable à aucun rang d'être méchant poète. J'ai fait,
« aux instances du cardinal Farnèse, une ode en l'hon-
« neur de madame Marguerite, sœur du roi de France,
« ou plutôt j'ai dit qu'il la faudrait faire, ainsi que
« Votre Seigneurie verra, car je vous l'envoie. Si je
« suis requis, la faute en est, pour la plus grande par-
« tie, à Votre Seigneurie, parce que vous m'avez mis
« en réputation auprès de sa seigneurie illustrissime,
« et par vos discours et par vos écrits. Veuillez prendre
« la peine de revoir l'ode, de la lire deux fois, et de
« m'avertir librement en général et en particulier, sans
« aucun égard, car ma nature est de changer, de re-
« changer et même de refaire volontiers, en homme
« qui n'a point de hâte. Je n'ai publié cette ode et je
« ne la publierai pas que je n'aie reçu le jugement de
« Votre Seigneurie, bien que le cardinal m'ait fait
« beaucoup presser. J'ai aussi été forcé d'en écrire une
« autre en l'honneur du cardinal Tournon ; elle a plus
« de nerf, mais les circonstances ne permettent pas
« que je l'envoie. Si je puis quelque chose pour Votre
« Seigneurie, je la prie de ne pas m'épargner. Que
« Notre-Seigneur vous console ! »

Une autre lettre à Vettori, du mois de septembre de
la même année, montre à quel point Casa s'accommo-
dait de sa retraite, et le genre d'études qui l'occupait :

« Je me réjouis de cœur avec Votre Seigneurie, de
« ce que votre long travail sera récompensé par une
« gloire perpétuelle et par les fruits abondants qu'en
« retireront vos amis et les autres hommes, soin bien
« meilleur et plus louable que de consumer les années
« et sa vie à se procurer honneurs, richesses ou puis-
« sance, comme fait le plus grand nombre.

« Je prie Votre Seigneurie, quand elle en aura le
« temps, de réfléchir un peu sur l'invocation du pre-
« mier livre de Lucrèce, où, quoique épicurien qui
« avait appris que les dieux vivaient insouciants et n'a-
« vaient aucun rapport avec les hommes (*qui didicisset*
« *Deos securum agere ævum, nec rationem habere cum*
« *hominibus*), il prie cependant Vénus d'obtenir la paix
« aux Romains. Si quelqu'un écrivait contre la reli-
« gion chrétienne, ferait-il bien de demander quelque
« chose, ou paix ou guerre, au Christ Notre-Seigneur?
« Il me paraît certain que non. Comme Lucrèce est
« néanmoins un bon et prudent poète dans le faux su-
« jet qu'il traite, il se peut, il doit être vrai que cette
« invocation soit convenable. Vous me ferez le plaisir
« de m'en écrire un jour votre opinion.

« Je reste fort en repos à lire mes poètes favoris, qui
« m'ont donné plus de travail que je ne pensais en
« commençant; je continuerai, tant qu'il plaira à Dieu
« de m'en laisser le loisir. »

On voit par une lettre de Casa, du 31 mars 1554,
que Vettori avait répondu à sa consultation sur Lucrèce,
et convenait avec lui de l'inconséquence du poète latin.
La liaison de Casa avec Vettori est un des traits honorables de son histoire. Quand celui-ci paraît menacé
par les orages qui agitaient la Toscane, son ami lui
offre chaleureusement de l'argent et un asile chez lui,
à Narvèse, afin de profiter de ses études et du cours public qu'il avait fait à Florence sur Pindare et Eschyle [1].

---

[1] Let. du 23 janvier 1555.

Casa n'était pas moins versé dans le grec que dans le
latin et l'italien. Il a laissé un curieux fragment d'un
traité sur ces trois langues, où il remarque que le grec
s'est corrompu moins vite que les deux autres. Une
lettre du 13 février 1554, à Louis Beccatello, qui l'avait,
ainsi qu'on l'a dit, remplacé comme nonce à Venise,
le remercie de l'envoi de deux Euripide. Il vivait parmi
les plus beaux génies littéraires et philosophiques de
cette langue, et il a mis en latin dix-huit discours de
Thucydide, sa description de la peste d'Athènes, et le
Ménexène de Platon, dont il a encore fait une imitation, oraison funèbre appliquée à la défaite de la flotte
chrétienne, par les Turcs, dans le golfe de Larta.

Toutefois, dans la solitude philosophique où Casa
s'était réfugié, il n'avait rien perdu de sa considération
et de son influence. Côme I⁰ⁿ fit, en sa faveur, grâce
de la vie au jeune Flaminio della Casa, neveu de Jean,
pris le 2 août 1554 à la défaite de Pierre Strozzi, à
Marciano, avec les autres bannis, derniers et impuis-
sants vengeurs de la liberté florentine. Mais la clémence
de Côme était cruelle : on lut à Flaminio son arrêt,
dans la chappelle du Bargello, ainsi qu'aux autres pri-
sonniers qui furent décapités. On le condamna à une
prison perpétuelle, à laquelle il échappa bientôt, grâce
à l'intervention du pape et de cardinaux empressés
de témoigner leur intérêt à l'égard de Casa.

V.

A l'avènement de Paul IV (Caraffa), Casa fut arra-
ché aux loisirs de sa retraite. La condamnation de
l'apostat Vergerio était un titre auprès du vieux pontife, si ardent à poursuivre l'hérésie, et dont notre
bon Mézerai a blâmé en cela l'orgueil et la dureté.
Appelé à Rome, il eut le bonheur de passer une journée à Pesaro avec son cher Vettori qui, sur la nouvelle

de sa nomination à la place de secrétaire d'état, l'y
avait attendu au lieu de continuer sa route pour Venise, où il espérait trouver son ami enveloppé dans l'é-
tude (*involutum litteris*). Vettori peint les douceurs
de cette entrevue dans l'élégante lettre latine écrite
de Florence le 29 juin 1555. Les amitiés littéraires
sont trop rares pour que, lorsqu'il s'en présente de
véritables, on ne cède pas à la tentation de quelques
détails.

Voici le début de la lettre de Vettori :

« Quoique je pense que vous ayez assez reconnu à
« des signes certains dans la chose même, combien je
« recevrais de plaisir de votre présence, tant et si long-
« temps désirée ; je veux cependant vous l'exprimer
« plus ouvertement et plus clairement par cette lettre ;
« car de tous les doux événements de ma vie, aucun ne
« me fut jamais si doux, ni si rempli de vraie suavité.
« Voir un ami dont j'avais été privé depuis plusieurs
« années et que j'avais ardemment désiré, me pro-
« cura une joie incroyable ; mais l'attendre, quand il
« est appelé à de grandes et honorables affaires, et
« mandé spontanément par le souverain Pontife pour
« gouverner par ses conseils une bonne partie de la ré-
« publique chrétienne, augmente merveilleusement ce
« plaisir. »

Il fait plus loin ce bel éloge de la bonté de cœur de
Casa :

« Vous avez toujours préféré l'avantage des autres à
« votre propre utilité, et vous n'avez jamais évité au-
« cune peine pour l'avantage d'autrui. »

Le reste de la lettre est moins touchant ; car il ne se
compose guère que de ces éloges prodigués à tous les
nouveaux ministres, éloges qui ont assailli leurs prédécesseurs, et auxquels leurs successeurs quelconques n'é-
chapperont point.

Créé secrétaire-d'état, Casa jouit de toute la con-

fiance du pape et fut véritablement, selon l'expression
de Vettori, *socius laboris*. C'est alors qu'il écrivit, au
nom du cardinal Charles Caraffa, neveu de Paul, les
lettres de *Credenza* et celles de *Negozio*, adressées au
roi Henri II, à Catherine de Médicis, au connétable
Anne de Montmorency, à Diane de Poitiers, au cardinal de Lorraine, au duc de Guise et au maréchal
Strozzi, modèles du style diplomatique pour la noblesse, la simplicité et la précision. A cette époque, l'i-
talien était la langue des cours; l'espagnol lui succéda
momentanément, et Louis XIV devait à jamais faire dominer le français. On attribua principalement à Casa
la politique hostile à l'empereur. Le cardinal Caraffa
recevait une pension de la France, dont il charge Annibal Ruccellai, alors en mission, de remercier le connétable.

Casa était de la société intime des trop puissantes
nièces du Pape. Scipion Ammirato raconte que celles-
ci le visitant un jour dans son palais, se montrèrent
si charmées de l'odeur qui s'exhalait des cuisines,
qu'il les invita aussitôt à dîner; depuis, il les traita
fréquemment avec recherche et magnificence. La surprise fut extrême quand on ne le vit point compris
dans la promotion des cardinaux de 1555. Les amis,
a dit avec justesse Duclos, ont souvent le privilége des
refus. On a prétendu que la petite et infâme pièce de
la *Formica*, que Ménage, dans son *Antibaillet*, restitue
au poète comique Nicolas Secco, et qui fut alors montrée au rigide pontife, causa l'exclusion de Casa. Cette
opinion du cardinal Pallavicini et d'Antoine Romiti
dans son distique :

> *Cur Casa, miraris, merito non fulgeat ostro;*
> *Id formica salax parvula præripuit,*

est restée. Mais quand on se rappelle certains traits des
écrits des cardinaux Bibbiena et Bembo, la chose est

peu probable, et Casa n'aurait pas mérité davantage
d'être nommé archevêque et nonce. Un scrupule d'indépendance de Paul IV paraît le secret de cette exclusion ; il craignit que son favori, s'il le nommait, ne fût
considéré comme du parti français à cause de sa parenté avec Lucrèce de' Tornabuoni, célèbre par ses talents poétiques, mère de Laurent-le-Magnifique et tris-
aïeule de Catherine de Médicis, alors régnante. Cette
parenté éloignée avait déjà provoqué les remontrances
de l'ambassadeur d'Espagne lors de l'élévation de
Casa à la charge de secrétaire-d'état. On raconte qu'un
de ces consolateurs, fléau de la disgrâce, étant venu
l'assurer que le Pape l'avait réservé *in petto*, Casa avait
fait cette repartie qui ne se traduit point : *Avrei più
piacere d'essere in c....*

La santé de Casa était toujours mauvaise et la goutte
le tourmentait fréquemment. Les effets de ce mal sont
peints fidèlement par lui, quand il dit que la goutte
ne trouble pas seulement le corps et les nerfs, mais
enchaîne encore l'ame, l'affaiblit et la déchire (*Le po-
dagre non turbano solamente il corpo, ma legano anco in
parte l'animo e rendonlo quasi debole e sciancato* [1]).

Il mourut le 14 novembre 1556 dans la maison du
cardinal Jean Ricci de Montepulciano, qu'il avait
choisie afin de changer d'air sans sortir de Rome,
et il y languit cinq mois. Balzac prétend assez lestement qu'il fut empoisonné, et que les Espagnols se
vengèrent de sa harangue à Charles-Quint pour la
restitution de Plaisance « par le boucon qu'ils lui firent donner [2]. »

Casa repose à la magnifique église de Saint-André-
della-Valle; son neveu Horace Rucellai lui a consacré,
dans la chapelle de leur famille, cette juste et recon-
naissante épitaphe :

[1] Let. à Annibal Rucellai, du 18 mai 1549.
[2] Let. à Chapelain, du 23 novembre 1637.

«A Jean della Casa, archevêque de Bénévent, dont la
« postérité, qui ne l'égalera jamais, admire la singu-
« lière excellence en tout genre de vertus et de scien-
« ces, illustrée par d'immortels monuments. »

D. O. M.

JOANNI CASÆ
ARCHIEPISCOPO. BENEV.
CUJUS. SINGULAREM
IN OMNI. VIRTUTUM. AC
DISCIPLINARUM. GENERE
EXCELLENTIAM
IMMORTALIBUS. ILLUSTREM
MONUMENTIS
ÆMULA. NEQUICQUAM
POSTERITAS. ADMIRATUR.
HORATIUS. ORICELLARIUS
AVUNCULO. OPTIME MERITO
POSUIT.

VI.

Les œuvres littéraires de monsignor della Casa, quoique **peu** nombreuses, suffisent à sa gloire. C'est un
nouvel exemple qu'on arrive plus sûrement à la postérité avec un léger bagage. Placé au premier rang des
écrivains toscans pour la pureté, il a encore donné à
la langue des mots nouveaux confirmés par l'usage.
Mais ce poète brille sur-tout par la forme; c'est elle qu'il
poursuit sans cesse, et qu'il paraît estimer davantage.
Il jugeait Pétrarque, à ce que rapporte Varchi dans son
dialogue de l'*Ercolano*, meilleur et plus grand poète
que Dante. Sa prévention contre le dernier se montre
encore, lorsque relevant comme ignoble l'expression
de *drudo della fede cristiana*, donnée à saint Dominique
dans le *Paradis*, et reprochant à l'auteur de la *Divina
Commedia* de manquer de grâce, il cite à l'appui ce
portrait peu flatteur de sa personne, tracé par Jean
Villani : « Ce Dante, à cause de son savoir, fut quel-

« que peu présomptueux, revêche et dédaigneux.
« Presque mal gracieux, à la manière d'un philosophe,
« il ne savait pas converser avec les illettrés. »

Casa a obtenu les plus illustres approbations. Le
Tasse, encore critique judicieux et même un peu subtil, a, dans un Discours sur la Poésie, pris pour exemple le sonnet de Casa : *Questa vita mortal, che 'n una
o'n due,* de préférence à un de Pétraque, parce que,
dit-il, le premier comptait de son temps de nombreux
imitateurs, et faisait école parmi les jeunes gens. Il
détermine et divise même en extrinsèques et intrinsè-
ques les caractères de sa poésie. Les premiers sont
la difficulté des rimes, la coupe des vers, la rudesse
des constructions, la longueur des périodes, les trans-
itions d'une strophe à l'autre, en un mot, tout ce qui
constitue l'apparente âpreté de la versification de Casa.
Les seconds, moins faciles à imiter, consistent dans
le choix des pensées et des expressions, la nouveauté
des tropes, la hardiesse des métaphores, l'énergie et
la majesté du style [1]. Dans l'érudit et élégant Discours
sur la Jalousie, prononcé devant les dames et les seigneurs de la cour de Ferrare, ouvrage de sa jeunesse,
le Tasse loue la grâce et le travail du sonnet de Casa
sur cette passion, sonnet aussi commenté par B. Varchi, et regardé comme le plus beau : ·

« Souci, qui te nourris et croîs par la crainte, qui
« acquiers plus de force en craignant davantage, toi
« qui, mêlant la glace à la flamme, troubles et affliges
« tout le royaume d'Amour; puisque en un instant tu
« as mêlé toutes tes amertumes à ma douceur, sors
« de mon cœur. Retourne au Cocyte dans les tristes
« et lamentables champs de l'enfer. Là, sois ton pro-
« pre tourment. Là, passe les jours sans repos, les
« nuits sans sommeil; là, souffre non moins du doute

---

[1] *Lezione del signor Torquato sopra il soneto LIX, di M. Gio.
della Casa.*

« que de la certitude. Va-t'en. Pourquoi, si ton venin
« a couru par toutes mes veines, revenir et voler à
« moi, plus cruel que jamais avec de nouveaux fan-
« tômes? »

> *Cura, che di timor ti nutri e cresci,*
>> *E più temendo maqgior forza acquisti;*
>> *E mentre colla fiamma il gielo mesci,*
>> *Tutto 'l regno d'Amor turbi e contristi;*
> *Poi che'n brev' ora entr'al mio dolce hai misti*
>> *Tutti gli amari tuoi, del mio cor esci:*
>> *Torna a Cocito, a i lacrimosi e tristi*
>> *Campi d'inferno; ivi a te stessa incresci:*
> *Ivi senza riposo i giorni mena,*
>> *Senza sonno le notti; ivi ti duoli*
>> *Non men di dubbia, che di certa pena.*
> *Vattene : a che più fera che non suoli,*
>> *Se 'l tuo venen m'è corso in ogni vena,*
>> *Con nove larve a me ritorni e voli* [1] *?*

Le Tasse, dans le dialogue *de la Cavaletta ou de la
Poésie toscane*, parlant de l'infraction des règles par
quelques grands esprits, tels que Dante, Pétrarque,
Bembo, le lyrique vénitien Cappello et Bernard Tasso,
cite encore Casa comme modèle de ce genre raisonnable de hardiesse au sujet de la belle Canzone : *Errai
gran tempo, e del cammin incerto* [2]. L'auteur de la Jérusalem s'accorde en ce point avec les premiers maîtres du siècle de Louis XIV. La Bruyère dit : « Il y a des
« artisans ou des habiles dont l'esprit est aussi vaste
« que l'art et la science qu'ils professent : ils lui ren-
« dent avec avantage, par le génie et par l'invention,
« ce qu'ils tiennent d'elle et de ses principes : ils sor-
« tent de l'art pour l'ennoblir, s'écartent des règles,
« si elles ne les conduisent pas au grand et au sublime :
« ils marchent seuls et sans compagnie, mais ils vont
« fort haut et pénètrent fort loin, toujours sûrs et con-

[1] Son. VIII.
[2] V. cette pièce ci-dessus, p. 198.

« firmés par le succès dès avantages que l'on tire quel-
« quefois de l'irrégularité [1]. »

Boileau s'exprime ainsi au sujet du censeur solide
et salutaire :

> C'est lui qui vous dira par quel transport heureux
> Quelquefois dans sa course un esprit vigoureux,
> Trop resserré par l'art, sort des règles prescrites,
> Et de l'art même apprend à franchir les limites [2].

L'approbation accordée à Casa par le Tasse s'accorde avec la maxime puriste qu'il a professée, qu'en
poésie « le style est la partie principale et marche avant
« la pensée (*come parte principale anteceder l'elocuzione*
« *alla sentenza.*) »

Le suffrage de l'ingénieux, du docte Parini est remarquable : « Jean della Casa, un des premiers écri-
« vains de la langue, bien plus, le meilleur de tous
« après Boccace, est celui qui, sans laisser d'être noble
« et grave, s'approche plus peut-être qu'aucun autre
« de son siècle du style simple et naturel qu'on aime
« dans le nôtre. »

L'opinion des lettrés français n'a point non plus
manqué à Casa. Balzac écrivait à Chapelain, le 23 novembre 1637 : « Je suis bien aise de l'estime que vous
« faites de monsignor della Casa. C'est une de mes an-
« ciennes inclinations. » Et dans une autre lettre du
8 octobre 1640 : « A mon gré ce Florentin a été parfai-
« tement judicieux. Il avait vu l'Idée de la suprême
« éloquence. » Le premier régent de Port-Royal. le
pieux Lancelot, dans la préface de sa *Nouvelle Méthode
pour apprendre facilement et en peu de temps la langue
italienne*, s'exprime ainsi : « Le Galatée de Jean de la
« Case est encore fort estimé, ayant particulièrement

[1] Chap. *des Ouvrages de l'Esprit.*
[2] *Art poét.*, ch. IV.

« affecté dans les mots et dans les expressions de se
« rendre imitateur de Boccace : et il peut être lu avec
« d'autant plus de profit, que le sujet qu'il traite peut
« servir à la civilité et aux bonnes mœurs. » Les *Annotazioni* de Ménage, sur les *Rime*, sont encore très es-
timées, même pour le style. L'abbé Regnier-Desma-
rais, ce secrétaire perpétuel de l'Académie, qui a mieux
écrit en italien qu'en français, et que son esprit de con-
tradiction et son entêtement avaient fait surnommer
par ses confrères l'abbé *Pertinax*, a consacré à Casa
un assez joli sonnet. Il célèbre sa double gloire
d'écrivain latin et toscan, qui ne le rend pas moins
agréable à l'antique Rome qu'à la nouvelle Florence.

VII.

Le *Galateo* ou traité des usages (*costumi*), le principal titre de Casa à la renommée, l'a placé parmi les
plus utiles instituteurs de la jeunesse, et parmi les écrivains de morale pratique qui connaissent la force des
premières impressions. Le précepteur, sorte de mentor
anonyme que l'on a supposé être Jean Galéas Flori-
monte, évêque de Sessa, personnage estimé pour sa
science, traite des manières et de la politesse. Le style
excellent, comme on le sait, se compose d'expressions
convenables à la vieillesse ; car les âges ont leur langue
comme les conditions. Les maximes du *Galateo*, mille
fois copiées et compilées ¹, bien qu'elles remontent à

---

¹ Notre vieille *Civilité puérile et honnête pour l'instruction des
enfants, dressée par un missionnaire,* policait jadis le peuple dès
les bancs de la première école, et les quatrains de Pibrac qui la terminent, cités par Montaigne, ne sont pas sans beautés. Le comte de Ches-
terfield, ministre et homme d'affaires comme Casa, écrivit pour son fils,
lord Stanhope, âgé de sept ans, ces lettres fameuses sur les belles manières, qui devaient si peu lui profiter. L'économiste italien Melchior
Gioia publia en 1802, un nouveau *Galateo*, plus complet que l'ancien,
mais bien inférieur par le style. Une dame française, fort aimable, qui

plus de trois siècles, indiquent une civilisation singulièrement avancée, et sont encore applicables en beaucoup de points.

Le *Galateo* parut, pour la première fois à Venise, en
1558, et faisait partie de l'édition in-4.° des *Rime e
Prose,* dédiée, par Erasme Gemini, à Jérôme Quirini,
et mise à l'index par Paul IV, à cause des pièces de
la jeunesse de l'auteur. L'édition du *Galateo* donnée
à Milan en 1559, in-8.° et rare, est moins incorrecte.
Aucune édition des œuvres de Casa n'avait été publiée
de son vivant. Le *Galateo* fut traduit librement en latin
et publié à Rome (1595, in-.8°), par l'irlandais Nicolas Fitz-Herbert qui, après avoir abandonné son
pays, vivait dans la famille du célèbre cardinal anglais
Guillaume Alan, ce proscrit d'Elisabeth, dont les pam-
phlets catholiques périrent par les brûlots et la tempête qui dispersèrent l'Armada, mais dont la vieillesse
s'acheva calme et honorée. La traduction française par
du Hamel (Paris, 1678, in-12), porte ce titre arrangé:
Galatée, ou l'Art de Plaire dans la conversation.

<h2 style="text-align:center">VIII.</h2>

Casa commence par défendre ainsi l'apparente futi-
lité du sujet de son *Galateo :*

« Comme tu ne viens que de commencer ce voyage,
« dont j'ai déjà fait la plus grande partie, ainsi que tu
« vois, c'est-à-dire cette vie mortelle ; et comme je
« t'aime beaucoup, je me suis proposé en moi-même
« de t'enseigner, en homme qui les a explorés, les
« lieux où je crains que tu ne puisses tomber en mar-

est aussi un écrivain de talent, M.ᵐᵉ la comtesse de Brady, a composé
un agréable petit livre, intitulé : *du Savoir-Vivre au Dix-Neuvième
siècle*, qui, ainsi que certains bons ouvrages de critique, ne sont guère
utiles qu'à ceux qui n'en ont pas besoin.

« chant, ou t'égarer, afin qu'instruit par moi, tu puis-
« ses tenir le droit chemin avec le salut de ton ame,
« la gloire et l'honneur de ta respectable et noble fa-
« mille. Ton âge tendre n'est guère propre à recevoir
« des enseignements plus importants et plus subtils ;
« je les réserverai donc pour un temps plus convenable
« et je commencerai par ce qui paraîtra peut-être fri-
« vole à plusieurs ; c'est-à-dire ce que je crois qu'il faut
« faire pour être, dans nos relations et nos rapports,
« poli, agréable et de belles manières. C'est là une
« vertu ou quelque chose qui ressemble beaucoup à
« une vertu. Bien qu'il soit, sans aucun doute, plus
« louable et plus grand d'être libéral, constant, ma-
« gnanime, que d'être avenant et poli, peut-être ce-
« pendant la douceur de mœurs, la convenance de
« maintien, de manières et de langage ne profite-t-elle
« pas moins à leurs possesseurs. On doit exercer celles-
« ci plusieurs fois chaque jour ; car il est nécessaire à
« chacun de traiter et de parler chaque jour avec les
« autres hommes, tandis que la justice, la force et les
« autres vertus plus nobles et plus grandes, sont rare-
« ment mises en œuvre. Le libéral et le magnanime
« ne sont pas obligés d'agir magnifiquement à toute
« heure ; bien plus, il n'est personne qui puisse le faire
« fort souvent, de même, les hommes courageux sont
« rarement obligés de démontrer leur valeur par des
« actes. Ainsi, autant les unes l'emportent en gran-
« deur et presque en poids, autant les autres les sur-
« passent par le nombre et la multiplicité.

« Je pourrais te nommer, s'il le fallait, beaucoup de
« gens qui, peu estimables d'ailleurs, ont cependant
« été et sont fort appréciés, seulement à cause de
« leurs agréables et gracieuses manières. Aidées et sou-
« levées par elles, ces personnes sont parvenues à des
« rangs très élevés, laissant bien loin derrière, ceux
« qui étaient doués des vertus plus nobles et plus dis-

« tinguées dont j'ai parlé. Comme les agréables ma-
« nières ont le pouvoir de gagner la bienveillance de
« ceux avec qui nous vivons, de même les inciviles et
« les grossières nous attirent, au contraire, la haine et
« le mépris.

« C'est pourquoi, bien que les lois n'aient porté au-
« cune peine contre le désagrément et la grossièreté
« des manières, parce que ce défaut leur a semblé lé-
« ger, et certes, il n'est pas grave, nous voyons ce-
« pendant que la nature elle-même nous en punit sé-
« vèrement en nous privant de la société et de la bien-
« veillance des hommes.

« Si les défauts plus graves nuisent plus, celui-ci dé-
« plaît davantage ou au moins plus souvent. On craint
« les bêtes féroces et non certains petits animaux, tels
« que les cousins et les mouches, et cependant à cause
« de l'ennui continuel qu'ils donnent, on se plaint
« plus fréquemment de ceux-ci que de celles-là. C'est
« ainsi que beaucoup de personnes haïssent autant et
« même plus les hommes désagréables et ennuyeux
« que les scélérats.

« On ne peut donc douter qu'il ne soit très utile à
« ceux qui se disposent à vivre, non dans des solitudes
« ou des ermitages, mais dans les villes et parmi les
« hommes, de savoir être agréables et gracieux dans
« leurs manières. Sans cette qualité, les autres vertus
« ont besoin de plus d'ornements, au défaut desquels
« elles n'opèrent que peu ou point, tandis que celle-là
« est riche et puissante par elle-même, parce qu'elle ne
« consiste que dans le langage et le maintien.

« Il faut régler et tempérer tes manières, non selon
« ta volonté, mais selon le plaisir de ceux que tu fré-
« quentes, ce qu'on doit faire avec mesure ; car celui
« qui cherche trop à seconder le plaisir d'autrui dans
« la société, semble plutôt un bouffon ou peut-être
« un flatteur qn'un gentilhomme poli. Celui, au con-

« traire, qui ne prend nul souci de plaire ou de dé-
« plaire est impoli, mal élevé et désagréable.

« Si donc nos manières sont agréables, lorsque nous
« avons égard au plaisir d'autrui et non au nôtre, nous
« pourrons facilement, en recherchant les choses qui
« généralement plaisent le plus aux hommes et celles
« qui les choquent, trouver les manières à éviter dans
« nos rapports avec eux et celles à choisir. »

IX.

Le *Galateo* montre les bons effets de l'harmonie à
établir entre la raison et la nature, ainsi que les affini-
tés qui existent entre elles :
« Bien que les forces de la nature soient grandes,
« celle-ci est cependant fort souvent corrigée et vain-
« cue par l'habitude. Mais on doit commencer de bonne
« heure à lui résister et à la contenir, avant qu'elle ne
« prenne trop de pouvoir et d'arrogance. C'est ce que
« ne fait pas le plus grand nombre. Egaré par les ap-
« pétits, et les suivant sans résistance partout où ils en-
« traînent, on croit obéir à la nature, comme si la
« raison n'était pas une chose naturelle à l'homme.
« Bien plus, elle a, comme reine et maîtresse, le pou-
« voir de changer les habitudes corrompues, de subve-
« nir et d'aider à la nature, là où d'ordinaire celle-ci
« fléchit et tombe. Mais le plus souvent nous ne l'é-
« coutons pas, et de cette manière, nous sommes sem-
« blables à ceux à qui Dieu ne l'a pas donnée, c'est-
« à-dire aux bêtes, chez qui néanmoins opère quelque
« chose, non leur raison, car elles n'en ont pas, mais
« la nôtre. Tu peux le voir dans les chevaux, sauvages
« de leur nature, et que le maître rend doux et pres-
« que savants et polis. Plusieurs marcheraient d'un
« trot dur, et le maître leur enseigne à marcher d'un

« pas agréable, à s'arrêter, à courir, à tourner, à sau-
« ter, et tu sais qu'ils l'apprennent.....

« Les sens aiment et désirent le plaisir présent. Aussi
« la raison leur répugne et leur semble amère, parce
« qu'elle présente non le plaisir, fort souvent nuisible,
« mais le bien, toujours pénible et d'une saveur amère
« au goût encore corrompu. Tant que nous vivons se-
« lon les sens, nous ressemblons au pauvre malade, à
« qui toute nourriture, même suave, paraît aigre et
« salée, et qui se plaint de la servante ou du cuisinier
« qui n'en peuvent mais. Il sent l'amertume dont sa
« langue est enveloppée et non celle de la nourriture.
« De même la raison, qui est douce par elle-même,
« nous semble amère par notre propre saveur et non
« par la sienne. Délicats et obstinés, nous refusons de
« la goûter, et nous couvrons notre lâcheté en disant
« qu'il n'y a ni éperon, ni frein qui puissent pousser ou
« retenir la nature. Certes, si les bœufs parlaient, je ne
« crois pas qu'ils pussent avancer une proposition plus
« extravagante.

« Nous resterions enfants jusque dans l'âge mûr et
« dans la dernière vieillesse, nous nous amuserions
« chenus, comme nous faisions bambins, sans la rai-
« son qui croît en nous avec l'âge, et qui, développée,
« nous transforme presque de bêtes en hommes. Elle
« a donc force et pouvoir sur les sens et les appétits,
« et c'est par notre méchanceté et non par son défaut,
« que dans la vie et dans les mœurs nous allons trop
« loin.

« Il n'est pas vrai que la nature n'ait ni frein ni maî-
« tre, puisqu'elle en a deux, l'habitude et la raison ;
« mais celle-ci ne peut d'un manant faire un homme
« bien élevé, sans l'usage, qui est le fruit et l'effet du
« temps.

« On doit commencer de bonne heure à écouter la
« raison, non-seulement parce que l'on a ainsi plus

« de temps à s'habituer à être tel qu'elle enseigne, à
« devenir son domestique et à lui appartenir, mais
« encore, parce que l'âge tendre, étant pur, se teint
« plus facilement de toute couleur, et parce que les
« choses auxquelles on s'habitue d'abord plaisent tou-
« jours davantage. »

Le *Galateo* parle avec précision et justesse de l'ordre,
de l'unité de la beauté et de l'espèce de tohu-bohu de
la laideur :

« D'après ce que m'a appris un savant homme, la
« beauté doit être une, la laideur, au contraire, est
« multiple. C'est ainsi que tu vois le visage des filles
« jeunes et belles; les traits de chacune d'elles sem-
« blent créés seulement pour le même visage, ce qui
« n'arrive point chez les laides, parce que, ayant les
« yeux gros et saillants, le nez petit, les joues bouffies,
« la bouche plate, le menton pointu et la peau noire,
« il semble que leur visage n'est pas celui d'une seule
« femme, mais qu'il est composé de plusieurs visages
« et fait de morceaux. »

X.

Voici de bonnes réflexions de morale pratique :

« On doit peser les hommes plutôt au peson du
« meunier qu'à la balance de l'orfévre, et il convient
« d'être prêt à les accepter, non pour leur valeur réelle,
« mais comme on fait des monnaies pour la valeur
« courante. »

Ce portrait des malencontreux et de certains égoïstes, a de la vérité :

« Il est des gens insupportables, parce qu'ils sont
« le retard, le trouble, le malaise de toute la société.
« Jamais ils ne sont prêts, jamais à leur aise, quand
« chacun se dispose d'aller à table, que les mets sont
« apportés, que l'eau est versée pour les mains, ils de-

« mandent à écrire ou à uriner, ou bien ils n'ont pas
« fait d'exercice, et disent : c'est trop tôt; pourquoi ne
« pas retarder un peu; quelle hâte ce matin! Ils tien-
« nent ainsi en suspens toute la société, en hommes
« qui ne pensent qu'à eux, à leurs aises, et ne considè-
« rent pour rien les autres. Ils veulent être préférés en
« tout, se coucher dans les meilleurs lits et les plus
« belles chambres, s'asseoir aux places les plus com-
« modes et les plus honorables, être servis et arrangés
« avant tous les autres. Rien ne leur plaît que ce qu'ils
« ont proposé; ils font la moue à tout le reste; il leur
« semble qu'on doive les attendre pour manger, monter
« à cheval, jouer ou s'amuser. »

Les gens susceptibles et tatillons sont peints vivement dans ce passage :

« Il y a des personnes si délicates, si fragiles, que
« vivre et demeurer avec elles, c'est comme s'embar-
« rasser au milieu d'une quantité de petits verres, tant
« elles craignent la plus légère secousse, tant il faut
« les traiter et les ménager. Si vous n'êtes pas assez
« prompts, assez empressés à les saluer, à les visiter,
« à leur répondre, elles se tourmentent autant que
« d'autres pour une injure grave, et si vous ne leur
« donnez pas exactement tous leurs titres, il en naîtra
« aussitôt des plaintes amères et de mortelles inimi-
« tiés... »

Le *Galateo* parle avec justesse de cette sorte de men-
teurs innocents, qui, sans aucun but d'utilité pour
eux-mêmes, ni de dommage ou de honte pour autrui,
mentent, parce que le mensonge leur plaît comme font
ceux qui boivent, non par soif, mais par goût du vin.

Il démêle fort bien la fausse modestie qui refuse les
titres et les honneurs auxquels on a droit. C'est à peu
près ainsi que Fontenelle avait remarqué que « les louan-
« ges refusées savent bien revenir avec plus de force,
« et il est peut-être aussi modeste de leur laisser leur

« cours naturel, en les prenant pour ce qu'elles va-
« lent [1]. »

« Sache que ceux qui s'avilissent eux-mêmes par les
« paroles hors de mesure, et refusent les honneurs
« qui leur appartiennent évidemment, montrent en
« cela plus d'orgueil que ceux qui usurpent les choses
« qui ne leur sont pas tout-à-fait dues. C'est pourquoi,
« l'on peut dire que Giotto ne méritait pas tous les éloges
« que Boccace lui donne pour avoir refusé d'être ap-
« pelé maître, car il était non-seulement maître, mais
« encore maître excellent pour son temps [2]. »

XI.

Casa n'aime point les cérémonies, ainsi qu'on a pu
le voir par son entrée à Venise. Il les traite de songes
et de mensonges. On sent percer, au sujet de leur excès,
son opposition à la domination espagnole, rapport
qu'il a avec l'Arioste, Castiglione et d'autres grands
écrivains. Mais son patriotisme semble l'égarer lorsqu'il dit que les cérémonies importées d'Espagne ont
mal pris sur le sol d'Italie, et n'y ont point jeté de ra-
cines. « Les distinctions de préséance selon la noblesse,
« dit-il, sont ennuyeuses, et personne ne doit se
« constituer juge pour décider qui est plus ou moins
« noble. » Il prétend que le mot même de cérémonie
est étranger, puisqu'il ne se trouve pas dans les anciens
auteurs, tels que Boccace et Villani; preuve que la
chose était inusitée. Il finit toutefois par prescrire une
sage mesure, lorsqu'il veut qu'en fait de cérémonies,
on imite le tailleur, qui, sans faire un sac, habille un
peu plus large qu'il ne faut. Les ouvriers et les domestiques sont dispensés de cérémonies envers les seigneurs qui les font travailler ou qu'ils servent, attendu

[1] *Eloge de Marsigli.*
[2] *Decam. giorn. VI, nov. 5.*

que ceux-là préfèrent l'obéissance à cette espèce d'honneurs. Toutefois, si Casa est peu favorable aux cérémonies, il recommande les attentions et les caresses,
et il cite le trait d'un poète grec : que savoir caresser,
c'est tirer un gros intérêt d'un petit capital.

Le détail des manières applicables dans les divers
états de l'Italie offre une peinture des mœurs contem-
poraines :

« D'abord, on doit avoir égard au pays dans lequel
« on vit; car tout usage n'est pas bon dans tout pays.
« Ce qui s'use chez les Napolitains, dont la ville
« abonde en hommes de haute noblesse et en puissants
« barons, ne conviendrait ni aux Lucquois, ni aux
« Florentins qui sont, pour la plupart, marchands
« et simples gentilshommes, et ne comptent ni princes,
« ni marquis, ni barons. Ainsi, les manières princières
« et pompeuses de Naples, transportées à Florence,
« seraient, comme les habits d'un grand mis à un pe-
« tit, surabondantes et superflues, ni plus ni moins
« que les manières des Florentins seraient misérables
« et étroites pour la noblesse, et peut-être pour la na-
« ture même des Napolitains.

« Parce que les gentilshommes vénitiens se compli-
« mentent l'un l'autre hors de mesure à cause de leurs
« charges et de leurs scrutins, il ne siérait nullement
« aux bonnes gens de Rovigo ou aux bourgeois d'Asolo
« de conserver la même solennité dans leurs saluts;
« bien que tout ce pays soit un peu tombé, si je ne me
« trompe, dans ces niaiseries, soit par oisiveté, soit
« par imitation de Venise, leur maîtresse, car on suit
« volontiers les traces du maître, même sans savoir
« pourquoi.

« Il faut ensuite avoir égard au temps, à l'âge, à la
« condition de celui avec lequel on use de cérémonies,
« les supprimer tout-à-fait avec les personnes affairées,
« ou du moins les abréger le plus possible, et les indi-

« quer plutôt que les exprimer, ce que savent très bien
« faire les courtisans de Rome. »

Les manières françaises, comme celles des autres peuples du Nord, sont traitées par Casa avec grand dédain,
et quelquefois même avec une sorte d'injustice. C'est
ainsi qu'il cite parmi les mauvaises manières qu'avait
rapportées de notre pays le poète élégant, licencieux
et dissipateur Molza, l'habitude d'embrasser les dames
(*il brutto costume di voler baciar le donne*), ce qui l'exposait, en Italie, à se voir arracher la barbe, et peut-
être à pis. Le Tasse, qui, comme les autres Italiens de
son temps, n'était pas moins prévenu contre les Français, juge différemment cet usage, et dans son Discours sur la Jalousie, il le trouve *gentile*.

XII.

Une des premières règles de la conversation est le
respect de Dieu et des saints. Le *Galateo* reprend en
cela la noble compagnie du Décaméron, quoique, par
une singulière inconséquence, les exemples appliqués
aux maximes qu'il professe soient empruntés à Boccace,
et même à son imitateur, encore plus libre, Sacchetti.

Le purisme de Casa semble prescrire des règles trop
étroites sur le choix des mots dans la conversation,
quand il veut que ces mots soient indigènes du lieu où
l'on parle, ce qui doit fort restreindre le vocabulaire de
son interlocuteur, et l'exposer à manquer de grâce,
d'abandon et de variété :

« Les mots doivent être clairs, ce qui aura lieu si
« tu sais choisir ceux qui sont originaires de ton pays,
« qui n'auront pas vieilli au point d'être rances, moi-
« sis et abandonnés comme des vêtements usés, et si
« les mots que tu emploies ne sont pas à double sens,
« mais simples, parce que c'est de l'assemblage de tels
« mots que se compose le langage qui porte le nom

« d'énigme, et qu'on appelle jargon dans le style vul-
« gaire. Les mots doivent aussi être propres.et le moins
« possible communs à autres choses; de cette ma-
« nière, il semble qu'on fait voir les objets mêmes et
« qu'on les montre, non avec des mots, mais avec le
« doigt. »

Le *Galateo* prémunit ainsi contre l'emphase dans
la conversation :

« Les paroles doivent être disposées comme le re-
« quiert l'usage du langage commun, et non mêlées et
« embrouillées comme beaucoup ont habitude de
« faire par afféterie. Leur langage ressemble à celui
« du notaire qui lirait en italien l'acte qu'il a dicté en
« latin, plutôt qu'à celui d'un homme qui parle dans sa
« langue. Ces manières conviennent quelquefois à ceux
« qui font des vers; jamais à celui qui parle. Il faut, en
« parlant, s'écarter non seulement de la versification,
« mais encore de la pompe des harangues, de crainte
« de se rendre désagréable et ennuyeux On montre,
« il est vrai, plus d'habileté en haranguant qu'en par-
« lant, mais cela doit se réserver à son lieu, comme
« la danse convient aux noces et non dans la rue. »

Le *Galateo* prémunit également contre le bavardage
plein de suffisance et le mutisme :

« Je ne puis deviner pourquoi qui sait moins disserte
« davantage. Les hommes polis doivent se garder de
« trop parler, sur-tout quand ils savent peu, non seu-
« lement parce qu'il est fort rare que l'on parle beau-
« coup sans beaucoup se tromper, mais encore parce
« qu'il semble que celui qui parle beaucoup, domine
« en quelque sorte ceux qui écoutent, comme le maître
« ses disciples. C'est un défaut dans lequel tombent
« non-seulement bien des gens, mais encore plusieurs
« nations, si babillardes et importunes, que malheur
« aux oreilles dont elles s'emparent.

« Comme l'excès du babil donne de l'ennui, de

« même l'excès du silence attire la haine, parce que
« se taire, quand chacun parle à son tour, c'est pa-
« raître refuser sa part de l'écot. Parler, c'est ouvrir
« son ame à celui qui écoute, tandis que se taire, c'est
« paraître vouloir rester inconnu. Ainsi, comme les
« peuples qui ont l'habitude de beaucoup boire dans
« leurs fêtes et de s'enivrer chassent ceux qui ne boi-
« vent pas, de même ces sortes de muets sont mal vus
« dans les sociétés joyeuses et amicales. »

L'art difficile de bien écouter n'a point été omis par
le *Galateo* :

« Il faut être attentif quand quelqu'un parle, afin
« de n'être pas obligé de dire de temps en temps : Eh?
« comment? défaut commun à beaucoup de personnes,
« et qui n'est pas moins désagréable à celui qui parle,
« qu'il ne l'est, en marchant, de se heurter contre des
« pierres »

Le *Galateo* donne de sages règles sur la mesure dans
la plaisanterie :

« Il y a des mots qui mordent, et d'autres non.
« Quant aux premiers, je veux que te suffise la sage
« règle qu'en donne Laurette, dans Boccace[1], c'est-à-dire
« que la plaisanterie doit mordre comme la brebis, et
« non comme le chien, car si elle mord comme le
« chien, ce n'est plus une plaisanterie, mais une vile-
« nie. Dans presque toutes les villes, les lois veu-
« lent que celui qui aurait dit à quelqu'un une injure
« grave soit gravement puni. Peut-être aurait-on dû
« de même porter des peines non légères contre ceux
« qui auraient mordu outre mesure avec des plaisan-
« teries. Mais les hommes bien élevés doivent croire
« que les dispositions de la loi sur les injures s'éten-
« dent aux plaisanteries, et ne piquer que rarement
« et peu. »

[1] *Decam. gior VI. nov. 3..*

XIII.

Casa développe par d'assez singulières raisons la convenance de ne tenir à table que des propos gais et d'écarter les tristes :

« Que dans une fête et à table, on ne raconte point
« d'histoires mélancoliques ; qu'on ne fasse pas men-
« tion, qu'on ne rappelle pas le souvenir de plaies, de
« maladies, de morts, de peste, ni d'autres sujets dou-
« loureux. Bien plus, si quelqu'un était tombé en de
« tels détails, on doit changer de conversation d'une
« manière douce et honnête. J'ai entendu dire à un
« habile, notre voisin, que les hommes ont souvent
« besoin de pleurer autant que de rire ; c'est dans ce
« but, assurait-il, qu'avaient été inventées les histoires
« lamentables, appelées tragédies, afin que, racontées
« sur les théâtres, elles tirassent des larmes des yeux
« de ceux auxquels cela était nécessaire, et que, pleu-
« rant ainsi, ils guérissent de leur maladie. Quoi qu'il
« en soit, il ne nous sied pas d'attrister les esprits des
« gens avec qui nous parlons, sur-tout lorsqu'on s'est
« réuni pour une fête où pour se divertir, et non pour
« pleurer. Que si quelqu'un est malade par besoin de
« pleurer, il sera bien plus facile de le médicamenter
« avec de la moutarde forte ou en l'exposant à la fu-
« mée. »

Voici la dissertation bizarrement érudite du *Galateo* sur les santés portées à table, dont nous avons ridiculement transformé la joyeuse dénomination en *toast*. Ces santés s'appellent en italien *brindisi*, mot dont Redi, dans les excellentes notes du dithyrambe de *Bacco in Toscana*, indique l'origine allemande : *ich bringe dir sie* (je te la porte). Le patriotisme de Casa s'exalte de nouveau contre cette importation étrangère et nouvelle, assez innocente, et qu'il repousse avec trop de rigorisme :

« L'invitation à boire, usage qui n'étant pas natio-
« nal, porte un nom étranger, *far brindisi,* est blâ-
« mable en elle-même et n'a pas encore été reçue dans
« nos contrées. Il ne faut donc pas en faire. Si l'on
« t'invite, tu pourras facilement refuser, en disant que
« tu te reconnais vaincu, en remerciant, ou bien en
« goûtant le vin par courtoisie, sans boire.

« J'ai entendu affirmer par plusieurs savants que
« ces santés sont un usage antique de certaines par-
« ties de la Grèce. Ils louent beaucoup un habile
« homme de ce temps, nommé Socrate, parce qu'il
« put, toute une longue nuit, tenir tête à boire à un
« autre habile homme, qui se faisait appeler Aristo-
« phane, et que le lendemain matin il traça fort exac-
« tement une figure de géométrie. Il démontrait ainsi
« que le vin ne l'avait pas troublé. Ces savants affir-
« ment en outre, que, comme l'on devient ferme et
« courageux à risquer souvent sa vie dans les périls de
« la mort, de même l'on se rend tempérant et honnête
« en s'habituant aux périls de la débauche. Puisque
« boire à l'envi, avec excès, c'est livrer combat aux
« forces des buveurs, ils veulent qu'on le fasse afin
« d'éprouver sa fermeté et de s'habituer à résister aux
« fortes tentations et à les vaincre. Malgré cela, je
« pense le contraire, et j'estime leurs raisons très fri-
« voles.

« Nous voyons que les hommes lettrés font souvent, par
« la pompe de leurs discours, que le tort gagne et que
« la raison perde. Ne les croyons pas en ceci ; peut-être
« veulent-ils excuser et couvrir le vice de leur pays, parce
« qu'il semblait dangereux de le reprendre et qu'ils crai-
« gnaient le sort de Socrate pour avoir trop blâmé tout
« le monde. On l'accusa par envie de plusieurs chefs
« d'hérésie et d'autres honteux péchés, ce qui le fit
« condamner à mort injustement ; car il était, en effet,
« bon et catholique, selon leur idolâtrie. Mais certes il

« ne mérita aucune louange pour avoir bu tant de vin
« pendant cette nuit, car une cuve en aurait contenu
« davantage. Si le vin ne lui fit aucun mal, cela pro-
« vint de la force d'un robuste cerveau, plutôt que de
« la tempérance d'un honnête homme.

« Quoi que disent les anciennes chroniques, je re-
« mercie Dieu qu'avec tant d'autres pestes qui nous
« sont venues d'au-delà des monts, il ne nous ait pas
« encore été apporté cette autre peste qui fait non-seu-
« lement un jeu, mais un mérite de s'enivrer. Je ne
« croirai jamais qu'on doive apprendre la tempérance
« d'un maître tel que le vin. »

XIV.

Le *Galateo* se trouve quelquefois à la suite du *Corte-*
giano, tant il y a d'analogie dans les idées et les sujets.
Voici de raisonnables règles sur les vêtements :

« Chacun doit être bien habillé selon son âge et sa
« condition, parce qu'en faisant autrement, on semble
« mépriser le monde. Les bourgeois de Padoue regar-
« daient comme un affront qu'un gentilhomme véni-
« tien allât par leur ville en sayon, comme s'il se croyait
« à la campagne. Non-seulement les vêtements seront
« de fine étoffe, mais on doit encore s'en tenir le plus
« possible au costume des autres, et se laisser gagner
« par l'usage, lors même qu'il est moins agréable, ou
« moins commode que ne l'était ou le paraissait l'an-
« cien. Si toute la ville a les cheveux coupés, on ne doit
« pas les porter longs, ni se couper la barbe quand les
« autres habitants la portent. Il ne faut pas, en ces sortes
« de choses, s'opposer aux usages communs, mais les
« suivre avec mesure, afin que tu ne sois pas le seul
« dans ton pays à porter la simarre longue jusqu'au
« talon, lorsque tous les autres la portent fort courte,
« jusqu'un peu au-dessous de la ceinture. Ceux qui ont

« le nez très camard, c'est-à-dire différent de celui que la
« nature donne au plus grand nombre, font retourner
« tout le monde pour les regarder ; la même chose ar-
« rive à ceux qui vont vêtus non selon l'usage, mais
« selon leur fantaisie. Grâce à leurs beaux cheveux
« longs, à leur barbe courte ou rasée, à leur coiffure
« ou à certains gros bonnets à l'allemande, chacun se
« retourne pour les considérer. On fait cercle autour
« d'eux, comme s'ils avaient entrepris de livrer bataille
« à tout le pays.

« Les habillements doivent, en outre, être bien ajustés
« et aller bien à la personne ; car ceux qui ont de riches
« et nobles habits, mais les portent si mal qu'on ne les
« croirait pas faits pour leurs épaules, indiquent une de
« ces deux choses : ou qu'ils ne se soucient nullement
« de plaire ni de déplaire au monde, ou qu'ils ne sa-
« vent ce que c'est que grâce et convenance....

« Un homme ne doit pas s'orner comme une femme,
« de crainte que l'ornement ne soit un et la personne
« autre, ainsi que je vois faire à certains qui ont les che-
« veux et la barbe bouclés au fer chaud, le visage, le
« cou et les mains plus frottés et fardés qu'il ne sied à
« une femme ou même à une courtisane....

« Il faut sur-tout se conformer à sa condition, afin
« que le clerc ne soit pas habillé en soldat et le soldat
« en charlatan. Castruccio, duc de Lucques et Pistoie,
« comte palatin, sénateur de Rome, seigneur et maî-
« tre de la cour de Louis de Bavière, se trouvant à
« Rome avec celui-ci, en grande gloire et triomphe,
« se fit, par vanité et mignardise, une robe de soie
« cramoisie avec ces mots en lettres d'or sur la poi-
« trine : « Il est comme Dieu veut. » Et sur le dos
« des lettres semblables qui disaient : « Il sera comme
« Dieu voudra. » Tu comprends toi-même, je pense,
« que cet habit aurait mieux convenu au trompette de
« Castruccio qu'à lui-même. Bien que les rois soient

« affranchis de toute loi, je ne saurais cependant louer
« Manfred de ce qu'il s'habillait toujours de drap
« vert....

    « Il ne faut ni sentir mauvais, ni être parfumé, afin
« que du noble il ne s'exhale pas odeur de poltron, et
« d'un homme odeur de femme ou de courtisane. Je
« ne prétends pas pour cela que quelques odeurs d'eaux
« distillées ne conviennent pas à ton âge. »

XV.

Ce passage du *Galateo* est une modeste et ingénieuse
définition du profit à retirer de l'ouvrage :

    « Comme je ne puis accorder mes actions avec mes
« paroles, par les motifs que j'ai exposés au commen-
« cement, ainsi que le fit Polyclète par la statue qu'il
« exécuta à l'appui de son traité sur les proportions
« du corps humain, qu'il me suffise d'avoir dit en par-
« tie ce qu'on doit faire, bien que je ne puisse moi-
« même le pratiquer : mais, comme en voyant l'obscu-
« rité, on connaît ce qu'est la lumière, et en écoutant
« le silence, on apprend ce qu'est le son, de même tu
« pourras, en observant mes manières peu agréables et
« presque obscures, découvrir quelle est la lumière des
« habitudes gracieuses et approuvées. »

XVI.

Le *Traité des Devoirs entre les amis supérieurs et inférieurs,* titre qui explique bien le sujet, fut d'abord
écrit en latin. Il peut être considéré comme un sup-
plément du *Galateo,* dont il n'atteint pas l'exquise élégance.

Casa expose ainsi l'à-propos et l'utilité de son traité :

    « Je pense que les anciens étaient exempts d'un

« grand et continuel embarras, eux qui n'avaient pas,
« comme nous, leurs maisons composées d'hommes
« libres, mais d'esclaves, dont ils employaient les ser-
« vices pour leurs aises, leur considération et les au-
« tres besoins de la vie. La nature de l'homme étant
« noble, ample, droite et bien plus propre à comman-
« der qu'à obéir, c'est une entreprise dure et odieuse
« que de vouloir, comme on fait aujourd'hui, exercer
« la supériorité sur elle, quand elle est encore robuste
« et intacte. A mon avis, il ne fut pas difficile aux an-
« ciens de commander à ceux qui étaient déjà domptés
« et comme apprivoisés, et chez qui les chaînes, les
« longues fatigues et l'habitude de l'esclavage dès l'en-
« fance, avaient supprimé l'orgueil et la force. Nous
« au contraire, nous avons affaire à des esprits robustes
« et presque sauvages, qui, par la vigueur de la nature,
« refusent et abhorrent d'être soumis ; parce qu'ils se
« savent libres, ils résistent à leurs maîtres, ou deman-
« dent et exigent souvent avec raison, quelquefois
« aussi à tort, que l'on observe certaine mesure en
« leur commandant. De là naissent à l'infini les repro-
« ches, les plaintes, les querelles. Et certes il en est
« ainsi, parce que, mauvais juges dans nos propres af-
« faires, nous les estimons bien plus que celles d'au-
« trui, quoique d'une valeur égale. On se persuade
« donc toujours d'avoir plus donné que reçu, et l'on
« ne peut marcher du même pas. De là naît l'en-
« nuyeuse plainte de l'un : « je me suis consumé dans
« ta maison ; » et le reproche de l'autre : « je t'ai main-
« tenu, nourri et honoré. » J'ai donc cru digne de
« l'occupation d'un homme, et sans inconvenance pour
« moi, de tâcher d'apaiser et de supprimer de telles
« plaintes, de telles discordes.

« Après avoir souvent réfléchi sur cela, j'ai rassem-
« blé quelques enseignements, et presque composé un
« art de l'amitié entre les hommes puissants et riches,

« et les personnes pauvres et de basse condition, à la-
« quelle, à cause de la ressemblance, on a appliqué
« l'odieux nom de servitude (*servitù*). »

. L'heureuse expression de *Famiglia*, pour désigner
tous les gens attachés au service d'une maison, prise des
anciens qui l'appliquaient même aux esclaves, a pré-
valu aujourd'hui en Italie sur le mot dur de *servitù*, qui
devrait être tout-à-fait abandonné, et dont l'acception
n'est point exacte, quand on considère la familiarité et
les libertés qu'on leur accorde.

XVII.

Voici la manière dont Casa définit ce qu'il a appelé
amis supérieurs et inférieurs. Quelques esprits chagrins
n'admettent point cette amitié à distance, opinion que
repousse la fierté de Dante, lorsque dans sa lettre dédi-
catoire du *Paradis* à Can Grande, citant le *Livre de la
Sagesse* « trésor infini pour l'homme, et qui le rend par-
« ticipant à l'amitié de Dieu, » il croit pouvoir sans
présomption se déclarer l'ami du souverain de Vérone.

« Les hommes, dit Casa, se rassemblent pour vivre
« et demeurer en société, soit attirés par la douceur
« des plaisirs et par le désir des jouissances; soit poussés
« par la cupidité des richesses, des honneurs, du pou-
« voir et de choses semblables, s'efforçant de les ac-
« quérir et de les augmenter, ce qui est compris sous
« le nom d'utilité; soit enflammés par la beauté de
« l'honnêté et la splendeur de la vertu. De la première
« espèce sont les amours lascifs, les choses qui délec-
« tent les sens et les autres qu'on appelle plaisirs. De la
« seconde est l'utilité, laquelle s'étend à beaucoup de
« choses; d'abord au corps entier de la cité, puis à
« chacune de ses parties. Il naît entre les citoyens une
« commune amitié, afin qu'ils puissent être tous en-
« semble sains et en sûreté. A côté de celle-ci, il y a beau-

« coup d'amitiés particulières , imaginées pour gagner
« et acquérir. La troisième espèce embrasse l'amitié
« non du vulgaire, mais des hommes vertueux et bons;
« lorsque ce qui est honnête et louable unit et lie les
« hommes amis de la vertu, non par aucune utilité,
« mais par sa propre force et dignité. Quand les hom-
« mes bas aspirent aux amitiés des premiers de la cité,
« et que de leur côté, les grands, les riches et les puis-
« sants reçoivent dans leurs maisons des personnes
« viles et pauvres, il semble qu'on ne se soucie nulle-
« ment de l'attrait de l'honnêteté, et qu'on pense seu-
« lement à l'utilité ou au plaisir. Ce qui le fait connaî-
« tre, c'est que ceux-là tâchent de servir, non des
« hommes de bien, justes, estimables, mais des hom-
« mes riches et libéraux, si toutefois ces deux qualités
« se trouvent réunies. Ceux-ci, au contraire, ne re-
« cherchent que des gens laborieux, sagaces, diligents,
« utiles et modérés, qu'ils apprécient plus qu'un ver-
« tueux quelconque. »

Ce dernier passage semble énergiquement résumé
par Pascal, lorsqu'il dit : « Qu'est-ce, à votre avis que
« d'être grand seigneur : c'est d'être maître de plu-
« sieurs objets de la concupiscence des hommes, et
« pouvoir ainsi satisfaire aux besoins et aux désirs de
« plusieurs. Ce sont ces besoins et ces désirs qui les
« attirent auprès de vous et qui vous les assujettissent :
« sans cela ils ne vous regarderaient pas seulement ; mais
« ils espèrent, par ces services et ces déférences qu'ils
« vous rendent, obtenir de vous quelque part de ces
« biens qu'ils désirent, et dont ils voient que vous dis-
« posez [1]. »

XVIII.

Casa est aussi d'accord avec Pascal sur la maxime :

[1] *Pensées*, art. XII.

« Il a quatre laquais, et je n'en ai qu'un ; c'est à moi
« à céder, et je suis un sot si je conteste », et sur la
nécessité de la hiérarchie sociale, en dépit des capa-
cités que voudraient établir les utopistes actuels. Quelques autres analogies se rencontrent encore entre le
Traité des devoirs et l'article des *Pensées* sur la condition des grands. On pourrait croire que le premier n'a
pas été inconnu au moraliste français, auquel il aurait
été recommandé par le philologue de Port-Royal, Lancelot, appréciateur, comme on l'a vu, de Casa, et auteur d'une petite et bonne grammaire italienne, dans
laquelle se trouvent les règles de la poésie de cette
langue données pour la première fois en français. L'italien était étudié à Port-Royal. Pascal cite avec une vive
approbation le titre du livre médiocre et à peu près
ignoré *Della opinione regina del mondo ;* Racine, l'élève
de Lancelot, dans ses piquants *Fragments historiques,*
emploie des expressions italiennes pour rendre ses portraits plus frappants, et il jette fréquemment dans ses
lettres des traits et des vers pris à cette langue. Lancelot,
peignant dans ses *Mémoires* la tristesse naturelle de l'abbé
de Saint-Cyran, pour qui « la vie du monde est un vrai
hiver », imite et affaiblit les beaux vers de Pétrarque :

> *Che più d'un giorno è la vita mortale*
> *Nubilo, breve, freddo e pien di noja?*

On jugera de la sorte d'universalité qu'avait conservée
l'italien jusqu'au milieu du XVII.ᵉ siècle, à côté de l'en-
vahissement du français, par ce trait curieux de la préface de la grammaire de Lancelot : « L'on parle italien
« dans la Grèce, dans les îles du Levant et à la Porte
« du Grand-Seigneur ; à la cour de l'Empereur et à
« celle du roi de Pologne, et de la plupart des princes
« d'Allemagne. Et tous ces peuples trouvent cette lan-
« gue beaucoup plus belle et plus avantageuse pour

« se bien expliquer, que leurs langues naturelles. La
« France même, quoique maintenant si amoureuse
« de sa langue, et avec raison, ne laisse pas d'avoir
« une estime particulière de l'italienne, et même
« jusqu'à quelque excès, puisque c'est aujourd'hui,
« en quelque façon, un plus grand reproche à une
« personne de la cour de ne pas savoir l'italien que
« de ne savoir ni le grec ni le latin. » Alors il y avait
à Paris une troupe de comédiens italiens. Baldinucci,
dans sa vie de Laurent Lippi, rapporte avoir ouï
plusieurs fois raconter à l'abbé chanoine Laurent
Panciatichi, que voyageant à Paris avec d'autres gentilshommes, il fut présenté au roi, qui le reçut par
ces propres paroles : « Monsieur l'abbé, j'étais à lire
« votre gracieux *Malmantile* », et cependant Louis XIV
n'était point savant, et le poëme de Lippi est difficile
à entendre, même pour les Toscans, à cause des
allusions, des idiotismes, des plaisanteries et des proverbes pris à la populace de Florence.

Voici le passage vraiment social de Casa :

« La loi, chez les Éthiopiens, faisait roi celui qui se
« trouvait de la plus haute stature. Si un philosophe
« de petite taille avait donc prétendu être roi d'Éthio-
« pie, n'aurait-il pas dû, selon cette loi, être puni de
« sa présomption? Cependant la sagesse n'est-elle pas
« plus estimable que la haute stature ou que toute autre
« forme du corps? Oui, assurément ; mais ces peuples
« vivaient sous cette loi, et il eût été injuste de la
« violer. »

Casa semble toutefois aller trop loin dans son respect
pour l'ordre établi, lorsque s'appuyant de l'autorité
d'Aristote, « le maître de ceux qui savent (*Maestro di*
« *color che sanno*) », comme dit Dante, il approuve
l'ostracisme, cet injuste usage, cette garantie immorale
de la constitution démocratique d'Athènes, que réprou-
vent à la fois la conscience et le bon sens.

XIX.

Ce passage peint et juge sévèrement les riches, les puissants et les parvenus de Rome, tout en prescrivant à ceux qui en ont besoin de s'accommoder à leurs travers:

« Les riches sont orgueilleux et insupportables outre
« mesure. De ce qu'on a coutume de rapporter tout à
« l'argent, et qu'avec lui tout s'achète, ils estiment, à
« cause de la grande quantité qu'ils en ont, avoir le
« prix de toutes les choses, et se tiennent pour cela
« heureux. Ajoutez qu'ils voient une grande partie des
« hommes occupés à acquérir, à augmenter leurs
« biens, et ne penser qu'aux richesses; méprisant donc
« les autres et n'en faisant nul cas, ils se glorifient de
« ces richesses, comme d'un bien unique, merveilleux
« et désiré de tous. Cet orgueil, cette arrogance croît
« bien davantage, et certes, non sans motif, parce que
« beaucoup sont obligés de demander aux riches beau-
« coup de choses. Ainsi, ils se croient dignes de com-
« mander et d'avoir ce que possèdent ceux qui méri-
« tent la souveraineté et les charges. Les richesses sont
« donc remplies de vaine gloire, d'orgueil, et entraînent
« après elles la licence, compagne de l'orgueil. Les
« riches d'ordinaire sont encore amollis, délicats, ef-
« féminés, et veulent, par l'ostentation des richesses,
« être réputés heureux. En un mot, c'est une sotte
« mais heureuse chose que la richesse. Ces défauts sont,
« dans les fortunes récentes, pires que dans les an-
« ciennes, car ceux qui deviennent riches tout à coup,
« usent avec assez peu de discernement de la libéralité
« et de la magnificence, ainsi qu'on le voit chez un
« grand nombre dans la ville de Rome... Les habi-
« tudes des gouvernants sont en partie semblables à la
« nature et aux usages des riches, et en partie un peu
« meilleures, parce qu'ils ont le désir de l'honneur,

« l'esprit généreux et prompt à agir, vu que la puis-
« sance leur en ouvre la voie, et que la dignité leur
« ajoute quelque gravité.

« Les personnes pauvres et de basse condition doi-
« vent se comporter envers les riches et les puissants
« de manière à supporter non-seulement volontiers,
« mais à cacher, même soigneusement, leurs injures,
« leurs inepties, en les aimant le plus possible pour
« eux-mêmes, ou du moins en les honorant et les res-
« pectant... Les riches, s'estimant dignes de toutes
« choses, éprouvent un grand plaisir à se voir honorés
« et servis par leurs amis, parce qu'ils pensent que ceux-
« ci approuvent le jugement qu'ils portent d'eux-
« mêmes. Certes, il est difficile d'aimer une personne
« qu'on n'approuve point, et très facile de ne point
« approuver une personne de mœurs telles que nous
« avons vu. Cependant, « puisque tu as tant d'horreur
« pour la pauvreté », comme dit le Tirésias d'Horace, il
« faut avaler et souffrir de bon cœur ce qu'on ne peut
« corriger ; le lien principal de cette amitié n'étant pas
« la bonté ou la vertu, mais l'utilité et le gain.....

« C'est un défaut nuisible que de blâmer et d'offenser,
« dans ses discours, les amis supérieurs, lorsqu'il serait
« plus utile et plus honnête de les respecter et de les
« honorer. Ceux-là sont donc répréhensibles en deux
« choses, soit parce qu'ils manquent à leur devoir, soit
« parce que les paroles ne s'accordent pas avec les faits,
« puisqu'ils vivent et demeurent avec ceux qu'ils blâ-
« ment. Il faut aussi avertir et exhorter les orgueilleux
« et les arrogants de se corriger, car il n'est rien qui
« empêche plus de se faire obéir et honorer. Nous res-
« pectons ceux que, pour quelque chose de louable, nous
« croyons au-dessus de nous ; mais celui qui attribue
« tout à lui-même fait assez voir qu'il ne veut obéir
« à personne ; bien plus, il est des gens qui s'efforcent
« de démontrer qu'ils ne veulent s'humilier devant qui

« que ce soit pour une chose quelconque, ni mettre
« rien du leur. Ceux-là haïssent plus que la mort de
« s'entendre nommer inférieurs, et sont contents d'être
« pauvres ; gens fiers, rétifs, intraitables... Il faut les
« dresser à d'autres exercices, afin qu'ils ne consument
« pas leur vie dans les privations et les tourments, et
« qu'après ils n'accusent pas, selon leur coutume, la for-
« tune, tandis que c'est leur faute. Nous avons besoin
« d'un homme doux, d'esprit facile et pliant, qui
« sache prendre sa part du tort et obéir à la fortune
« avec joie, ou du moins avec tranquillité, de manière
« qu'il ne semble pas le faire par force. »

XX.

Voici de sages règles sur les inconvénients de s'é-
manciper avec les supérieurs, sur la nécessité d'être
circonspect dans les manières et les reparties, et de
repousser quelquefois, comme le disait Fontenelle, la
familiarité par le respect :

« On doit se garder, à moins que l'on n'y soit d'abord
« engagé et presque obligé, de plaisanter avec les amis
« puissants. Il y a dans la plaisanterie une assurance
« qui démontre que les hommes sont égaux, et réveille
« l'orgueil. Quand, au contraire, les inférieurs sont
« plaisantés ou mordus par quelques mots piquants et
« odieux, ils doivent cependant répondre avec un vi-
« sage riant et avec douceur, employant tous leurs
« efforts, afin que la colère qui ne pourra vraiment,
« en aucune manière, rester tranquille, ne se mani-
« feste pas au dehors. Si profondément qu'ils aient été
« percés, ils ne doivent pas se risquer à prendre leur re-
« vanche ; car il n'appartient pas à un homme obéis-
« sant de se venger des blessures qu'il a reçues. Je sais
« bien que plus on sera spirituel et prompt, plus il
« sera difficile de le faire, parce qu'il se présentera

« bien des mots piquants qu'on aura peine à rete-
» nir. Il faut une grande patience pour ne pas riposter
« quand on est frappé, sur-tout quand on a les armes
« en main. Cependant, il faut réfréner diligemment
« la colère, et tâcher de ne pas contester avec les su-
» périeurs, eût-on même raison. S'ils perdent, ils nous
« haïssent; s'ils restent égaux, ils se considèrent encore
« comme vaincus. »

Le conseil donné aux secrétaires d'adopter, sans dire
mot, les corrections faites à leurs lettres par des supérieurs ignorants et sans goût, est caractéristique :

« La plupart de ceux qui sont parvenus à quelques
« dignités, tâchent d'avoir auprès d'eux des hommes
» savants, habitués à écrire, qui composent en leur
« nom les lettres pour toutes les affaires courantes. Il
« arrive souvent ici que les choses faites selon les règles,
« avec beaucoup d'art et de peine, ne plaisent pas à
« des hommes ignorants, contempteurs de la beauté
« et de l'élégance du style. Ce qu'il y a de mieux, ils
« le retranchent, mettent tout sens dessus dessous, et
« refont tout. Alors que nous conseillez-vous de faire ?
« Ce qu'Euripide nous a laissé écrit dans les *Phénicien-*
« *nes :* « Il faut souffrir la sottise des grands », et, bien
« que ce soit difficile, faire le fou avec les fous. Ainsi,
« dans les écrits et les autres opérations, les subalter-
« nes prendront pour règle la volonté et le jugement
« des puissants; ils y mesureront toutes leurs paroles,
« toutes leurs actions, sans regarder si cette règle est
« droite ou tortue. Ils s'ingénieront avec toute leur
« industrie à exécuter ce qui leur a été imposé, non
« selon ce qui leur paraîtra bien, mais selon la volonté
« des supérieurs. »

La condition de ces secrétaires paraît bien dure et
leur fin misérable, si l'on en juge par les lettres du
plus illustre d'entre eux, Annibal Caro, secrétaire des
cardinaux Ranuce et Alexandre Farnèse, et bien qu'on

l'eût décoré du titre de commandeur. Parmi plusieurs traits pareils, voici ce qu'il écrit à Varchi, son ami. « Je suis au service du cardinal Farnèse, et jusqu'ici « la peine est grande, l'espérance médiocre et le profit « très mince. Je souffre volontiers pour ne pas souffrir « toujours, et avec tout cela je ne vois pas que rien « doive me réussir [1]. » Cet autre trait d'une lettre au cardinal Alexandre, montre les retraites que la maison Farnèse accordait à ses serviteurs : « J'ai besoin de peu « de pain, car je me trouve près de ma soixante-« dixième année, et d'ailleurs sans dents pour le mâ-« cher et sans estomac pour le digérer [2]. »

XXI.

Casa indique l'origine et les limites de l'autorité à l'égard des domestiques :

« Comme les inférieurs sont tenus de faire leur de-« voir, non par force ni en attendant qu'on le leur « rappelle, mais volontiers et d'eux-mêmes, ainsi il « appartient aux supérieurs de ne pas user outre me-« sure de leur diligence, et de ne pas leur commander « avec orgueil, mais de tenir pour certain qu'ils usent « de leur service libre et volontaire, bien que ce ne « soit pas sans dépense et de se rappeler qu'ils ne com-« mandent pas à des esclaves, car ils sont libres, non-« seulement selon les lois, ce qui est clair, mais en-« core selon la nature...

« Ils sont donc libres, et, bien que l'usage ait donné « à l'union de cette amitié l'odieux nom d'esclavage, « on ne peut nier que l'usage même n'ait beaucoup « radouci ce nom ; car ceux qui sont supérieurs se « disent, parce que tel est l'usage, les serviteurs de « ceux qu'ils aiment, quoiqu'ils soient de basse con-

[1] *Lettere esortatorie, LX.*
[2] *Lettere di risentimento, X.*

« dition ; en sorte que cela est devenu un signe d'a-
« mour et de respect, et non de servitude. Mais ceux
« qui cherchent la vérité doivent, à mon avis, s'en te-
« nir plus à la chose qu'au nom. Tant que les guerres
« pourvurent d'esclaves les anciens, et qu'il ne fut pas
« défendu par les lois de les retenir, on eut peu besoin
« du travail et des services d'hommes libres, car per-
« sonne ne doit s'étonner que l'on n'ait pas donné son
« nom propre à une chose qui était presque inconnue.
« Mais quand la puissance des armes commença à di-
« minuer, et qu'il parut abominable de tenir sous le
« joug de l'esclavage ceux qui étaient nos compagnons
« de religion, on peut croire que d'abord quelques per-
« sonnes viles, attirées par un peu de gain, commen-
« cèrent à servir les riches à la place des esclaves, et
« que, la chose ayant passé en usage, les hommes
« même de quelque valeur ne dédaignèrent pas de tels
« gains. Cette coutume naquit tard, c'est-à-dire à l'é-
« poque où manquaient déjà ceux qui auraient pu lui
« donner et presque fabriquer un nom convenable. »

Casa prescrit éruditement les attributions des gens
de service. On y voit à quelles indignités étaient parfois exposés les gentilshommes attachés à la maison
des grands :

« Qu'en imposant quelque chose, et en assignant
« les services, on ait égard à la condition des person-
« nes, de manière que, s'il faut exécuter quelque chose
« de sale, on le commande au plus vil. Que l'on ne
« fasse pas, comme quelques-uns de perverse nature,
« balayer la maison aux nobles, ni porter les ordures
« hors des chambres. Que l'on ne charge point les fai-
« bles de choses trop fatigantes, les honnêtes de
« choses blâmables, ni les vieux de choses frivoles.
« Homère ne fait pas que Phénix, homme grave et
« âgé, obéisse à Achille, en lui offrant la coupe à boire,
« mais il assigne cet emploi à Patrocle, jeune et de

« son âge. Qu'en outre on ait soin de n'enjoindre à
« personne rien de trop pénible, de trop difficile, si ce
« n'est par nécessité ou dans quelque grande circon-
« stance. Les lois de l'humanité nous ordonnent de ne
« pas user au delà du convenable ou comme par jeu
« de la diligence et de la sollicitude des serviteurs; car
« ils ne le supportent que mal volontiers, et il en est
« un dans Plaute qui dit : « Quelle dureté, à peine dans
« le port, de m'envoyer, bon gré mal gré, à cette
« heure de nuit! Ne pouvait-il pas attendre jusqu'au
« jour pour ce message? »

« On raconte que le menuisier Dédale avait les te-
« nailles, les marteaux et les autres outils vivants :
« croirons-nous pour cela qu'il commandât au ciseau
« de faire ce qui appartenait à la hache? ou qu'il défen-
« dît le repos à celle-ci, quand il n'y avait rien à couper?
« Suivons donc l'exemple de ce menuisier, et tâchons
« que nos ordres soient justes et doux. Ceux qui com-
« mandent avec aigreur, qui pour le moindre retard
« se mettent en colère, et ne veulent en aucune ma-
« nière s'apaiser, outre qu'ils n'agissent pas justement,
« doivent penser qu'ils sont entourés d'ennemis plutôt
« que d'amis. Il y a dans le langage et la vie des hom-
« mes supérieurs une certaine affabilité, bien plus, une
« sévérité assaisonnée toutefois d'humanité et de dou-
« ceur. Celui qui la possède sera aimé et respecté comme
« un père, et non craint comme un tyran; car tous
« ceux qui craignent quelqu'un l'ont encore en haine. »

On jugera, par ce passage, de la dureté des maîtres
de Rome envers leurs gens. Ils ne pratiquaient guère
la maxime de Platon, contredite par Mme de Genlis,
de traiter les serviteurs comme des amis malheureux.
Si les magnifiques villas qu'ils élevaient se rapprochent
par la disposition architectonique des villas antiques,
il y a quelques traits des mêmes mœurs : on ne jette
plus, il est vrai, des esclaves maladroits en pâture aux

murènes, mais on bat les valets, et ils meurent presque
de faim.

« Je pense que ceux qui sont assez hardis, assez
« audacieux pour porter les mains sur des hommes
« libres, doivent être non avertis, mais sévèrement
« punis, comme des personnes dont il n'y a rien à es-
« pérer... Certes, ils ne considèrent pas comme hom-
« mes les hommes libres. La condition de ceux-ci est
« chez eux bien pire que celle de certains animaux ;
« car ils mettent le plus grand soin à ce que l'on mé-
« nage les chevaux qu'ils ont coutume de monter ; ils
« ne souffrent pas qu'on les fatigue, ou bien ils leur
« accordent ensuite d'autant plus de repos. Mais quand
« a-t-on quelque égard pour les hommes ? Quand les
« secourt-on dans les maladies et les autres besoins ?
« Quelle sorte d'hommes est à Rome plus indigne-
« ment déchirée, et avec plus de méchanceté, que les
« amis bas par les hommes puissants ? Cela est tout-à-
« fait contraire, non-seulement à la charité et à l'hu-
« milité chrétiennes, mais encore à l'humanité com-
« mune.....

« Ils sont dignes de double blâme ceux qui donnent
« une mesquine, grossière et mauvaise nourriture,
« comme à des esclaves, ou qui punissent les fautes
« par la diminution du boire et du manger. D'abord,
« ils excitent contre eux les haines et les plaintes de
« ceux dont ils désirent être aimés et respectés, puis-
« qu'ils sont cause que ceux mêmes par lesquels ils
« voulaient manifester leur magnificence et leur libéra-
« lité, car c'est l'unique but de leurs si grandes dépen-
« ses, découvrent leur avarice et leur misère. »

XXII.

On voit par ce passage la représentation vaniteuse
qui était alors de rigueur chez les grands.

« Que les inférieurs se tiennent prêts, obéissent et
« complaisent aux supérieurs, non-seulement en exé-
« cutant leurs commandements, mais en le faisant de
« manière à être vus du dehors. Car rien ne nous force
« à tenir dans notre maison tant de gens, mais on le
« fait par pompe et afin d'en être plus considéré. Que
« les gens se montrent donc présents, marchent de-
« vant leurs maîtres ou les accompagnent. »

Casa reprend spirituellement les manières mielleuses
et égoïstes avec lesquelles certains grands croyaient
payer leurs gens :

« Il est des hommes chez qui se trouve quelque
« douceur, mais toute couverte de malice. Ceux-ci,
« afin de jouir plus longuement et sans frais des tra-
« vaux d'autrui, repaissent d'espérance les gens
« misérables et de basse condition, et les nourrissent
« d'une clémence et d'une bonté feintes. Ils croient
« compenser les travaux de beaucoup d'années par
« quelques paroles flatteuses. Qu'on détruise cette ha-
« bitude propre aux courtisans ; qu'on chasse les
« fraudes et les tromperies, non-seulement de cette
« amitié, mais encore de toutes les autres affaires hu-
« maines. Si nous estimons chose blâmable d'enlever
« son bien à quelqu'un, pourquoi devrons-nous répu-
« ter chose juste et honnête de le priver des fruits de
« la vie et de l'âge, en trompant, par l'apparence de
« la bonté, celui qui est ou de nos amis ou de nos
« gens, et certainement pauvre et privé de secours?
« Il me semble que sont encore rusés et malicieux,
« ceux qui croient avoir trop récompensé toutes les fa-
« tigues, les veilles, les privations, les malaises et
« les pertes des amis de basse condition, et les avoir
« largement satisfaits en n'usant pas avec injustice et
« perversité envers eux de leur autorité supérieure,
« mais en se montrant doux et bienveillants ; comme
« s'il avait été convenu d'échanger amitié pour amitié,

« et non pour des richesses et du gain. Ne serait-ce
« pas une injustice, si l'on appelait un joueur d'instru-
« ments pour jouir de ses sons pendant qu'on est à
« table, et si ensuite, au lieu de la récompense pro-
« mise, on le faisait asseoir, et, touchant soi-même
« d'un autre instrument, on lui faisait entendre autant
« de sons, et même plus suaves? Oui, assurément; car
« le musicien n'a pas donné ce plaisir pour en recevoir
« autant, mais il l'a vendu. »

XXIII.

1 e *Traité des devoirs* se termine par le tableau des
avantages que procurent la justice et la bienveillance
envers les serviteurs éprouvés :

« Ceux-là méritent le plus grand blâme qui font
«continuelle guerre à leurs gens, et loin de les dé-
« fendre, les déchirent comme des ennemis et leur
« nuisent le plus qu'ils peuvent. Plus ils reconnaissent
« dans l'un d'eux de sagacité, de fidélité, plus ils l'a-
« vilissent, craignant que s'il atteint jamais quelque
« valeur, il ne les quitte pour un autre, ou ne travaille
« pour son intérêt particulier. Il vaudrait mieux en vé-
« rité que, comme les anciens affranchissaient les es-
« claves dont ils avaient été fidèlement servis, de même
« nous fissions passer nos serviteurs de la condition
« servile à la condition gracieuse et libre; non-seule-
« ment cela vaudrait mieux, mais nous serait encore
« plus profitable. Au nom de Dieu! quel domaine est
« aussi gras, aussi fertile, aussi abondant de toutes sortes
« de fruits? D'ailleurs ne doit-on pas de beaucoup pré-
« férer que nos personnes et nos biens soient gouver-
« nés par des amis vrais et de bonne volonté, plutôt
« que par des hommes chez lesquels ne se montre, je
« ne dis pas de l'amour, mais pas même l'ombre de
« l'amour? En vérité, ceux qui prêtent leur vie comme

« à usure ne peuvent s'empêcher de penser à la récom-
« pense de leurs peines et à la douteuse espérance de
« l'utilité. Comme les laboureurs qui ne travaillent pas
« leurs champs, mais ceux des autres, ne plantent pas
« des arbres, n'engraissent pas la terre, n'arrangent
« et n'embellissent pas les maisons, mais ne s'appli-
« quent qu'à ce qui leur rend une grande quantité de
« fruits avec très peu de dépense, de même les servi-
« teurs ne font rien pour l'utilité de leurs supérieurs,
« ne mettent aucun soin, je ne dis pas à augmenter,
« mais à conserver leurs biens, et dussent-ils devenir
« nus et mendiants, ils ne s'en inquiètent point. Ils
« s'ingénient, par toutes sortes de moyens, à voler le plus
« et le plus vite qu'ils peuvent. Au contraire, dès que
« retirés de l'avilissement du gain, ils sont introduits
« dans l'affection et l'amitié libre et bienveillante, non-
« seulement ils s'évertuent comme les maîtres, à l'uti-
« lité et à l'avantage qu'ils retirent chaque année de
« cette amitié, mais ils s'efforcent encore, par toute es-
« pèce de soins, que nous soyons bien et à notre aise
« Nous aimant avec tendresse, ils n'épargnent aucune
« peine, s'exposent à tout danger pour nous comme
« pour eux-mêmes, ne se fatiguent, ne se lassent ja-
« mais et ne s'approprient rien à notre insu.

     « Cette amitié, si nous ne foulions aux pieds l'hu-
« manité avec notre orgueil, et que déposant la na-
« ture d'homme, nous ne revêtions celle de bête féroce,
« naîtrait certainement d'elle-même et irait croissant.
« Certes, il ne peut arriver à un homme rien de plus
« commode que la domesticité d'un autre homme, sur-
« tout quand il est assorti. Aussi, les habiles en sem-
« blable matière disent que le sage qui se trouve seul
« ne peut être heureux. Il n'est assurément rien de
« plus facile que d'aimer et d'affectionner beaucoup
« ceux dont l'agréable familiarité donne du plaisir. En
« outre, grande est la force de la vie et de l'habitation

« communes pour faire que les hommes s'aiment mu-
« tuellement. On reconnaît cette vérité dans les regrets
« que manifestent certains animaux, lorsqu'on les sé-
« pare de ceux avec lesquels ils avaient l'habitude d'al-
« ler paître. Il me semble donc que c'est faire violence
« à la nature humaine que de ne pas aimer de cœur
« et de ne pas récompenser avec amour celui que l'on
« sait intelligent, fidèle, honnête, et dont l'amour et
« le respect ont été éprouvés. »

XXIV.

Michel-Ange, cité dans les lettres de Casa pour les
marionnettes qu'il aurait peintes[1], pouvait l'être encore comme le modèle des bons maîtres. On connaît la
tendre affection qu'il portait à son fidèle serviteur
Urbin, que, plus qu'octogénaire, il soigna nuit et jour,
pendant la maladie dont il mourut. Voici en quels
termes il écrit à Vasari au sujet de cette perte :

« Mon cher messer Georges, je ne puis qu'écrire
« mal, cependant je dirai quelque chose en réponse à
« votre lettre. Vous savez comment Urbin est mort ; ce
« qui a été pour moi une très grande grâce de Dieu, et
« en même temps une grave perte et une douleur in-
« finie. La grâce a été que, après m'avoir pendant sa
« vie conservé vivant, il m'a, en mourant, enseigné à
« mourir, non avec déplaisir, mais avec envie de la
« mort. Je l'ai gardé vingt-six ans et l'ai toujours trouvé
« rare et fidèle ; maintenant que je l'avais enrichi et
« que je m'attendais à l'avoir pour bâton et repos de
« ma vieillesse, il m'est disparu, et il ne me reste
« d'autre espérance que de le revoir en Paradis. Dieu
« nous a donné un signe de cela par la très heureuse
« mort qu'il a faite, car il regrettait bien moins de

[1] V. ci-dessus, p. 217.

« mourir que de me laisser dans ce monde perfide, au
« milieu de tant de peines, bien que la plus grande
« partie de moi-même se soit en allée avec lui. Il ne
« me reste plus qu'une misère infinie, et je me recom-
« mande à vous. »

Une telle lettre, qui témoigne à la fois de la piété et
de la sensibilité de Michel-Ange, est un des traits les
plus touchants, les plus caractérisques de l'histoire de
ce héros de l'art, de cet homme « aux quatre ames »,
selon la belle expression de Pindemonte.

XXV.

Malgré le contraste de la société des XV.ᵉ et XVIᵉ.
siècles avec la nôtre, le *Traité des Devoirs* de Casa
est encore applicable en beaucoup de points. S'il n'y a
plus le magnifique patronage des seigneurs d'alors,
princes, ducs, cardinaux, avec leurs cours de gentilshommes, de lettrés et d'artistes, le nombre des amis
supérieurs, créés par l'influence politique et par l'industrie, s'étend et se renouvelle infiniment davantage ; puisque, pour ne citer qu'un exemple, chaque électeur en
est un, sans parler des banquiers et des capitalistes, ces
grands vassaux, ces puissants barons de notre siècle
d'égalité, dominant les couronnes et décidant de la
paix et de la guerre, par l'argent.

VII.

LE TASSE, MORALISTE ET ÉCONOMISTE; SON DIALOGUE DU PÈRE DE FAMILLE.

I.

L'ARTICLE du *Tasse en France*, des *Curiosités et Anecdotes Italiennes*, l'a montré observateur agronome et économiste; le dialogue du *Père de Famille* le montrera doué des mêmes connaissances, mais relevées par la pensée du philosophe et l'imagination du poète.

On en peut juger par cette dramatique introduction. J'y joindrai le texte italien comme modèle de cet art du dialogue où le Tasse a excellé. S'il a semblé faible et inanimé dans la tragédie de *Torrismondo*, qui a de rares beautés de style, c'est que son génie a fléchi sous la discipline, sous la lettre d'Aristote et l'imitation superstitieuse des Grecs, ainsi qu'il est arrivé à d'autres écrivains italiens du même siècle. Libre dans l'*Aminta* de cette auguste entrave, son art du dialogue a paru plein de grâce et de pureté.

« On était dans la saison où le vendangeur exprime
« le vin des raisins mûrs; où les arbres se montrent,
« en quelques lieux, dépouillés de leurs fruits, lors-
« que, en habit d'étranger, inconnu, je chevauchais
« entre Novarre et Verceil. Voyant que l'air commen-
« çait à noircir et que l'horizon était ceint de nuages
« et comme gros de pluie, je commençai à piquer plus
« fort mon cheval. Voilà tout à coup qu'un aboie-
« ment de chiens, mêlé de cris, me frappe les oreilles;

« m'étant retourné, je vis un chevreuil qui, suivi de
« deux légers levriers et déjà fatigué, fut atteint par
« eux, en sorte qu'il vint presque mourir à mes pieds.
« Peu après, arriva un jeune homme de dix-huit à
« vingt ans, haut de taille, agréable de figure, bien
« proportionné, svelte, nerveux. Celui-ci, grondant et
« frappant ses chiens, leur arracha la bête qu'ils avaient
« étranglée, la remit à un paysan qui se la chargea
« sur l'épaule, et sur un signe du jeune homme, s'a-
« chemina en avant d'un pas rapide. Le jeune homme
« se tournant vers moi, me dit : Ayez la courtoisie
« de m'apprendre où tend votre voyage? Je voudrais,
« répondis-je, arriver ce soir à Verceil, si l'heure le per-
« mettait. Peut-être, reprit-il, pourriez-vous y arriver
« si le fleuve qui passe devant la ville et sépare les con-
« fins du Piémont de ceux de Milan, n'avait tellement
« crû, qu'il ne vous sera pas aisé de le traverser. Je
« vous conseillerais donc, si cela vous plaisait, de loger
« chez moi cette nuit, car j'ai en deçà du fleuve une
« petite maison où vous pourrez vous arrêter avec moins
« de gêne que dans tout autre lieu voisin.

« Tandis qu'il disait ces choses, je tenais les yeux
« fixés sur son visage, et il me semblait y reconnaître
« un je ne sais quoi de noble et de gracieux. Jugeant donc
« qu'il n'était pas de basse condition, bien que je le
« visse à pied, je rendis mon cheval au voiturin qui
« m'accompagnait, en disant au jeune homme qu'ar-
« rivé au bord du fleuve je me déciderais, d'après son
« avis, à passer outre ou à m'arrêter. Comme je mar-
« chais derrière lui, il me dit : J'irai devant, non pour
« m'attribuer une supériorité d'honneur, mais pour
« vous conduire. Je répondis : La fortune m'accorde
« un trop noble guide; plaise à Dieu qu'elle se mon-
« tre dans tout le reste favorable et propice.

« Alors il se tut, et je le suivais en silence; il se re-
« tournait souvent en arrière et m'examinait de la tête

« aux pieds, comme désireux de savoir qui j'étais. Je
« crus donc devoir prévenir son désir et le satisfaire de
« quelque manière, et je dis : Je ne suis jamais venu
« dans ce pays, car une autre fois, allant en France,
« je passai par le Piémont, et je ne suivis pas ce che-
« min ; mais d'après ce que j'en vois, je n'ai pas à me
« repentir maintenant d'y être passé; c'est un fort beau
« pays habité par des gens très courtois. Ici, comme je
« semblais lui offrir l'occasion de parler, il ne put
« cacher son désir plus long-temps et me dit: Appre-
« nez-moi de grâce qui vous êtes, quelle est votre pa-
« trie et quelle fortune vous conduit en ces lieux?

« Je suis né, répondis-je, dans le royaume de Na-
« ples, ville fameuse d'Italie, d'une mère napolitaine,
« mais je tire mon origine paternelle de Bergame, ville
« de Lombardie. Je vous tais mes nom et prénom, qui
« sont si obscurs que quand même je vous les dirais,
« vous ne seriez ni plus ni moins instruit de ma condi-
« tion. Je fuis le courroux d'un prince et de la fortune,
« et je me réfugie dans les états de Savoie.

« Vous vous réfugiez, me dit-il, chez un prince ma-
« gnanime, juste et clément. Mais, s'apercevant que
« je voulais lui tenir cachée une partie de ma position,
« en homme poli, il ne me demanda pas autre chose.
« A peine avions-nous fait cinq cents pas, que nous
« arrivâmes au bord du fleuve, qui courait si rapide
« qu'aucune flèche ne partit jamais avec plus de vé-
« locité de l'arc d'un Parthe : il avait crû tellement,
« qu'il ne tenait plus dans son lit. D'après ce qui me
« fut dit là par quelques paysans, le batelier ne vou-
« lait pas se détacher de l'autre rive et avait refusé de
« transporter quelques gentilshommes français qui lui
« avaient offert un payement extraordinaire. Alors me
« retournant vers mon guide, je lui dis : La nécessité
« m'oblige d'accepter une invitation que par choix
« même je n'eusse pas refusée.

« Il répondit : Bien que j'eusse préféré devoir cette
« faveur à votre volonté plutôt qu'à la fortune, je suis
« content de n'avoir plus à douter que vous vous arrê-
« tiez. Ses paroles me confirmaient de plus en plus
« qu'il n'était pas d'ignoble origine ni de peu d'esprit.
« Heureux donc d'avoir rencontré un tel hôte, je re-
« pris : Si cela vous plaît, plus tôt je recevrai de vous
« la faveur d'être logé, plus vous me serez agréa-
« ble. A ces mots il montra du doigt sa maison qui
« n'était pas fort éloignée du fleuve. Elle était nou-
« vellement bâtie, et d'une telle hauteur, qu'en la voyant
« du dehors, on pouvait juger qu'elle contenait plu-
« sieurs étages. Elle avait au-devant comme une petite
« place entourée d'arbres ; on y arrivait par un double
« escalier qui était en dehors de la porte, et présentait
« deux montées fort commodes, chacune de vingt-cinq
« marches, larges et faciles. En haut de l'escalier nous
« nous trouvâmes dans une salle de forme presque
« carrée et de grandeur convenable. Elle avait deux
« appartements à droite et deux à gauche, et je jugeai
« qu'il y en avait autant dans la partie supérieure de
« la maison. Vis-à-vis de la porte par laquelle nous
« étions entrés, une autre conduisait, par un égal
« nombre de marches, à une grande cour autour de
« laquelle étaient beaucoup de petites chambres de do-
« mestiques et des greniers. De là on passait dans un
« jardin fort grand, rempli d'arbres fruitiers disposés
« agréablement et avec art. La salle était garnie de ta-
« pisseries en cuir et d'ornements convenables à la de-
« meure d'un gentilhomme. On voyait, au milieu, la
« table mise et le buffet chargé de plats d'argile fort
« blancs et remplis de toute sorte de fruits.

« Le logement, dis-je, est beau, commode, et ne
« peut être possédé que par un noble maître, qui,
« parmi les bois et à la campagne, ne laisse pas re-
« gretter la délicatesse et la propreté de la ville. Mais

« en êtes-vous le maître? Moi, non, répondit-il, mais
« mon père, à qui puisse Dieu accorder longue vie. Je
« ne cacherai pas qu'il est gentilhomme de notre ville,
« non tout-à-fait étranger aux cours et au monde, bien
« qu'il ait passé à la campagne une grande partie de
« sa vie ; car il a un frère qui a appartenu long-temps
« et appartient encore à la cour de Rome, et qui est
« fort chéri du bon cardinal Vercelli, dont le mérite et
« l'autorité sont fort estimés dans ces pays.

« Mais, repris-je, est-il quelque partie de l'Italie et
« de l'Europe où le bon cardinal ne soit connu et
« estimé?

« Tandis que je parlais, arriva un autre jeune
« homme moins âgé, mais de non moins aimable
« aspect; il annonçait l'arrivée du père qui revenait de
« voir ses propriétés. Et voilà que le père survient,
« suivi d'un estafier et d'un autre serviteur, tous à che-
« val ; à peine descendu, il monta l'escalier. C'était un
« homme d'un âge mûr, plus voisin de soixante que
« de cinquante ans, d'aspect à la fois agréable et vé-
« nérable, auquel la blancheur parfaite des cheveux
« et de la barbe qui le faisait paraître bien plus vieux,
« ajoutait beaucoup de dignité.

« Etant allé au devant du bon père de famille, je le
« saluai avec le respect qui me semblait dû à ses ans
« et à son air. Il se retourna vers son fils aîné et lui
« dit avec un visage riant : D'où nous vient cet hôte,
« car je ne me rappelle pas l'avoir vu ici, ni ailleurs?
« Le fils aîné lui répondit : Il vient de Novarre et va à
« Turin ; puis s'étant rapproché de son père, il lui
« parla à voix basse, en sorte que celui-ci cessa de vou-
« loir pénétrer plus avant dans ma condition, mais il
« me dit : Qui que vous soyez, soyez le bienvenu ;
« vous êtes arrivé en un lieu où l'on rend volontiers
« honneur et service aux étrangers. Je répondis : Plaise
« à Dieu que comme je reçois aujourd'hui de vous avec

« plaisir cette faveur de l'hospitalité, je puisse dans
« une autre occasion m'en montrer reconnaissant. »

*Era nella stagione, che il vendemmiatore suol pre-
me e dall' uve mature il vino, e che gli alberi si veggiono
in alcun luogo spogliati di frutti, quando io, che in
abito di sconosciuto peregrino, tra Novara e Vercelli
cavalcava, veggendo che già l'aria cominciava ad anne-
rare, e che tutto intorno era cinto di nuvoli, e quasi
pregno di pioggia; cominciai a pungere più forte il cavallo; ed ecco intanto, mi percosse negli orecchi un la-
trato di cani confuso da gridi; e volgendomi indietro vidi
un capriolo che seguito da due velocissimi veltri, già
stanco, fu da loro sovraggiunto, sicchè quasi mi venne
a morire innanzi a' piedi: poco stante arrivò un giovinetto di età di diciotto o vent' anni, alto di statura, vago
di aspetto, proporzionato di membra, asciutto e nerboruto,
il quale percotendo i cani, e sgridandoli, la fera, che
scannata aveano, loro tolse di bocca, e diedela ad un vil-
lano, il quale recatalasi in spalla, ad un cenno del giovinetto, innanzi con veloce passo s'incamminò, e il giovinetto, verso me rivolto disse: Ditemi per cortesia, ov'è
il vostro viaggio? Ed io: A Vercelli vorrei giungere
questa sera, se l'ora il concedesse. Voi potreste forse ar-
rivarvi, diss'egli, se non fosse che il fiume, che passa
dinanzi alla città, e che divide i confini del Piemonte da
quelli di Milano, è in modo cresciuto, che non vi sarà
agevole il passarlo; sicchè vi consiglierei che meco questa
sera vi piacesse di albergare, che di qua d'al fiume ho
una picciola casa ove potrete stare con minor disagio, che
in altro luogo vicino.*

*Mentre egli queste cose diceva, io gli teneva gli occhi
fissi nel volto, e parevami di conoscer in lui un non so
che di gentile e di grazioso. Onde di non basso affare giu-
dicandolo, tuttochè appiè il vedessi, rend to il cavallo al
vetturino, che meco veniva, a piedi dismontai, e gli dissi
che sulla ripa del fiume prenderei consiglio secondo il suo*

parere, di passar oltre, o di fermarmi; e dietro a lui m'inviai, il quale disse : Io innanzi anderò, non per attribuirmi superiorità di onore, ma per servirvi come guida. Ed io risposi : di troppo nobil guida mi favorisce la mia fortuna; piaccia a Dio ch'ella in ogni altra cosa, prospera e favorevole mi si dimostri.

Qui tacque; ed io lui, che taceva, seguitava; il quale spesso si rivolgeva addietro, e tutto con gli occhi dal capo alle piante mi ricercava, quasi desideroso di sapere chi io mi fossi. Onde a me parve di volere, prevenendo il suo desiderio, in alcun modo soddisfarlo, e dissi : Io non fui mai in questo paese; perciocchè altra fiata, che andando in Francia, passai per lo Piemonte, non feci questo cammino, ma per quel che a me ne paja, non ho ora da pentirmi di esserci passato; perchè assai bello è il paese, e da assai cortesi genti abitato. Qui egli, parendogli, che io alcuna occasione di ragionare gli porgessi, non potè più lungamente il suo desiderio tener celato, ma mi disse : ditemi, di grazia, chi siete, e di qual patria, e qual fortuna in queste parti vi conduce. Sono, risposi, nato nel Regno di Napoli, Città famosa d'Italia, e di madre Napoletana, ma traggo l'origine paterna da Bergamo, Città di Lombardia; il nome, ed il cognome mio vi taccio, chè è così oscuro, che perchè io pure lo vi dicessi, nè più, nè meno sapreste delle mie condizioni; fuggo sdegno di Principe, e di fortuna, e mi riparo negli Stati di Savoja. Ed egli : sotto magnanimo e giusto e grazioso Principe vi riparate.

Ma come modesto, accorgendosi che io alcuna parte delle mie condizioni gli voleva tener celata, di altro non mi domandò; e poco eravamo oltre cinquecento passi camminati, che arrivammo in ripa al fiume, il quale correva così rapido, che niuna saetta con maggior velocità di arco di Partia uscì giammai, ed era tanto cresciuto, che più dentro alle sue sponde non si teneva : e per quel, che ivi da alcuni contadini mi fu detto, il passatore non voleva

*spiacarsi dall'altra riva, ed avea negato di traghettare
alcuni Cavalieri Franzesi, che non insolito pagamento
aveano voluto pagarlo. Onde io, rivolto al giovinetto che
mi aveva guidato, dissi: La necessità mi astringe ad ac-
cettare quell'invito, che per elezione ancora non avrei ri-
cusato. Ed egli: sebbene io vorrei piuttosto questo favore
riconoscere dalla vostra volontà, che dalla fortuna; pia-
cemi nondimeno, che ella abbia fatto in modo, che non ci
sia dubbio del vostro rimanere. Io mi andava più sempre
per le sue parole confermando ch'egli non fosse d'ignobile
nazione, nè di picciolo ingegno, onde contento di essermi
a così fatto oste avvenuto, se a voi piace, risposi, quanto
prima da voi riceverò il favore di essere albergato tanto
più mi sarà grato. A queste parole egli la sua casa mi
additò, che dalla ripa del fiume non era molto lontana.
Ella era di nuovo fabbricata, ed era di tanta altezza,
che alla vista di fuori si poteva comprendere che più ordini
di stanze, l'uno sovra l'altro, contenesse: aveva dinanzi
quasi una picciola piazza d'alberi circondata: vi si saliva
per una scala doppia, laquale era fuori della porta, e dava
due salite assai comode per venticinque gradi larghi, e
piacevoli da ciascuna parte. Saliti la scala, ci ritrovammo
in una sala di forma quasi quadrata, e di convenevol gran-
dezza; perciocchè aveva due appartamenti di stanze a des-
tra, e due altri a sinistra, ed altrettanti appartamenti co-
nosceva, ch'erano nella parte della casa superiore: aveva
incontro alla porta, per laquale noi eravamo entrati, un
altra porta, e da lei si discendeva per altrettanti gradi in
un cortile, intorno al quale erano molte picciole stanze di
servitori, e granai; e di là si passava in un giardino assai grande, e ripieno di alberi fruttiferi, con bello e maes-
trevole ordine disposti. La sala era fornita di corami, e
di ogni altro ornamento, che ad abitazione di gentiluomo
fosse convenevole; e si vedeva nel mezzo la tavola appa-
recchiata, e la credenza carica di candidissimi piatti di
creta, piena d'ogni sorte di frutti.*

Bello, e comodo è l'allogiamento, diss'io, e non può essere se non da nobile Signore posseduto, il quale tra boschi, e nella villa, la delicatura e la pulitezza della città non lascia desiderare. Ma siete forse voi il Signore? Io no, rispos'egli, ma mio padre n'è Signore, al quale piaccia a Dio di donare lunga vita; il quale non negherò che gentiluomo non sia della nostra città, non del tutto inesperto delle corti, e del mondo, sebbene gran parte della sua vita ha speso in contado; come quello, che ha un fratello, che lungamente è stato cortigiano nella Corte di Roma, e che ivi ancora si dimora, carissimo al buon Cardinal Vercelli, del cui valore, e della cui autorità in questi nostri paesi è fatta molta stima. Ed in qual parte d'Europa, e d'Italia è conosciuto, diss'io, il buon Cardinale, ove non sia stimato?

Mentre così ragionava, sopraggiunse un altro giovinetto di minor età, ma non di men gentile aspetto, il quale della venuta del padre portava avviso, che da vedere sue possessioni ritornava. Ed ecco sopraggiungere il padre a cavallo, seguito da uno staffiero, e da un altro servitore a cavallo, il quale smontato, incontinente salì le scale. Egli era uomo di età assai matura, e vicina piuttosto a' sessanta, che a' cinquant' anni, di aspetto piacevole insieme, e venerando, nel quale la bianchezza de' capelli e della barba tutta canuta, che più vecchio assai l'avrebbero fatto parere, molto accresceva di dignità. Io, fattomi incontra al buon padre di famiglia, il salutai con quella riverenza, che agli anni, ed a' sembianti suoi mi pareva dovuta, ed egli rivoltosi al maggior figliuolo, con piacevol volto gli disse : onde viene a noi quest'oste, che mai più mi ricordo di averlo in questa, o in altra parte, veduto? A cui rispose il maggior figliuolo : Da Novara viene ed a Torino se ne va. Poi fattosi più appresso al padre, gli parlò con bassa voce in modo, ch'egli si ristette di volere spiare più oltre di mia condizione, ma disse : Qualunque egli sia, e'sia il ben arrivato, che in luogo è

*venuto, ove a' forestieri si fa volentieri onore, e servizio.
Ed io della sua cortesia ringraziandolo, dissi : Piaccia
a Dio, che come ora volentieri ricevo questo favore da voi
dell'albergo, così in altra occasione, ricordevole e grato
me ne possa dimostrare.*

II.

On sert le souper. A peine à table, le père, après
s'être modestement comparé au vieillard de Virgile,
expose l'avantage de vivre de ses champs, et de ne pas
être obligé d'envoyer à la ville. Voici comme il rend
compte de l'exploitation de son domaine, méthode
pratiquée encore par les propriétaires du Piémont,
qui l'ont étendue par la culture du riz, alors dans l'enfance.

« La première, la plus grande partie, est par moi la-
« bourée et ensemencée de froment et de toutes sortes
« de légumes ; une autre est laissée aux arbres et aux
« plantes qui sont nécessaires, soit pour le feu, soit
« pour les constructions, soit pour les instruments,
« bien qu'il y ait aussi dans la partie ensemencée plu-
« sieurs rangs d'arbres sur lesquels la vigne s'appuie,
« selon l'usage de nos petits pays ; la troisième partie
« est en prairies, où le bétail et les troupeaux vont
« pâturer ; j'ai réservé la quatrième aux plantes et aux
« fleurs. Là sont aussi beaucoup de ruches, parce que,
« outre ce jardin où vous voyez tant d'arbres fruitiers
« plantés de mes mains, et qui est un peu séparé de
« mes propriétés, j'ai un jardin fort grand, abondam-
« ment fourni de toute espèce de plantes. »

« Vous avez, reprend le Tasse, fort bien partagé
« vos terres, et il paraît que vous n'avez pas moins
« étudié Varron que Virgile. »

Après que le gentilhomme a disserté en propriétaire
sur l'excellence des melons et les causes de leur insa-

lubrité, il dit au Tasse, qui l'avait silencieusement
écouté avec l'attention que l'on doit aux vieillards :
« Ma femme, arrêtée par votre présence, attend peut-
« être d'être invitée; si cela vous plaît, je la ferai
« appeler, bien que je sache que les étrangers mo-
« destes restent avec quelque honte et avec plus de res-
« pect en présence des femmes que devant les hommes.
« Cependant, non-seulement la campagne, mais l'usage
« même de nos pays permettent une certaine liberté,
« à laquelle vous ferez bien de commencer à vous ha-
« bituer. »

La femme appelée s'assit en haut de la table, à la
place qui lui avait été réservée, et le père de famille
recommença son discours. « Maintenant vous avez vu
« tout ce que j'ai de plus cher, puisque le ciel ne m'a
« pas accordé de fille. Quant à moi, je l'en remercierais
« beaucoup, si ma femme, qui est souvent abandonnée
« par ses fils, comme c'est l'habitude des jeunes gens,
« ne se plaignait de la solitude, ce qui me ferait pen-
« ser à donner une épouse à l'aîné de mes fils, s'il ne
« s'en montrait fort éloigné. » Le Tasse lui dit alors :
« Je ne puis en aucune manière louer cet usage de
« marier si tôt les jeunes gens, parce que, raisonnable-
« ment, on ne devrait pas penser à la génération avant
« que l'âge de la croissance fût accompli, et votre fils
« me semble ne l'avoir pas encore atteint. En outre,
« les pères devraient toujours dépasser leurs fils d'au-
« moins vingt-huit ou trente ans, car autrement, ils
« se trouveraient encore dans la vigueur de l'âge,
« quand la jeunesse des fils commencerait à fleurir. Tous
« ces désirs qu'ils doivent modérer, sinon pour d'autres
« motifs, au moins pour l'exemple de leurs fils, ne
« sont pas encore assoupis; les fils ne leur portent pas
« tout le respect que l'on doit à un père, mais ils sont
« fort souvent, dans leurs conversations, comme frères
« et compagnons, et quelquefois, ce qui est plus indé-

« cent, rivaux et compétiteurs en amour. Mais si les
« pères dépassaient les fils d'un grand nombre d'an-
« nées , ils ne pourraient les instruire , et ils seraient
« voisins de la décrépitude quand les fils seraient en-
« core dans l'enfance ou dans la première jeunesse, et
« ils ne pourraient recevoir d'eux cette aide et cette re-
« connaissance si désirée par la nature. Je me rappelle,
« à ce sujet, qu'en lisant Lucrèce, j'ai été frappé de ce
« trait charmant sur le besoin de fortifier sa vieillesse
« par des enfants : *Natis munire senectam*. Les fils sont
« par la nature la défense et la force de leur père, ils
« ne pourraient être tels, s'ils ne se trouvaient dans un
« âge ferme et vigoureux, lorsque les pères sont arrivés à
« la vieillesse. Vous-même en êtes déjà voisin, et il me
« semble que vous devez être satisfait, non moins de
« l'âge que des autres conditions de vos fils, et être con-
« tent que votre fils aîné, qui certes est très raisonnable,
« ne cherche pas à vous plaire en prenant femme, ce
« qu'il fera à temps dans dix ou douze ans. »

« Tandis que je parlais ainsi, ajoute le Tasse, je m'a-
« percevais que mon discours était plus agréable au fils
« qu'au père. Celui-là, comprenant que je remarquais
« son contentement, me dit d'un visage riant : Ce n'est
« pas tout-à-fait en vain que j'aurai été aujourd'hui à
« la chasse , puisque non-seulement j'ai rapporté du gi-
« bier, mais, ce que je n'espérais pas, j'ai encore trouvé
« un si bon avocat de ma cause. »

Le repas, composé du chevreuil, d'un sanglier et de
quatre pigeons, amène la conversation sur les festins
des héros d'Homère. On remarque, parmi les détails
érudits qu'elle renferme, la fidélité de Virgile à suivre
son modèle, quand, malgré la zoologie du pays, et,
afin de ne pas déroger à l'appétit épique de ses personnages, il fait tuer par Énée sept cerfs en Afrique, qui
jamais n'a eu de cerfs, au lieu des volatiles que les
Troyens avaient dû chasser.

La question des vins est traitée avec grâce, poésie, critique et savoir. L'œnologie, cet art qui a de nos jours, en Italie, ses sociétés et ses académies, est un des sujets de l'économie qu'affectionne le Tasse, et il avait déjà disserté en dégustateur exercé sur les vins de France et de son pays [1].

« La mention que vous avez faite du vin, dit le père « de famille, me remet en mémoire ce que j'ai ouï re- « marquer à quelques zélateurs d'Homère : c'est que « louant toujours le vin, il l'appelle noir et doux, qua- « lités assez peu louables dans le vin. Un tel éloge « m'étonne d'autant plus, qu'il m'a semblé que les vins « tirés du Levant sont blancs ; tels sont la Malvoisie, « les vins de Romanie et autres pareils que j'ai bus à « Venise. Les vins qui, dans le royaume de Naples, « s'appellent grecs, et doivent leur nom à ce que les « vignes furent transplantées de Grèce, sont blancs, « ou plutôt d'une couleur dorée, comme celle de tous « les autres dont nous avons parlé. Les vins d'Allemagne, « ceux des pays froids sont plus particulièrement blancs, « parce que le soleil là n'a pas assez de force pour mûrir « tout-à-fait le raisin ; et peut-être encore que la ma- « nière dont ils sont faits produit cette blancheur. Il se « tut, et je repris : Homère appelle doux le vin par une « sorte de métaphore qui attribue la douceur aux choses « agréables aux sens ou chères à l'ame. Cependant je « ne nierai point qu'il ne pût aimer le vin quelque peu « doux, lequel me fait encore à moi beaucoup de plai- « sir. Cette douceur n'est pas désagréable jusqu'à un « certain point, et la Malvoisie, les vins grecs et ceux « de Romanie, que nous avons cités, ont tous un peu « de cette douceur qu'ils perdent en vieillissant, ce « qui fait qu'on lit dans Catulle : *Inger mi calices ama-* « *riores,* non que le poète désirât le vin amer, car il

1 V. les *Curiosités et Anecdotes Italiennes,* art. XIX, *Le Tasse en France.*

« n'est personne à qui l'amertume du vin ne déplaise,
« mais parce que le vin vieux, perdant la douceur, ac-
« quiert cette force pleine d'âpreté qu'il appelle amer-
« tume. De là, je voudrais que vous entendissiez que
« le vin est appelé doux par Homère, comme Ca-
« tulle l'appelle amer. Si Homère l'appelle encore
« noir, c'est que peut-être il veut désigner quelque vin
« particulier, alors estimé, comme aujourd'hui le La-
« cryma qui, bien que provenant des mêmes raisins
« dont on exprime le vin grec, est néanmoins de cou-
« leur vermeille. »

III

L'arrivée des fruits conduit le vieillard à parler ainsi
des saisons :

« J'ai fort souvent entendu discuter de la noblesse
« des saisons, et j'ai vu deux lettres imprimées,
« l'une de Muzio, l'autre du Tasse, dans lesquelles
« l'hiver et l'été le disputent en noblesse. Mais il me
« semble qu'aucune saison ne peut se comparer à
« l'automne. L'été et l'hiver, par l'excès du chaud et
« du froid, sont d'autant plus incommodes qu'ils ne
« peuvent pas tempérer leur ennui, l'un par les fruits,
« l'autre par les spectacles, et qu'ils retiennent non
« seulement le nocher qui en hiver n'ose sortir du port,
« et le voyageur, le soldat, le chasseur qui sont forcés
« de chercher l'ombre, ou sous le toit d'une église
« ruinée, au milieu des bois, un refuge contre les ar-
« deurs intolérables, la pluie, les averses, les orages
« qui surviennent à l'improviste, mais encore le père
« de famille qui ne peut sans beaucoup d'incommodités
« visiter ses champs. Ensuite l'une de ces saisons est
« pleine de fatigue, de sueur, et ne jouit qu'en petite
« partie des fruits qu'elle recueille ; l'autre, paresseuse
« et nonchalante, livrée à l'oisiveté et à la débauche

« consume injustement et dissipe ce qui lui a été ac-
« quis par les fatigues d'autrui. La même injustice se
« montre dans l'inégalité des nuits et des jours ; car en
« hiver le jour, supérieur de sa nature, le cède à la
« nuit, ce qui est déraisonnable ; court, froid, nua-
« geux, il n'accorde pas aux hommes un espace suffi-
« sant pour opérer et contempler ; en sorte que l'on
« réserve les œuvres et les contemplations à la nuit,
« temps peu opportun aux unes et aux autres, parce
« que les sens, qui sont les ministres de l'intelligence,
« ne peuvent entièrement exercer leurs fonctions. Mais
« en été le jour devient le vainqueur, non comme un
« maître juste, mais comme un tyran qui usurpe plus
« qu'il ne lui appartient, en ne laissant à la nuit pas
« même assez d'espace pour restaurer le corps dissous
« par la chaleur excessive et affaissé par la fatigue de
« la journée. Non-seulement les amants, qui voudraient
« les nuits fort longues, se plaignent de cette brièveté,
« mais encore la bonne mère de famille qui, à l'heure
« où elle voudrait s'endormir de nouveau dans les bras
« du mari, en est réveillée et abandonnée. »

A ces mots le père de famille, avec un sourire joyeux,
regarda son épouse, qui avait quelque peu rougi et
baissé les yeux ; puis il reprit : « Voilà, si je ne me
« trompe, les ennuis et les inconvénients de l'hiver et
« de l'été. Le printemps et l'automne en sont exempts
« et remplis de mille agréments : dans ces saisons, le
« soleil, maître juste, rend tellement égaux le jour et
« la nuit, que l'un ne peut avec raison se plaindre de
« l'autre. Mais si nous voulons aussi comparer entre
« eux le printemps et l'automne, nous trouverons que
« l'on doit autant juger le printemps inférieur à l'au-
« tomne, qu'il est raisonnable que les espérances le
« cèdent aux effets, les fleurs aux fruits dont l'automne
« est riche plus que toutes les autres saisons, puisqu'il
« jouit encore de tous les fruits produits par l'été, et

« qu'il en a un grand nombre d'autres qui lui sont
« propres, tels que la vendange, qui est le soin le plus
« grand et le plus noble que puisse avoir le père de
« famille. Car s'il est trompé par ses paysans dans la
« récolte des blés, il n'en éprouve que du dommage ;
« mais si en faisant les vins il use de quelque négli-
« gence, non-seulement il en ressent du dommage,
« mais encore de la vergogne, lorsqu'à l'arrivée d'un
« hôte qui honore sa maison, il ne peut honorer sa
« table par de bons vins, sans lesquels non-seulement
« Vénus est froide, mais sont encore insipides tous les
« mets que pourrait apprêter le meilleur cuisinier du
« duc. Je conclus donc que l'automne est la plus noble,
« la meilleure des saisons et celle qui doit être la plus
« agréable au père de famille. Il me souvient d'avoir
« entendu dire à mon père, de qui je tiens aussi quel-
« ques-unes des choses que j'ai dites, et qui (si ce qu'on
« croit de lui est vrai), fut un homme non médiocre-
« ment instruit en philosophie naturelle et morale et
« dans les études de l'éloquence, que le monde eut
« commencement dans cette saison, s'il a eu un com-
« mencement, ainsi que nous devons le croire ferme-
« ment par la foi. »

Le Tasse, malgré l'autorité de quelques docteurs
hébreux et chrétiens renommés, est d'un avis contraire. Il prétend démontrer que le monde a dû commencer au printemps. On sent, à l'abondance de son
argumentation sur ce fantasque sujet, qu'il avait déjà
professé l'astronomie à l'université de Ferrare [1]. Il termine par cette pieuse et poétique considération que le
Christ voulut mourir au printemps, afin de racheter
la race humaine à la même époque où d'abord il l'avait
créée.

L'explication que le Tasse a donnée de la mécanique

---

[1] V. les *Curiosités et Anecdotes Italiennes,* art. XIX, *le Tasse en France.*

céleste, frappe le bon gentilhomme : « Je vois bien,
« dit-il, que j'ai accueilli un hôte bien plus grand que
« je ne croyais, et peut-être êtes-vous celui dont quel-
« que bruit est arrivé jusque dans nos pays, et qui,
« tombé dans l'infortune par une erreur humaine, est
« d'autant plus digne de pardon pour la cause de sa
« faute, qu'il l'est d'ailleurs de louange et d'admira-
« tion. »

Le Tasse reprend : « Cette renommée, qui peut-être
« ne pouvait naître de mon mérite, que vous louez
« avec trop de courtoisie, est née de mes infortunes.
« Mais quel que je sois, je ne parle que pour dire la
« vérité sans haine ou mépris d'autrui, et sans trop
« d'opiniâtreté dans mes opinions. Si vous êtes tel,
« ajoute le père de famille, car je ne veux pas mainte-
« nant pénétrer davantage vos secrets, vous ne pouvez
« être qu'un juge convenable d'un discours que mon
« bon père, chargé d'ans et d'expérience, me fit quel-
« ques années avant de mourir, en me remettant le gou-
« vernement de la maison et le soin de la famille à
« l'époque même où, remarque-t-il un peu pompeuse-
« ment, et comme pour relever l'importance et la di-
« gnité des fonctions domestiques, l'empereur Charles-
« Quint abdiqua la monarchie, et passa des affaires du
« monde à la vie contemplative, comme de la tempête
« dans le port. »

IV.

Quand les domestiques eurent desservi, que la
femme fut rentrée dans son appartement, et que ses
fils qui étaient revenus après l'avoir accompagnée,
eurent obtenu, sur la demande du Tasse, la permis-
sion de s'asseoir, le vieux gentilhomme commence
son discours. Il divise en deux genres les devoirs du
père de famille : les premiers à l'égard des personnes,

les seconds au sujet des biens. Les devoirs envers les personnes s'exercent de trois manières, comme mari, père et maître. Ceux qui concernent la propriété ont deux fins, la conservation et l'accroissement. Voici comment il discute chacun de ces points :

« Le bon père de famille doit donc avoir principale-
« ment soin de la femme dont il est le mari, lequel re-
« çut un autre nom plus efficace peut-être, celui de
« compagnon (*consorte*); car le mari et la femme doi-
« vent être les compagnons d'une même fortune ;
« tous les biens et tous les maux de la vie doivent leur
« être communs, de la même manière que l'ame par-
« tage ses biens et ses opérations avec le corps, et que
« le corps les partage avec l'ame. Comme quand une
« partie du corps souffre, l'esprit ne peut être joyeux,
« et que l'infirmité du corps suit d'ordinaire la tristesse
« de l'ame, ainsi le mari doit souffrir des souffrances de
« la femme, et la femme de celles du mari. La même
« communauté doit exister dans tous les devoirs, dans
« toutes les opérations, et l'union du mari avec la
« femme est tellement semblable à celle de l'ame avec
« le corps, que ce n'est pas sans raison que l'on attribue
« au mari et à la femme le nom de compagnons,
« comme il a été attribué à l'ame. Pétrarque parlant
« de l'ame dit : « ma compagne errante (*l'errante mia*
« *consorte*)», peut-être à l'imitation de Dante, qui, dans
« la *Canzone* de la noblesse, avait dit que l'ame épousait
« le corps, bien que sous un autre rapport elle doive
« être assimilée au mari plutôt qu'à la femme. Et
« comme aussitôt que le nœud qui lie l'ame avec le
« corps est dissous, il ne paraît pas que l'ame puisse
« s'unir à aucun autre corps (car ce fut une vraie folie
« que l'opinion de ceux qui voulaient que l'ame passât
« d'un corps dans un autre, de la même manière qu'un
« voyageur change d'auberge), ainsi il paraîtrait con-
« venable que la femme ou l'homme qui ont été déliés

« par la mort du lien d'un premier mariage, ne se
« liassent pas dans un second.

« Cependant, puisque l'usage et les lois le permet-
« tent, la femme et l'homme peuvent sans blâme pas-
« ser à de secondes noces, sur-tout si c'est par désir
« de succession, désir fort naturel dans toute créature
« raisonnable; mais ceux-là néanmoins sont plus heu-
« reux qui, dans leur vie, ont été une seule fois en-
« gagés dans le nœud du mariage.

« Plus l'union du mari avec la femme est étroite,
« plus chacun doit tâcher de faire un mariage conve-
« nable. La convenance du mariage regarde principa-
« lement deux choses : la condition et l'âge. Car,
« comme deux coursiers ou deux bœufs d'inégale gran-
« deur, ne peuvent être bien joints sous un même
« joug, ainsi ni une dame de haut rang avec un homme
« de petite condition, ni un gentilhomme avec une
« femme d'obscure naissance ne peuvent bien s'assortir
« sous le joug du mariage. Mais si, par quelque accident
« de fortune, il arrive que l'homme prenne une femme
« supérieure en noblesse, il doit, sans oublier qu'il est
« son mari, l'honorer plus que si c'était une femme de
« condition égale ou inférieure, l'avoir pour compagne
« dans l'amour et dans la vie, mais pour supérieure
« dans certains actes de représentation, lesquels ne
« tiennent pas à l'existence, tels sont les honneurs que
« l'on fait par politesse. La femme doit penser qu'au-
« cune différence de noblesse ne peut être si grande que
« ne le soit encore davantage celle que la nature a placée
« entre les hommes et les femmes, faisant naître celles-
« ci leurs sujettes. Mais si l'homme épouse une femme
« de condition inférieure, il doit considérer que le ma-
« riage égalise bien des inégalités, et qu'il l'a prise non
« pour servante, mais pour compagne de sa vie.

« Maintenant, passant à l'âge, je dis que le mari doit
« tâcher d'avoir une femme plutôt jeune qu'âgée, soit

« parce que, dans le jeune âge, la femme est plus pro-
« pre à engendrer, soit parce que, selon le témoignage
« d'Hésiode, elle peut mieux recevoir et retenir toutes
« les formes de mœurs qu'il plaira au mari de lui im-
« primer. Et comme la vie de la femme est d'ordinaire
« circonscrite en un plus court espace que ne l'est celle
« de l'homme, et qu'elle vieillit plus tôt, l'homme de-
« vrait toujours dépasser la femme de tant d'années,
« que le commencement de la vieillesse de l'un coïn-
« cidât avec celle de l'autre, et que l'un ne devînt pas
« avant l'autre inhabile à la génération. Si un homme
« prend femme dans les conditions déjà dites, il pourra
« plus facilement exercer sur elle la supériorité que la
« nature lui a accordée, et sans laquelle il la trouve
« souvent si désobéissante, si rétive, qu'au lieu d'avoir
« pris une compagne pour alléger ce que notre huma-
« nité porte avec elle de pesant, il s'aperçoit d'avoir
« rencontré une ennemie perpétuelle qui toujours lui
« résiste comme dans nos ames le désir excessif résiste
« à la raison. Si la femme est par rapport à l'homme
« ce que le désir est à l'égard de l'intelligence, et si le
« désir qui de lui-même est déraisonnable prend, lors-
« qu'il obéit à l'intelligence, la forme de nombreuses
« et charmantes vertus, de même la femme qui obéit
« à l'homme s'orne des vertus dont elle serait privée
« si elle se rebellait.

« C'est donc une vertu de la femme que de savoir
« obéir à l'homme, non comme un serviteur à son
« maître, ou le corps à l'ame, mais honnêtement, de la
« même manière que dans les villes bien réglées les ci-
« toyens obéissent aux lois et aux magistrats, ou comme
« dans notre ame, dont les puissances sont réglées
« ainsi que dans les villes les ordres de citoyens, la par-
« tie passionnée doit obéir à la partie raisonnable. En
« cela la nature a fort bien agi, car, dans la compagnie
« qui existe entre l'homme et la femme, les devoirs et

« les opérations de l'un devant différer de ceux de l'au-
« tre, il fallait que les vertus fussent aussi diverses. Les
« vertus propres à l'homme sont la prudence, la force,
« la libéralité ; celles de la femme, la modestie et la pu-
« deur, vertus avec lesquelles l'un et l'autre feront très
« bien les opérations qu'il convient. Bien que la pu-
« deur ne soit pas une vertu propre à l'homme, le bon
« mari doit offenser le moins possible les lois du ma-
« riage, ne pas être si incontinent qu'éloigné de sa
« femme, il ne puisse s'abstenir des plaisirs charnels ;
« car s'il ne viole pas les lois conjugales, il fortifiera
« beaucoup la chasteté de la femme, qui, voluptueuse
« de sa nature et portée aux plaisirs de Vénus non
« moins que l'homme, ne reste d'ordinaire fidèle au
« mari que par la honte, l'amour ou la crainte. Parmi
« ces trois sentiments, la crainte est plus digne de
« louange que de blâme, tandis que les deux autres
« sont tout-à-fait louables. Aristote avait donc raison de
« dire que la honte, qui chez l'homme n'est pas digne
« d'éloge, est louable chez la femme ; et sa fille Py-
« thias dit avec beaucoup de raison que, pour orner
« le visage d'une femme, il n'est pas de couleur plus
« belle que celle qu'y peint d'ordinaire la pudeur, la-
« quelle augmente autant les attraits des femmes que
« leur en ôtent ces couleurs artificielles dont elles ont
« coutume de se colorer comme des masques ou des
« décorations de théâtre. »

Une partie des conseils véhéments de Pandolfini sur
le fard des femmes et l'obstacle que doivent y apporter
les maris, se retrouvent dans le père de famille, mais
avec moins de grossièreté. Il invite le mari à permettre
à sa femme la parure convenable à son rang.

« Bien que la pompe excessive semble plutôt appar-
« tenir au théâtre qu'à l'honnête femme, on doit, dit-
« il, dans cette partie, accorder beaucoup plus à l'u-
« sage, et l'on ne doit pas offenser trop sévèrement

« l'esprit de la femme, qui de sa nature aime à orner
« le corps. Et bien que dans les animaux la nature
« ait voulu que les corps des mâles soient plus ornés
« que ceux des femelles, car elle a donné aux cerfs de
« grands et beaux bois, et aux lions de superbes cri-
« nières, et qu'elle ait orné la queue du paon d'une bien
« plus agréable variété de couleurs que celle des fe-
« melles, nous voyons cependant que dans l'espèce
« humaine, elle a eu beaucoup plus égard à la beauté
« de la femme qu'à celle de l'homme, parce que les
« chairs de la femme étant plus tendres, sont encore
« plus agréables à l'œil. Celle-ci n'a pas le visage en-
« combré de barbe, laquelle, étant propre à l'homme,
« ne lui messied pas; toutefois, on ne peut nier que
« les visages des jeunes gens sur lesquels elle n'a pas
« encore poussé ne soient plus beaux que ceux des
« hommes barbus. L'Amour a été représenté imberbe
« par la judicieuse antiquité ; Bacchus et Apollon ,
« les plus beaux des dieux, furent peints sans barbe
« et avec de très longs cheveux ; aussi les poètes
« appellent presque toujours Phébus non tondu ou
« chevelu. Mais la chevelure, qui est un très grand or-
« nement naturel, ne croît jamais autant dans les
« hommes, n'est jamais aussi souple et fine que dans
« les femmes, qui se parent de leurs cheveux comme
« les arbres de leur feuillage. C'est donc avec raison
« qu'à la mort des maris, lorsque les femmes se dé-
« pouillent de tous leurs ornements, elles ont conservé,
« dans certains pays de l'Italie, l'usage de se couper
« les cheveux, usage qui était celui des anciens, ainsi
« qu'on le lit d'Hélène dans Euripide.

« Ainsi, plus la nature a eu égard à la beauté des
« femmes, plus il est convenable qu'elles en fassent
« cas, et qu'elles tâchent de l'accroître par des orne-
« ments raisonnables. Si tu prends une femme telle
« que je la désire, belle , jeune, d'une condition égale

« à la tienne, d'un esprit modeste et doux, fille d'une
« mère bonne et pudique et bien élevée, autant elle
« doit te plaire, autant tu dois tâcher non-seulement
« de lui plaire, mais de lui complaire. Tu ne dois pas
« souffrir qu'elle soit moins pourvue de vêtements et
« d'autres parures que ne le sont ses égales et que le porte
« l'usage de notre ville. Tu ne dois pas la tenir telle-
« ment renfermée qu'elle ne puisse aller aux fêtes et
« aux spectacles publics, où se réunit d'ordinaire une
« honnête et noble société de femmes. D'un autre côté,
« tu ne dois pas tellement lâcher le frein de la licence
« qu'on la voie et l'admire, parmi les premières, à
« tous les bals, à toutes les comédies, à toutes les so-
« lennités. Tu ne devras pas, à quelques-uns de ces
« honnêtes désirs que la jeunesse apporte avec elle,
« comme le printemps amène les fleurs et les autres
« beautés, faire un refus si sévère, qu'elle te haïsse ou
« te craigne de cette crainte que les serviteurs ont pour
« leurs maîtres. Tu ne devras pas non plus être si fa-
« cile qu'elle en devienne insolente et dépose cette re-
« tenue qui est si convenable aux femmes honnêtes,
« et qui est une sorte de crainte différente de la crainte
« servile, et qui s'allie aussi facilement à l'amour que
« la crainte servile à la haine.... Non-seulement le mari
« devra maintenir en sa femme la pudeur dans toutes
« les actions de la vie, mais encore dans les embrasse-
« ments, car le mari n'embrasse pas de la même ma-
« nière que l'amant. Quand Homère feint que Junon,
« prenant la ceinture de Vénus, va trouver Jupiter sur
« le mont Ida, et l'attirant dans son amour elle se
« couche avec lui sur l'herbe, recouverte par un nuage
« merveilleux, il veut dire que la déesse revêt le per-
« sonnage d'amante et dépouille celui d'épouse. Il
« était donc convenable que, rougissant d'elle-même,
« un nuage lui fût accordé pour la recouvrir. »

V.

Comme père, voici les principes de l'honnête gentilhomme, qui ne semblent pas aussi développés qu'on
devrait l'attendre avec les détails qu'il consacre aux
autres sujets. Il s'excuse assez faiblement sur ce que
l'éducation de la jeunesse est encore plus du ressort
du chef de l'Etat que du père de famille.

Le Tasse ne prescrit pas moins impérieusement que
Jean-Jacques la nourriture aux mères, et il s'accorde
avec la méthode anglaise sur le froid auquel les enfants peuvent être de bonne heure exposés pour acquérir plus de vigueur.

« Le soin des enfants doit être partagé entre le père
« et la mère, de telle manière que la mère soit chargée
« de les nourrir, et le père de les instruire. La mère
« ne doit pas, si elle n'est empêchée par quelque ma-
« ladie, refuser le lait à ses enfants. Car ce premier
« âge, tendre et propre à prendre toutes les formes,
« boit quelquefois avec le lait les mœurs des nour-
« rices. Si la nourriture ne pouvait beaucoup altérer
« les corps, et par conséquent les mœurs des enfants,
« l'on n'interdirait pas aux nourrices l'usage excessif
« du vin ; mais celles-ci étant d'ordinaire viles et gros-
« sières, il s'ensuit que la première nourriture qu'en
« reçoivent les enfants n'est pas aussi noble et délicate
« que le serait celle des mères. En outre, refuser de
« nourrir, c'est en quelque sorte refuser d'être mère,
« car c'est à nourrir que se reconnaît principalement
« la mère.

« Après ce premier âge, les enfants restent encore
« sous la garde des mères, qui sont d'ordinaire si ten-
« dres pour leurs enfants, qu'elles pourraient facile-
« ment les élever avec trop de délicatesse ; il faut donc
« que le père pourvoie à ce qu'ils ne soient pas nourris

« trop mollement. Comme ce premier âge abonde en
« chaleur naturelle, on peut les habituer à supporter
« le froid; car la chaleur naturelle se concentrant d'au-
« tant plus au-dedans, et faisant ce que les philosophes
« appellent antipéristase, la complexion des enfants
« devient forte et robuste. C'était l'usage, chez quel-
« ques nations anciennes, et particulièrement chez les
« Celtes, comme nous lisons dans Aristote, de laver
« les enfants dans le fleuve, afin de les endurcir contre
« le froid, usage que Virgile attribue aussi aux Latins.
« Bien que je ne blâme pas cette coutume, je crois ce-
« pendant devoir t'avertir que s'il plaît au ciel de te
« donner des fils, tu ne dois pas les élever si molle-
« ment qu'ils deviennent semblables à ces Phrygiens
« dont parle le même poète, et auxquels me paraissent
« ressembler les habitants de certaine ville de Lombar-
« die, car s'il en sort quelques vaillants hommes, il
« n'en manquait point non plus chez les Phrygiens.
« Toutefois, je ne voudrais pas que tu les élevasses
« aussi sévèrement que les Spartiates, ou comme
« Achille fut nourri par Chiron. Je ne voudrais pas,
« dis-je, que tu les élevasses de la sorte, parce que cette
« éducation rend les hommes farouches, ainsi qu'on a
« jugé les Lacédémoniens. Et quand même elle con-
« viendrait aux héros (quoiqu'Achille n'ait pas été de
« mœurs telles qu'un héros doive se le proposer pour
« exemple), ta condition privée exige que tu songes à
« élever tes fils de manière qu'ils deviennent bons ci-
« toyens et bons serviteurs de ton prince, capables
« d'être employés dans les affaires, dans les lettres,
« dans la guerre; professions auxquelles tes fils ne se-
« ront pas inhabiles si tu tâches de les rendre d'une
« complexion ni athlétique, ni féminine, mais virile
« et robuste, et de les occuper également aux exerci-
« ces du corps et de l'esprit. Mais comme toute cette
« partie de l'éducation appartient à la fois au père de

« famille et au politique, et que celui-ci devrait pres-
« crire aux pères la manière d'élever les fils, afin que
« la discipline de la cité fût uniforme, je veux laisser
« de côté ce sujet, ou au moins le séparer de celui du
« soin de la famille. Il me suffira donc de te conseiller
« de les élever dans la crainte de Dieu, dans l'obéis-
« sance paternelle, et de les exercer également dans
« les arts louables de l'esprit et du corps. »

VI.

Le père de famille traite ainsi de la troisième partie
de ses devoirs comme maître. Il commence par repro-
duire quelques-unes des idées de Casa sur la servitude
forcée des anciens et le service libre des modernes :

« Le père de famille gouvernera ses serviteurs par le
« salaire, la nourriture, le travail et les admonitions,
« de telle manière qu'ils seront contents de lui et que
« lui-même sera satisfait de leur travail. Mais, bien que
« les lois et les usages des hommes soient variables,
« ainsi que nous le voyons à l'égard des serviteurs qui
« aujourd'hui sont pour la plupart des hommes libres,
« cependant les lois et la différence de la nature ne chan-
« gent ni avec le temps ni avec les usages. Tu dois savoir
« que cette différence entre le serviteur et le maître est
« fondée sur la nature. Les uns naissent pour comman-
« der, les autres pour obéir ; et celui qui est né pour
« obéir, fût-il de race royale, est vraiment serviteur.
« Toutefois on ne le juge pas tel, parce que le peuple,
« qui regarde seulement les choses extérieures, juge des
« conditions des hommes comme dans les tragédies où
« l'on appelle roi celui qui est vêtu de pourpre et qui,
« resplendissant d'or et de pierreries, joue le rôle d'A-
« gamemnon, d'Atrée, d'Etéocle. S'il arrive qu'il ne
« représente pas bien le personnage dont il est revêtu,

« on ne l'appellera pas moins roi, mais on dira que le
« roi n'a pas bien joué son rôle. De même celui qui
« ne soutient pas bien le personnage de prince ou de
« gentilhomme que la fortune lui a imposé dans cette
« vie, qui est comme le théâtre du monde, ne sera pas
« moins appelé par les hommes prince ou gentil-
« homme, quoiqu'il soit semblable à Dave, à Syrus
« ou à Geta.

« Mais quand il se rencontre quelqu'un non-seu-
« lement de condition et de fortune, mais encore
« d'ame et d'esprit serviles, celui-là est vraiment
« serviteur. C'est de tels hommes que le bon père de
« famille qui veut des personnes auxquelles il puisse
« raisonnablement commander, compose sa maison.
« Il ne désire en eux qu'autant de qualités qu'il en
« faut pour les rendre capables de comprendre ses
« commandements et de les exécuter. Les serviteurs
« diffèrent tellement des chevaux et des autres ani-
« maux que la nature a faits dociles et propres à être
« instruits par l'homme, que même hors de la pré-
« sence du maître, ils se souviennent de ce qui leur
« a été commandé, et peuvent l'exécuter, ce qui n'a
« pas lieu chez les bêtes. Le serviteur est donc un ani-
« mal raisonnable par participation, de la même ma-
« nière que la lune et les planètes sont lumineuses par
« la participation du soleil, et que l'appétit devient
« raisonnable par la participation de la lumière de l'in-
« telligence. Ainsi comme l'appétit retient les formes
« des vertus qui lui ont été imprimées par la raison,
« de même le serviteur retient les formes des vertus
« empreintes dans son ame par les enseignements du
« maître. On peut quelquefois dire des serviteurs et des
« maîtres ce que Pétrarque dit en parlant de lui-même
« et de la dame Laure : « Je suis tellement devenu son
« lige, qu'elle a imprimé dans mon cœur une trace
« profonde, et l'a fait semblable au sien. »

Si che son fatto ligio
Di lei, che alto vestigio
M'impresse al core, e fece 'l suo simile.

« De crainte que tu ne te laisses tromper par l'auto-
« rité d'Hésiode, très ancien poète, qui, énumérant les
« parties de la maison, assimile le bœuf à l'esclave,
« je veux t'apprendre plus expressément que la ma-
« nière d'instruire les serviteurs diffère beaucoup de
« celle des bêtes. Car la docilité des bêtes n'est pas une
« discipline, mais une simple habitude sans raison, et
« semblable à celle qui rend la main droite plus pro-
« pre à manier l'épée que la gauche, bien qu'elle n'ait
« point en soi plus de raison que la gauche. Mais la
« docilité des serviteurs est accompagnée de raison et
« peut devenir éducation comme celle des enfants.
« Ceux-là donc déraisonnent qui dépouillent les servi-
« teurs de l'usage de la raison, puisqu'elle leur con-
« vient non moins qu'aux enfants, et peut-être même
« davantage. On exige en eux autant de tempérance
« et de force qu'il en faut pour aider les maîtres dans
« les dangers des guerres civiles et autres, qui peuvent
« arriver. Le poète toscan a donc eu raison de dire que :
« La présence d'un bon maître rend le serviteur coura-
« geux » (*Ch'innanzi a buon signor fa servo forte*). Et
« c'est avec raison qu'ont été loués par Cicéron dans sa
« défense les esclaves de Milon, ainsi que tous les au-
« tres dont Valère-Maxime rapporte quelques mémo-
« rables exemples. Mais si je voulais tous les citer,
« j'oublierais ce que je viens de dire, que ceux-là sont
« vraiment serviteurs qui sont nés pour obéir, inha-
« biles aux fonctions de citoyen par défaut de vertu,
« dont ils n'ont que ce qu'il faut pour obéir, et rien de
« plus. »

VII.

Arrivé à la question de la propriété, qui se divise, ainsi qu'on l'a vu, en conservation et en accroissement, le père de famille, à l'instar du florentin Pandolfini, associe la femme à la première. On peut remarquer qu'alors les italiennes n'étaient point réduites à la nullité domestique où elles tombèrent depuis, laquelle exposait telle grande dame couverte des diamants héréditaires à n'avoir point dans sa poche un écu.

« Le soin des biens, dit-il, se partage entre le père et la « mère de famille ; car il appartient autant au père d'ac- « croître qu'à la mère de conserver ; bien que ce der- « nier soin, à qui examine la chose en détail, soit com- « mun à tous les deux, malgré le dire des anciens. « Mais comme aucune chose ne peut être accrue si « d'abord ou en même temps elle n'est conservée, le « père de famille doit savoir exactement la quantité et « la qualité de ses revenus, et même des dépenses qu'il « est obligé de faire pour soutenir honorablement sa « famille ; de sorte qu'en balançant le revenu et la dé- « pense, celle-ci soit toujours inférieure à l'autre dans « la proportion de quatre à huit, ou au moins à six. « En effet, s'il venait à dépenser tout ce qu'il retire de « ses propriétés, il ne pourrait ensuite réparer les « dommages et les accidents qui arrivent d'ordinaire, « tels qu'incendies, orages, inondations, ni faire face « aux dépenses imprévues. »

Le Tasse eût été partisan de l'opération du cadastre, dont l'utilité a été si contestée. Il veut qu'afin de connaître la valeur des biens, on se serve, pour les mesurer, des moyens qui donnèrent naissance à la géométrie en Egypte. Ici son dialogue devient un vrai manuel du propriétaire. Il exige que son père de famille sache comment la récolte répond à la semence ; dans

quelle proportion la terre rend habituellement ce qu'elle
a reçu ; tout ce qui concerne l'agriculture, les bestiaux,
ainsi que les prix fixés par les magistrats ou adoptés
par l'usage. Il ne doit pas être moins informé des prix
de ventes et d'achats suivis à Turin, à Milan, à Lyon ou
à Venise, que dans son pays. Mais ce n'est pas assez
d'être instruit de la quantité et de la qualité de ses
biens ; le Tasse, après avoir distingué deux sortes de
quantités pour les biens, les premiers auxquels s'appliquent les mesures géométriques, comme les champs,
les vignes, les prés, les bois ; les autres qui ne peuvent
s'évaluer qu'en valeurs arithmétiques, telles que les
troupeaux, les bestiaux, exige encore qu'il en sache le
prix en argent. Cette dernière évaluation, dans la
balance du revenu et de la dépense, doit être même
bien plus considérée que celle en nature, puisque le
prix des terres varie, et bien plus encore celui des produits, tandis que l'argent ne monte ni ne baisse.

Voici comment le Tasse divise les diverses sortes de
propriétés et les précautions qu'il indique pour exploi-
ter avec avantage :

« Quant à leur qualité, les biens sont artificiels ou
« naturels, animés ou inanimés. J'appelle artificiels,
« les meubles de la maison, peut-être la maison elle-
« même, enfin l'argent qui est d'institution humaine,
« puisque sans lui on pouvait vivre dans les siècles an-
« ciens au moyen des échanges. On peut encore
« appeler biens artificiels toutes les choses où la
« main-d'œuvre est plus estimée que la matière. Les
« biens naturels sont, les uns inanimés, tels que les
« champs, les vignes, les prés, les mines ; les autres
« animés, tels que les troupeaux. les bestiaux, toutes
« choses dont le bon père de famille a coutume de re-
« tirer un revenu. Il faut encore considérer dans la
« qualité des biens si les terres sont voisines ou éloi-
« gnées de la ville ; si elles ne sont point à proximité

« de quelque étang ou marais qui exhale des vapeurs
« insalubres, ou de quelque rivière ou fleuve qui, par
« un long cours, ait la vertu de purifier l'atmosphère ;
« si elles sont resserrées par des collines ou exposées à
« la violence du vent; si elles sont sur le bord d'un cours
« d'eau navigable, dans un pays de plaine, où les pro-
« duits puissent être voiturés facilement à la ville, et
« non dans un pays montueux, pénible, qui nécessite
« l'emploi des bêtes de somme; si elles se trouvent à
« portée ou loin des grandes routes que fréquentent
« les voyageurs et les marchands d'Italie, habitués à
« se rendre en Allemagne et en France; si elles sont
« au-dessus d'une colline d'où l'on jouisse d'une belle
« vue, ou au fonds d'une vallée qui en soit privée. Tou-
« tes ces conditions, qui augmentent ou diminuent la va-
« leur des propriétés, servent aussi à économiser les dé-
« penses, à conserver, à accroître les revenus, quand elles
« auront été bien examinées par le père de famille »

Le métier de propriétaire, selon le Tasse, est élevé,
étendu. Sans redouter l'accusation populaire d'accapa-
reur, il veut que, d'après les pronostics et la probabi-
lité des années de disette ou d'abondance, on retienne
ou lâche les denrées, et il rappelle l'exemple du sage
Thalès qui, grâce à l'étude des sciences naturelles,
daigna s'enrichir par une spéculation sur les huiles.

Il n'indique pas avec moins de précision que l'économe Pandolfini la méthode que doit apporter la ménagère à serrer chaque produit, l'exposition qui convient et le moyen de ne rien perdre; il la charge de la
manutention du pain, et lui confie, comme au maître,
les clefs du cellier, afin que si un étranger survient,
elle puisse lui offrir à boire. Il la charge de la garde et
même de la vente des vins. A l'exception des jours où
l'on reçoit, il lui recommande la parcimonie dans ses
distributions; car la parcimonie, dit-il, est la vertu
propre de la femme, comme la libéralité de l'homme.

Bembo avait professé les mêmes principes lorsqu'il écrivait qu'un peu d'avarice ne messeyait point à la femme conservatrice des biens du mari [1]. Certes les dames du monde élégant et de l'aristocratie financière ne s'accommoderaient guère de telles maximes, et elles les trouveraient bien rigides pour des poètes et des hommes de cour.

Le Tasse, plus délicat que Pandolfini, dispense sa mère de famille de mettre la main à la cuisine, mais il veut qu'elle travaille aux tissus et y fasse travailler. Ce n'est pas sans raison, dit-il, que cet art a été attribué à Minerve, déesse de la sagesse, et il ne manque pas de citer les exemples de Circé, de Pénélope, de Nausicaa et de Lucrèce. Il conclut par la recommandation de l'ordre. Le chantre d'Armide et d'Herminie devient ici un instituteur, un guide minutieux de la maîtresse de maison.

« Mais pour que les choses conservées puissent mieux
« être employées, si elles sont bien rangées, la mère de
« famille doit se montrer jalouse d'un ordre soigneux ;
« car si elle réserve les choses sans confusion, mais sé-
« parées selon leur nature et leur usage, elle les aura
« toujours à sa disposition, et saura toujours ce qu'elle
« a ou ce qu'elle n'a pas. S'il est vrai, comme le
« disent quelques philosophes, que l'ame de l'univers
« ne soit autre chose que l'ordre, nous dirons, en com-
« parant les petites choses aux grandes, que l'ame
« d'une maison est l'ordre, et que réformer la maison et
« la famille n'est autre chose que la remettre en
« ordre. »

L'anecdote concernant l'hôpital de Bayonne, visité par le vieux gentilhomme à son retour de Paris, d'une si parfaite tenue, dont la cuisine avait la propreté des chambres de nouvelles mariées (*camere di novelle spose*),

[1] *E ricordevole che buon costume è delle donne lo essere più tosto avarette che liberali, percio' che debbono essere conservatrici della roba del marito.* **Let.** à Adrien Spilimbergo, du 25 juin 1538.

et une batterie nombreuse, bien rangée, bien récurée et brillante au soleil qui entrait par de belles vitres, et qu'il compare à l'arsenal de Venise, cette anecdote, citée à l'appui des préceptes sur l'ordre, prouve que le XVI.ᵉ siècle et la France n'étaient point étrangers à quelques-uns des perfectionnements dus à la philanthropie. Il faut convenir que cette partie extérieure, matérielle, comme celle des grandes constructions remarquables sous le rapport de l'art, a partout précédé les règles de l'économie, ainsi que les mesures hygiéniques ou médicales, si importantes à la guérison des malades, et que cette sorte de luxe et de superflu est arrivée avant le nécessaire.

VIII.

L'accroissement de la fortune est la deuxième et dernière partie du métier de propriétaire. Le Tasse regarde l'agriculture comme le principal et le plus naturel moyen d'acquérir; il la compare à la nourriture que la mère donne à ses enfants.

Il traite du butin fait à la guerre, qu'il regarde comme bien acquis si la guerre est juste; mais qui décidera de cette justice? On voit, par ce passage, que l'opinion ne condamnait point le pillage des chefs militaires dont il a été parlé [1]. D'après son système d'emprunter à l'antiquité les exemples qu'il cite de mémoire et avec une surprenante fidélité, car il n'avait point ses livres à l'hôpital Sainte-Anne, il remarque que, suivant Thucydide au premier livre de son histoire, la piraterie n'était point déshonorante; que dans les poètes, les personnages se demandent mutuellement s'ils sont corsaires sans croire pour cela se faire la moindre injure, et il rapporte les vers de l'Enéide sur le *Rutule Numanus :*

[1] Voir ci-dessus, p. 149.

Le casque couvre encor notre tête blanchie,
D'un butin tout récent chaque jour enrichie,
. . . .
Nos mets sont une proie, et nos biens des conquêtes.

Canitiem galeâ premimus, semperque recentes
Convectare juvat prædas, et vivere rapto.

Mon docte ami, le professeur Rosini, de Pise, si jaloux de la gloire et des divers mérites du Tasse, lui a toutefois reproché à tort, dans la note de la page 116 du tome VII de l'édition qu'il en a donnée, d'avoir substitué, comme plus conforme au sujet le *canitiem galeâ premimus,* au lieu du *armati terram exercent;* ce dernier vers est le 748.ᵉ du liv. VII, l'autre le 612.ᵉ du liv. IX.

Le Tasse considère les différents genres de commerce. Le poète-chevalier de la Jérusalem, le philosophe-gentilhomme, qui dans les trois dialogues sur la Noblesse, se montre si pénétré de ses droits antiques et naturels, sans oublier ses devoirs, défend le petit commerce comme un partisan des électeurs patentés. Il réfute Cicéron, qui dans les Offices, l'avait déclaré ignoble, et s'était borné à ne pas trouver blâmable le commerce en grand. Ce jugement, dit-il, est d'un philosophe stoïcien, qui parle trop sévèrement, et Cicéron, dans plusieurs autres passages où il raisonne en citoyen, loue, défend les marchands, et appelle très honorable l'ordre des Publicains, chargés du maniement des revenus de l'état, et qui exerçaient aussi le négoce. Mais le mode d'acquérir du père de famille doit différer de celui du marchand; car le trafic doit fréquemment éloigner celui-ci de sa maison, de sa femme et de ses enfants, et l'obliger, pendant qu'il voyage, à en laisser le soin à des régisseurs et aux domestiques; son gain semble pouvoir être illimité, tandis que la fortune du père de famille est bornée. Le Tasse ne lui souhaite point des richesses extraordi-

naires qu'il redoute plutôt comme un embarras. Il
eût aussi, comme Castiglione, préféré la moyenne
propriété à la trop grande, tant ces vastes esprits du
XVI.ᵉ siècle devancent plusieurs des idées de nos éco-
nomistes :

« De même que dans chaque art les instruments
« doivent être proportionnés autant à celui qui les em-
« ploie qu'à la chose pour laquelle ils sont employés;
« que dans un vaisseau le gouvernail ne doit pas être
« plus petit qu'il ne faut pour diriger sa course, ni si
« grand qu'il ne puisse être manié par le pilote ; que
« dans la sculpture le ciseau ne doit pas être si lourd
« que la main du sculpteur ne puisse le soutenir, ni
« si léger qu'il rompe avec peine les éclats de marbre ;
« ainsi, les richesses doivent être proportionnées au
« père de famille et à la famille qu'il soutient, et à la-
« quelle il doit les laisser en héritage, autant et pas
« plus qu'il ne faut, non-seulement pour vivre, mais
« pour bien vivre selon sa condition, la coutume du
« temps et de la ville qu'il habite. »

Le Tasse conclut cette partie de son raisonnement
par quelques sages conseils d'hygiène :

« Le père de famille doit prendre soin de la santé,
« non pas en médecin, mais en père ; il doit s'attacher
« de préférence à la manière d'acquérir qui conserve
« davantage la santé ; il s'exercera volontiers lui-même,
« et fera exercer les siens à ces opérations du corps,
« qui sans le salir, aident à la santé, à laquelle l'oisi-
« veté et l'excès du repos sont contraires. Il aimera
« donc la chasse, et préférera le gibier qui s'obtient par
« la fatigue et les sueurs à celui que l'on prend sans
« peine dans les piéges. »

Passant aux moyens d'acquérir qui ne dérivent point
de la nature, le père de famille en indique deux, le
change et l'usure. Il démontre les avantages et la lé-
gitimité du premier en économiste, et traite la seconde

en homme qui en avait pâti [1]. Il cite contre elle les vers du XI.ᵉ chant de l'Enfer de Dante, qui certes se serait bien gardé de mal parler du change, puisque la divine Béatrix était fille de banquier.

Le traité se termine par un petit hors-d'œuvre sur la différence qui doit exister entre la tenue de la maison d'un riche particulier et celle de la maison d'un prince même pauvre; dernier sujet que l'heure avancée ne permet pas de traiter, et que l'on abandonne pour aller se coucher.

Quand on considère tant d'excellents avis de morale usuelle et d'économie domestique, renfermés dans le dialogue du père de famille, et dignes de la science du bonhomme Richard ou des conseils récents de W. Cobbet, il est impossible de se défendre d'une douloureuse surprise, et de ne pas regretter que l'immortel auteur n'ait point su quelque peu les pratiquer. Heureux s'il avait pu soumettre à la réflexion, l'imprévoyance de ses penchants et de ses habitudes; cette vie qu'il traîna vagabonde et mendiante, eût été digne, paisible, honorée, et il n'eût point été réduit à la vaine consolation de la gloire.

[1] V. les *Curiosités et Anecdotes Italiennes*, le commencement de l'art. XIX : *le Tasse en France.*

FIN.

ADDITIONS.

———

Page 2. sentiment. Un savant Anglais, **M. Bruce-White**, l'auteur de l'*Histoire des Langues Romanes et de leur Littérature*, témoigne, à la fin de son livre, le regret de n'avoir pu s'occuper du *Miroir de la Vraie Pénitence*. Passavanti eût été, certes, bien digne de figurer dans la galerie qu'a tracée le populaire, l'éloquent orateur qui fit un moment briller, dans la chaire de Notre-Dame de Paris, le froc de saint Thomas d'Aquin, de Savonarole, du frère Angélique, de Fra Bartolommeo, de Campanella, et de tant d'autres dominicains.

Page 2. Comme saint Thomas-d'Aquin et Dante, Passavanti était venu à Paris.

Page 3. in-12. Comme en France, le sublime pamphlet des *Provinciales*, c'est un livre de théologie qui a contribué, en Italie, à la formation et à la fixation du langage.

Page 12. étudié. Alors Paris ne régnait pas moins sur l'opinion européenne par sa scholastique qu'aux XVII.ᵉ et XVIII.ᵉ siècles, par sa littérature et sa philosophie ; ses docteurs régentaient tous les autres docteurs accourus sur les bancs de ses écoles, et saint Thomas, venu de Naples, l'avait surnommé *la Ville des Philosophes (Civitas Philosophorum)*.

Page 18. Passavanti, afin d'animer à la contrition,

ne craint point de risquer quelques détails voluptueux sur la courtisane Thaïs, qui avait été au X.ᵉ siècle le sujet de l'une de ces pieuses comédies de la nonne de Grandersheim, Hrosvita, jouées par les religieuses dans la grande salle du couvent, et en présence de prélats.

Page 19.   Tel est ce trait de saint Augustin, auquel il fait de fréquents emprunts, et dont il passe pour avoir composé la traduction si naïve et si pure de la *Cité de Dieu* [1].

Page 22.   prêtre. La scène se passe au couvent de Saint-Victor, la plus fameuse école de ce mysticisme scholastique qui venait de produire la théologie philosophique cultivée dès la fin du XI.ᵉ siècle, par saint Anselme de Cantorbéry, né en Italie, le premier, le plus élevé et le plus profond de ses représentants [2].

Page 30.   pénitence. »

Le secret de la confession n'a point été omis par Passavanti. On est toutefois surpris qu'un homme qui sait et cite si bien son saint Bernard, n'ait pas rappelé le trait par lequel le dernier père de l'Eglise (Bossuet ne compte pas encore) résume avec tant d'énergie la règle de ce secret, quand il dit : « Si le prêtre apprend au confessional que « des malfaiteurs l'attendent tel jour en tel

---

[1] Cette traduction, regardée comme un monument de langage, imprimée pour la première fois à Venise en 1475, ensuite en 1742, et à Bologne en 1820, a été réimprimée à Rome en 1842, sur les meilleurs manuscrits, par les soins de M. Octave Gigli, qui la croit de la première moitié du XIV.ᵉ siècle, époque où vivait Passavanti.

[2] V. la traduction du *Monologium* et *Proslogium* de saint Anselme, sur l'*Essence Divine*, précédée d'une introduction remarquable par H. Bouchitté. Paris, Amyot, 1842, in-8.ᵒ

« endroit, il ne doit pas moins y passer s'il
« avait dessein ou coutume de le faire. »
L'auteur du *Specchio* se montre beaucoup
moins rigoureux, bien plus pratique, et il
admet que, sans rien révéler positivement, le
confesseur insinue aux personnes menacées,
de ne pas s'endormir, d'être sur leurs gar-
des et choses semblables (*che si guardassino
bene, e che non dormissino, rendendosi troppo
securi, e simili parole.*)

Page 40. Si, comme l'a prétendu Calvin, ce sacrement ne remontait qu'au pontificat du
grand Innocent III et au concile de Latran,
comment sa législation se trouverait-elle
déjà si bien fixée?

Page 51. conséquences. François de Sales avait sans
doute en vue cette exagération de l'humilité,
quand il remarque « que si quelques grands
« serviteurs de Dieu ont fait semblant d'être
« fous pour se rendre plus abjects devant le
« monde, il faut les admirer et non pas les
« imiter. » Nicole, qui certes n'a point ménagé l'amour-propre, est plein de sens lorsqu'il va jusqu'à dire « qu'il faut, en quelque
« lieu et en quelque société que l'on soit,
« se faire un plan des opinions qui règnent,
« et du rang que chacun y possède, afin
« d'y avoir tous les égards que la charité
« et la vérité peuvent permettre. »

Page 61. style. Il peut sembler curieux de connaître
quelques-unes des idées de Passavanti sur
cette grande théorie des songes, dont les
hypothèses, bien qu'agitées par le Tasse
dans le dialogue du *Messagiere*, paraissent
à M. Charles Nodier presque neuves encore,
et n'avoir jamais été considérées d'une ma-

nière philosophique [1]. Il est vrai que le *Trattato de' sogni* et le *Messagiere* ont échappé aux investigations de l'ingénieux bibliographe.

Page 63. novelliere. On ne saurait toutefois lui reprocher, sans trop de rigueur, ces détails sur l'aimant, comme pierre de touche de la vertu des femmes, puisque, deux siècles plus tard, le même procédé est rappelé par l'illustre savant napolitain, Porta, dans sa *Magie naturelle* [2].

Page 66. préceptes de Cornaro. Le livre, comme tous ceux des vieillards, était goûté et recommandé par le tendre, par l'ingénieux penseur Joubert, l'ancien ami de cœur, le compagnon de jeunesse et d'études de Fontanes et de Chateaubriand, qui, par sa condition de malade et sur-tout par son charmant épicuréisme d'esprit, eut quelques rapports avec le moraliste vénitien.

Page 80. L'auteur y avançait, d'après une idée du génie tendre, fertile et chimérique d'Origène, et la célèbre légende latine du XI.ᵉ siècle, de saint Brendan, Irlandais, que nos ames étaient ces anges qui restèrent neutres lors de la révolte de Satan, et qui avaient été envoyés dans nos corps par le créateur, afin qu'ils se décidassent à prendre parti entre le bien et le mal; ingénieuse hérésie qu'explique l'obstinée circonspection de certaines ames qui s'en retourneront comme elles étaient venues.

Page 88. La *Vita civile* divise la vie humaine en six

---

[1] *Mélanges tirés d'une petite bibliothèque* : XXV, de l'Onéirocritie, des Songes et de quelques ouvrages qui en traitent.

[2] Liv. II, chap. 22.

époques : la première enfance qui précède la parole ; la seconde enfance qui dure jusqu'à l'âge de raison ; l'adolescence que Palmieri fait un peu trop largement descendre jusqu'à vingt-huit ans, et pendant laquelle croissent les forces physiques (Dante non moins généreux, dans le *Convito,* terminait l'adolescence à vingt-cinq ans, et la jeunesse à quarante-cinq).

Page 100. entendu [1].

Page 101. peuple. On peut toutefois remarquer que l'espèce de scandale contre lequel il s'indigne, n'est point général en Italie. Les Romains actuels semblent en ce point montrer la même pudeur que *les glorieux Romains* qu'il admire. Le vieux cardinal Caccia Piatti, quoique assez homme du monde, affirmait qu'il n'avait vu de sa vie un mariage à Rome.

Page 114. A la manière de Platon et de Cicéron, qui terminent leur livre de la *République* par la vision du soldat Her, l'Arménien, et par le songe de Scipion ou le tableau des récompenses qui attendent au ciel les conservateurs de la patrie, Palmieri conclut par une vision attribuée à Dante, et qu'il assure lui avoir été plusieurs fois racontée.

Page 116. Dante, qui s'était vaillamment comporté quoique un moment il ait eu grand'peur, ainsi qu'il l'écrivit dix ans plus tard, quand sa réputation de courage était faite (*ebbi temenza molta*), poursuivit vivement les fuyards.

---

[1] Une interprétation différente et plus naturelle a été donnée au *Sparge, marite, nuces,* de Virgile : cet usage signifiait que l'époux, dès ce moment, renonçait aux amusements de l'enfance.

Page 117. idée. Un premier *Governo della famiglia,* écrit en 1299 par le florentin Sandro di Pipozzo di Sandro, est cité par Redi, amateur si diligent de vieux manuscrits. Il prouve à quel point ce sujet d'économie domestique était ancien et dans les mœurs de Florence. Aujourd'hui, il s'agit, dans la même ville, de retirer à Pandolfini son *Governo,* qui ne serait qu'un des quatre livres d'une *Vita civile* du célèbre architecte Léon-Baptiste Alberti, manuscrit découvert par feu Corsi, commis de l'académie de la Crusca. Malgré la foi ajoutée à cette conjecture par des hommes fort instruits, il semble prudent, avant de l'admettre, d'attendre l'impression annoncée. Combien d'ingénieux paradoxes du même genre ont quelquefois séduit les meilleurs esprits, et n'ont point tenu contre un examen public et raisonné des faits ! Jusqu'à ce que des preuves matérielles et décisives aient été fournies, une preuve morale doit maintenir à Pandolfini son traité ; c'est que l'ordre de pensées, parfois assez vulgaires qu'il y expose, convient beaucoup plus à un bourgeois florentin qu'à un grand artiste tel qu'Alberti, si magnifique dans ses goûts et ses manières, encore poète érotique et dramatique, musicien, jurisconsulte et attaché à la cour des marquis de Mantoue, des ducs d'Urbin et des seigneurs de Rimini.

Page 118. bibliothèque à Florence. L'humeur altière de ce dernier dut, il est vrai, rendre la chose assez difficile. Le comte Castiglione raconte qu'il avait, de son exil, envoyé à Florence un de ses affidés qui dit avec menace à Côme « que la poule couvait » ; à quoi ce-

lui-ci repartit avec indifférence : « et toi,
« rapporte de ma part à Palla que la poule
« couve mal hors du nid. » Affligé de l'absence de cet excellent citoyen et plus que
septuagénaire, Pandolfini passa les douze
dernières années de sa vie loin des affaires.

Page 124. rouge.

Les femmes alors n'usaient pas moins
abondamment de la chimie cosmétique que
les dames de l'Orient et de l'ancienne Rome, usage qui s'est prolongé jusque vers le
milieu du XV.ᵉ siècle. Cennino Cennini,
élève d'Ange Gaddi, le premier peut-être
qui ait écrit sur la nature des couleurs et le
moyen de les employer, rapporte dans son
Trattato della Pittura un fait très peu connu,
c'est le métier qu'exerçaient certains de ses
confrères de peindre le visage des dames et
même des hommes de Toscane, ainsi que
l'emploi d'eaux de beauté dont il ne veut
point donner la recette, parce que les scru-
puleuses s'en abstiennent, et qu'il craint de
déplaire à Dieu et à la Madone. Il invite sa
femme à préférer l'eau de fontaine, de puits
ou de rivière; autrement, il menace son
visage des mêmes catastrophes que Pandolfini annonce à la sienne. Le passage de Cennini explique et justifie tout-à-fait la scène de
ce dernier, et les deux maris florentins s'expriment presque dans les mêmes termes [1].

Page 143. Cicéron, Virgile et Tibulle furent ses modèles
préférés; sa poésie latine l'a fait rappro-
cher sans disconvenance de son compatriote
de Mantoue, par Paul Jove et Jules-César

---

[1] V. le *Trattato*, chap. CLXI.

Scaliger, et le *Cortegiano* imite la forme du dialogue de l'*Orateur*.

Page 144. courtisan. L'architecte, selon l'érudit et élégant panégyriste d'Urbin, Bernardino Baldi, fut un Esclavon appelé Luciano; cependant le grandiose du style de l'édifice, déjà imité de l'antique, l'a fait attribuer à l'illustre Léon-Baptiste Alberti, banni de Florence, réfugié à la cour de Montefeltro, et qui aura pu diriger quelques parties. Mais le principal luxe de ce palais était la bibliothèque, une des plus célèbres de l'Europe pour les manuscrits grecs, latins et hébreux, enrichis d'ornements d'or et d'argent. Général de l'armée des Florentins contre les habitants insurgés de Volterre, Frédéric ne s'était réservé du butin fait au sac de la ville, qu'une antique et superbe Bible hébraïque. Sur la frise, au-dessus des rayons, on lisait ces jolis vers, brillant éloge d'une bibliothèque :

Sint tibi divitiæ, sint aurea vasa, talenta
Plurima, servorum turbæ, gemmæque nitentes,
Sint vestes variæ, prætiosa monilia, turres;
Id totum hæc longe superat præclara supellex.
Sint licet aurati niveo de marmore postes,
Et variis placeant penetralia picta figuris :
Sint quoque Troianis circumdata mœnia pannis,
Et miro fragrent viridaria culta decore.
Extra intusque domus regali fulgida luxu,
Res equidem muta, sed bibliotheca parata est,
Jussa loqui facunda nimis, vel jussa tacere
Et prodesse potens, et delectare legentem :
Tempora lapsa docet, venturaque plurima pandit,
Explicat, et cunctos cœli terræque labores.

Page 146. Alors le magnifique Julien de Médicis, qui, banni de Florence, avait trouvé à la cour d'Urbin la plus noble hospitalité, et dont l'appartement qu'il occupait au palais a gardé le nom, répondit : « Vous dites vrai, car « cette erreur règne déjà depuis longtemps « parmi les Français ; mais si le bon des- « tin veut que monseigneur d'Angoulême, « ainsi qu'on l'espère, succède à la couronne, « je pense que, comme la gloire des armes « fleurit et brille en France, de même y de- « vra fleurir avec un suprême ornement la « gloire des lettres. »

Page 150. agréable.

Castiglione s'était uni, en 1516, à Hippo- polyte Torelli, sœur du comte Guido, et petite fille de Jean Bentivoglio, le magni- fique seigneur, le Laurent de Médicis de Bologne. C'est pour la consoler de son ab- sence, pendant qu'il était à Rome et qu'elle restait à Mantoue, qu'il fit peindre par Ra- phaël l'admirable portrait, un des premiers chefs-d'œuvre de notre musée du Louvre, portrait qu'elle interpelle si tendrement dans une élégante épître qui l'a fait soupçonner de faire des vers latins, mais qui doit reve- nir à Castiglione, interprète des sentiments renfermés dans les lettres de sa jeune épouse. Elle mourut en couche au bout de quatre ans, et le fils qu'elle lui laissa, Camille, a été loué comme ayant pratiqué le livre de son père.

Page 150. Charles-Quint. Il partit de Rome le 5 octo- bre 1524, avec une suite de trente chevaux, prit la route de Lorette, où il accomplit un vœu à la Madone, passa par Mantoue, et trouva François I.er campé devant Pavie. Une lettre fort curieuse, chef-d'œuvre à la fois de style et d'observation diplomatique, écrite de la célèbre Chartreuse, le 26 décembre 1524, à Jean Giberti, dataire du Pape, expose les honneurs que par la volonté du Roi on lui rendit à Milan, la confiance qui allait être sitôt déçue de nos généraux dans les progrès de leurs armes, et l'espoir que le monarque plein de joie et de résolution (*molto allegro e sicuro e determinato*) lui exprimait d'être victorieux, et même de ne point manquer d'argent [1]. Castiglione entrait à Madrid le 11 mars 1525, et, bien que la nuit fût avancée, un grand nombre de seigneurs s'étaient portés à sa rencontre par ordre de l'empereur, qui, dès le lendemain, le reçut et lui fit le plus gracieux accueil.

Page 151. De magnifiques obsèques lui furent décernées à la cathédrale; les prélats et les grands de la cour, parmi lesquels brille l'héroïque nom de Fernand Cortez, déjà immortalisé par la conquête du Mexique, avaient eu ordre d'y assister, et lorsque Louis Strozzi, neveu chéri du comte, qui l'avait accompagné, alla remercier l'empereur de tous ces

[1] Cette lettre, tirée des archives de Turin, a été publiée pour la première fois en 1813, par le baron Vernazza di Freney dans sa *Notizia di Lettere inedite del conte B. Castiglione,* insérée au tome XXI des Mémoires de l'Académie des Sciences, Littérature et Beaux-Arts. Castiglione, à la fin de sa lettre, ne se montre pas dupe de la prétention de François Ier et de ses capitaines d'avoir de l'argent, et d'être les plus forts; il rapporte quelques-uns de leurs expédients violents envers le commerce, ainsi que le vif mécontentement qu'en ressentait Milan : *Di più le dico, che, ancor che il Re e gli altri Francesi parlino tanto gagliardamente, s'intende che hanno grandissima carestia di denari : e questo lo dimostra il veder che esigono crudelmente da Milano, ed hanno messi prigioni certi mercanti Milanesi, e li trattano molto male, e per vie indirette ne cercano quanti possono. Milano stà malissimo contento. E i Francesi stimano molto più i Cesarei che non mostrano.*

honneurs, celui-ci répondit : « Je vous as-
« sure qu'il est mort un des meilleurs cheva-
« liers du monde (*yo vos digo que es muerto
« uno de los majores cavalleros del mundo*). »

Page 152. Mellin de Saint-Gelais. Le docteur d'Oxford
Barthélemy Clerke, a mis élégamment en
latin le *Cortegiano*, preuve alors de son universalité, et l'a dédié, en 1571, à la reine
Elisabeth, homonyme de l'aimable et bonne
duchesse d'Urbin, dont il vient d'être parlé,
mais un peu moins facile à vivre.

Page 183. La Rome actuelle, épurée par l'infortune
et par sa noble indigence, est convenue et
a gémi des scandales passés, et depuis plus
de deux siècles elle n'a plus rien laissé à ses
ennemis à accuser.

Page 226. Casa. La lettre par laquelle il remercie de
cette grâce le despote florentin, indique avec
adresse la distance à laquelle il se tenait de
son gouvernement, et l'invite à pardonner,
sorte de flatterie, la seule permise envers
de tels vainqueurs. Le texte italien suffira à
faire apprécier la prose exquise de l'auteur
du *Galateo* :

*Sono stato in dubbio, se io doveva scrivere
a V. E. in raccomandazione di Flaminio della
Casa, o no, perchè conoscendo io di non avere
alcun merito con esso lei, son certo, che io po-
trò esser riputato presuntuoso a ardire di chie-
dergli la vita di questo infelice giovane, il
quale io so, che l'ha offesa acremente. Ma
dall'altra parte dubitando, che io potrei essere
incolpato o come superbo, o forse come pusilla-
nimo, se io non le scrivessi, ho voluto piuttosto
esser riputato troppo ardito con V. E. che poco
pietoso verso quelle persone, che la natura mi*

costringe ad amare. Le chieggio adunque, non per alcun mio merito, nè per alcuna scusa, o ragione, che io possa dire a difesa di questo misero sfortunato, ma per sola misericordia, ch'ella me lo doni, il che se ella si degnerà di concedermi io reputerò, ch'ella m'abbia concessa la vita propria. E perchè io son tale, che un principe, qual V. E. è, non debbe aspettare nè molto servigio, nè molto diservigio da me, sia almeno sicura V. E., che il mondo, e Dio benedetto, che le ha concessa tanta, e sì subita vittoria, mirerà con benigno occhio, che essa usi la prospera fortuna con benignità, e con misericordia : e forse che l'esser grazioza verso di me, le recherà qualche poco di più speziale laude, il quale, come io mi sia, son nondimeno (e siami lecito il dirlo in tanta mia necessità), secondo che io credo, non in tutto scuro appo gli uomini, nè in tutto discaro a molti principi, ed a molti signori, come V. Ecc. avrà conosciuto per le strette raccomandazioni fatte ad istanza loro in questa causa stessa. E supplicando Dio, che le adempia ogni suo giusto desiderio, le bacio umilmente la mano.

TABLLE ANALYTIQUE DES MATIÈRES.

A.

B.

C.

D.

anges neutres, 80 et suiv. — Son éloge par Mathieu Palmieri, 81. — Sa vision après la bataille de Campaldino, 115 et suiv., 185, 190, 212. — Son portrait peu flatté, 230, 232, 253, 256, 287, 305, 306. — Limites qu'il fixe à l'adolescence et à la jeunesse, 310. — Aveu qu'il fait de sa peur à la bataille de Campaldino, *ibid.*

Déménagement, ses inconvénients moraux, 137.

Démocratie, 163 et suiv. — Démocratie florentine, 115.

DIEU, 3, 5 et suiv. — Illusion sur sa miséricorde, 11 et suiv. — Définition de l'amour de Dieu, 42 et suiv. — Effets de sa grâce, 47. — Manière de le contempler, 53. — Songes qu'il envoie, 63, 84, 159, 166, 170, 171, 183. — Proverbe sur Dieu, renversé à Rome, 207, 244, 249. — Inscrit sur la robe de Castruccio Castracani, 250, 253, 268, 285, 295.

Dîners, leur utilité morale. — Préceptes pour les rendre agréables, 112. — A quoi ils exposent, 136, 138.

Domestiques, 71, 134. — Manière de les traiter, 138, 242. — Différence de la domesticité et de l'esclavage, 252, 295 et suiv., 253, 261 et suiv. — Leurs diverses attributions, 262, 263. — Battus, 264, 303.

DUCLOS, 228.

E.

Echecs (les), 191.

Economie, préf. v, 111, 133 et suiv., 134, 135, 137, 215. — Appartient aux femmes, 301 et note.

Ecriture Sainte, 40, 55. — Sa mauvaise exposition au XIV.ᵉ siècle, 56 et suiv.

Education, des enfants, 84 et suiv., 134 et suiv., 177. — Immoralité des écoles du XVI.ᵉ siècle, 194. — Education, du ressort du gouvernement, 293 et 295, 294.

Egoïsme, doux, 103, 240, 241.

ELISABETH, reine d'Angleterre; dédicace à elle adressée de la traduction latine du *Cortegiano,* 316.

Emplois publics, motif pour les fuir, 128 et suiv., 132, 195, 215, 294.

Enseignement, quand il doit commencer et comment, 86. — Sa dignité à Florence, 223.

Enfants, leur éducation, 84 et suiv., — contre les corrections corporelles, 88. — Amour qu'on leur porte, 102, 110. — A exposer au froid, 293 et 294, 297.

Episcopat, mal exercé au XVI.ᵉ siècle, 153.

Esclavage, 261 et suiv., 295.

EURIPIDE, 226, 260, 291.

F.

FALCONETTO (Jean-Marie), habile architecte véronais, ami de L. Cornaro, 67, 68.

M.

T.

FIN.

TABLE DES ARTICLES.

www.ingramcontent.com/pod-product-compliance
Lightning Source LLC
LaVergne TN
LVHW050205030726
842520LV00002B/395